SHOWA

WOMEN'S UNIVERSITY JUNIOR-SENIOR HIGH SCHOOL

ツ
ナ
ガ
ル

昭 和 女 子 大 学 附 属
昭和中学校・高等学校

女子美術大学付属高等学校・中学校

JOSHIBI

中学学校説明会
9月11日（土）
10:00～
11月13日（土）
10:00～

要予約

女子美祭
～中高大同時開催～
～最大のイベント～

10月24日（日）
各 10:00～17:00
※ミニ説明会あり

要予約

公開授業
10月2日（土）
11月6日（土）
各 8:35～12:40

要予約

ミニ学校説明会
12月4日（土）
1月8日（土）
中 14:00～
高 16:00～

要予約

全て
上履き不要です

新型コロナウィルス感染症
の影響で日程が変更になる
場合は、本校ホームページ
にてお知らせ致します

〒166-8538
東京都杉並区和田 1-49-8
［代表］
TEL: 03-5340-4541
FAX: 03-5340-4542

http://www.joshibi.ac.jp/fuzoku

学校法人狭山ヶ丘学園

狭山ヶ丘高等学校
付属中学校

遠くまで行こう
小成に安んずることなく

2021年 春 主要大学 合格実績　国公立…45名 早慶上理…31名 GMARCH…168名

予約制	学校見学説明会
7月18日㊐ 10:00~11:30	10月9日㊏ 14:00~15:30　12月4日㊏ 14:00~15:30
9月5日㊐ 11:30~13:00	11月14日㊐ 10:00~11:30

予約制
オープンスクール
8月21日㊏ 10:00~12:30

※今後の状況により、学校説明会などの日程や内容、詳細情報が変更となることがございます。最新情報は本校のホームページでご確認ください。ご理解のほど、よろしくお願いいたします。

登校時には各駅より無料スクールバスを運行しています

JR川越線・東武東上線	西武新宿線	西武新宿線	JR八高線
川越 駅 西口より約40分	狭山市 駅 東口より約25分	入曽 駅 東口より約15分	箱根ヶ崎 駅 西口より約20分

〒358-0011 埼玉県入間市下藤沢981
℡ 04-2962-3844　℻ 04-2962-0656

西武池袋線 武蔵藤沢駅より徒歩約13分

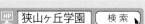 狭山ヶ丘学園　検索

DEVELOPING FUTURE LEADERS

■ 2021年度・大学合格者数

国公立	90名
早慶上理	52名
G-MARCH	168名
医歯薬看護系(医学部医学科)	74名 (10名)
海外大	1名

新設の2コース

IT医学サイエンスコース
プログラミング 数学 医学 実験研究
各専門分野の研究者や開発者として、
リーダーシップを発揮できる人材を育てます。

プログレッシブ政経コース
世界 英語 政治 経済
国際的な政治やビジネスシーンにおける
リーダーシップを発揮できる人材を育てます。

↓

本校独自のグローバルリーダーズプログラム

● 各界の第一人者を招いて実施する年複数回の講演会
● 英語の楽しさを味わうグローバルイングリッシュプログラム
● 異文化を体感し会話能力を向上させるバンクーバー語学研修
● 各国からの定期的な留学生や大学生との国際交流

学校見学会 10:00～12:00	学校説明会 10:00～12:00	授業見学日 10:00～12:00
7月22日(木・祝) ＊部活動見学可	10月24日(日) 体験授業	9月25日(土) ＊個別相談可

	学校説明会	
ナイト説明会 19:00～20:00	11月13日(土) 入試問題解説会	小学校5年生以下対象説明会 10:00～12:00
8月26日(木) 会場 春日部ふれあいキューブ	11月27日(土) 入試問題解説会	
9月17日(金) 会場 越谷コミュニティーセンター	ご参加を希望される方は ホームページよりご予約ください	12月18日(土) 体験授業

新型コロナウイルス感染拡大の状況に応じて、各説明会・見学会実施日の2週間前を目安に、
実施の有無を判断し、ホームページに掲載いたします。最新情報をホームページでご確認のうえ、お越し下さい。

春日部駅西口よりスクールバスを用意させていただきます。(ナイト説明会を除きます)

春日部共栄中学校

〒344-0037 埼玉県春日部市上大増新田213　TEL.048-737-7611
東武スカイツリーライン／東武アーバンパークライン 春日部駅西口からスクールバス 7分
https://www.k-kyoei.ed.jp

大農
三
中

男女共学
70名募集

究理探新

本物に出会い、
本当にやりたい夢に近づく
6年間。

実学教育をベースに
学力・進路選択力・人間力を育てます。

体験授業 HPより要予約

7月 25日(日) 【英語】
8月 1日(日) 【理科・社会】

イブニング説明会

川越
7月 9日(金) 19:00〜
川越 (東上パールビルヂング)

成増
7月 13日(火) 19:00〜
成増 (成増アクトホール)

ふじみ野
7月 20日(火) 19:00〜
ふじみ野 (ふじみ野産業文化センター)

熊谷
7月 13日(火) 19:00〜
熊谷 (キングアンバサダーホテル熊谷)

大宮
7月 14日(水) 19:00〜
大宮 (大宮ソニック)

入試模擬体験 HPより要予約

11月 23日(火祝)

入試模擬体験 【国語・算数・総合理科・ことば力・世界と日本】(受験生対象)
出題者による令和4年度入試出題傾向について (保護者対象)

学校説明会 HPより要予約

9月18日(土) **10月23日(土)**
12月11日(土)

浪漫祭 (文化祭)

9月18日(土)・19日(日)
18日(土) 学校説明会 開催

＊詳しくはHPをご確認ください。またはお問い合わせください。

※新型コロナウイルス感染拡大の影響等により、イベントの日程の変更や中止の可能性があります。本校のHP等でご確認ください。

東京農業大学第三高等学校附属中学校

〒355-0005 埼玉県東松山市大字松山1400-1
TEL:0493-24-4611
http://www.nodai-3-h.ed.jp

＊7駅よりスクールバス運行
東武東上線 東松山駅、**JR高崎線** 上尾駅・鴻巣駅・吹上駅・熊谷駅
西武新宿線 本川越駅、**秩父鉄道** 行田市駅

SHUTOKU
Progress Center

『君はもっとできるはずだ』

2021 EVENT SCHEDULE
新型コロナウイルス感染症対策により密にならないようにご案内いたします。ご安心してご来校ください。

入試個別説明会 （電話予約制）

場所：入試相談室
時間：10：00 ～ 16：00

7／31(土)・8／1(日)　8／12(木)～8／15(日)

8／4(水)～8／9(月)　8／18(水)～8／22(日)

学校説明会 （予約不要）

場所：SHUTOKU ホール
時間：14：00 ～　※個別入試相談あり

第1回	10／23(土)	第4回	12／11(土)
第2回	11／20(土)	第5回 2022	1／8(土)
第3回	12／4(土)	第6回 2022	1／15(土)

ネイチャープログラム体験 （WEB予約制）

場所：SHUTOKU ホール　　時間：14：00～

7／3(土)
①ケミカルミラー作成
②バブルロケット作成
③蓄光磁器スライム作成

7／31(土)
①オードトワレ作成
②葉脈標本作成
③芳香剤作成

8／14(土)
①ハーバリウム作成
②化石発掘体験
③ストームグラス作成
④スイーツ作り

8／26(木)
①レジンアクセサリー作成
②圧電素子LEDライト作成
③オオクワガタ飼育体験
④スイーツ作り

9／25(土)
①バスボム作成
②蒸気船作成
③化石発掘体験

修徳中学校

〒125-8507　東京都葛飾区青戸8-10-1　TEL.03-3601-0116
JR常磐線・東京メトロ千代田線連絡「亀有駅」徒歩12分　京成線「青砥駅」徒歩17分
http://shutoku.ac.jp/

桜丘中学校
SAKURAGAOKA JUNIOR HIGH SCHOOL

Event Schedule

※全てのイベントで予約が必要です。
本校学校HPをご確認ください。

学校説明会

第1回	第2回	第3回	第4回	第5回
6/13(日)	7/10(土)	8/9(月·祝)	9/12(日)	10/17(日)
10:00~12:00	14:00~16:00	10:00~12:00	10:00~12:00	10:00~12:00

第6回	第7回	第8回	第9回
10/31(日)	11/14(日)	12/19(日)	1/15(土)
10:00~12:00	10:00~12:00	10:00~12:00	14:00~16:00

ナイト説明会

第1回	第2回
10/22(金)	11/25(木)
18:30~19:30	18:30~19:30

入試直前対策会

12/26(日)
オンライン（オンデマンド）

個別相談会&見学会

12/26(日)
10:00~12:00

JR線
地下鉄
私鉄

instagram

@sakuragaokajrsr1924

Facebook

facebook.com/sakuragaokajs

2021年4月 中学共学化

芝浦は、STEAM教育。これまでも、これからも。

芝浦工業大学附属中学校は2021年4月より、女子生徒を受け入れ、共学校となりました。
理工系の大学付属校として、教育の柱としている「STEAM教育」に加え、
これまでも「言語教育」を大切にしており、国語や英語にも力を入れています。
そして言語としてのコンピュータも重視しています。
さらに2021年度からは、主体的・対話的で深く学ぶ問題解決型学習のPBLなどの
探究型授業が本格的に始まります。

◉ SHIBAURA DAY（オープンキャンパス） 小学4・5・6年生対象
《秋》11月 3日（水・祝）午前・午後
＊体験授業・部活体験・行事紹介、ミニ学校説明会・個別相談・予約弁当試食会
＊詳細は1カ月前より本校特設HPにて

◉ SHIBAURA GIRLS'DAY 小学5・6年生女子対象
SHIBAURA DAYと同日実施 ＊女子説明会・体験授業・交流会・個別相談

◉ 中学説明会〔オンライン〕 春夏・秋冬それぞれで1度まで予約できます
《春夏》第3回 9月18日（土）10:30～11:50
＊校長挨拶・教育内容・生徒インタビュー

《秋冬》第4回 10月22日（金）9:40～11:45 ┐
《秋冬》第5回 11月20日（土）9:40～11:45 ├ 予約は1度のみ
《秋冬》第6回 12月 4日（土）9:40～11:45 ┘
＊教育内容・入試概要・傾向と対策

◉ 夏の中学施設見学会
8月20日（金）・21日（土）・22日（日）10:00～16:30

◉ 施設見学会（同日実施：個別相談会）
10月24日（日）9:00～16:30
11月 3日（水・祝）10:00～16:30 SHIBAURA DAYと同日実施
11月14日（日）10:00～16:30
11月21日（日）10:00～16:30
＊入替制・各回約1時間・予約は年間通じて1度のみ・人数制限あり

◉ 芝生祭［ミニ説明会・個別相談室］
10月2日（土）・3日（日）10:00～15:00
＊文化祭の見学は直前に実施状況をご確認ください
＊中学・高校別校長によるミニ説明会・個別相談・
　メディア記事紹介など（資料コーナー）

説明会・イベントはすべて予約制となります。本校HPからご予約ください。

理工系のセンスと知識で課題解決と革新を成し遂げる人間を育てたい

Shibaura Institute of Technology Junior and Senior High School
芝浦工業大学 附属中学高等学校
〒135-8139 東京都江東区豊洲6丁目2番7号　TEL.03-3520-8501　FAX.03-3520-8504

ACCESS
◎ 東京メトロ有楽町線「豊洲駅」6b出口より徒歩7分
◎ 新交通ゆりかもめ「新豊洲駅」南口より徒歩1分

MEIJI GAKUIN

明治学院 中学校 東村山高等学校

キリスト教に基づく人格教育
～「道徳人・実力人・世界人」の育成～

2022年度入試 中学校学校説明会

6/26 土	11/10 水
9/ 4 土	12/11 土
10/ 9 土	1/ 8 土

2022年度入試 高等学校学校説明会

| 10/2 土 | 12/4 土 |
| 11/6 土 | 1/8 土 |

※新型コロナウイルス感染拡大の今後の状況により、上記日程は変更になる場合があります。
※詳細・最新情報は本校HPでご確認ください。

2022年度入試 中学校入試日程

第1回	2022年 2/1 火 午後 2科
第2回	2/2 水 4科
第3回	2/4 金 4科

2022年度入試 高等学校入試日程

| 推薦入試 | 2022年 1/22 土 |
| 一般入試 | 2/12 土 |

最寄り駅からの所要時間

●西武国分寺線・拝島線小川駅より	徒歩約8分
●JR武蔵野線新小平駅より	徒歩約25分

※自転車通学可

最寄り駅までの所要時間

【小川まで】
●八王子から	35分
●池袋から（所沢経由）	40分
●新宿から（国分寺経由）	35分
●渋谷から（高田馬場経由）	45分
●本川越から	30分

【新小平まで】
●南浦和から	25分
●武蔵小杉から	40分

明治学院 中学校 東村山高等学校 〒189-0024 東京都東村山市富士見町 1-12-3 TEL 042-391-2142 URL https://www.meijigakuin-higashi.ed.jp/ 明治学院 東村山 検索

You are the light of the world.
You are the salt of the earth.

あなたは世の光です。
あなたは地の塩です。

マタイ5章13節～15節

そのままの
あなたがすばらしい

■ 学校説明会　　　**Webより要予約**

9.5（日）14:00～15:30　卒業生による説明もあります。

10.30（土）14:00～15:30　生徒による説明もあります。

11.20（土）10:00～11:30

■ 過去問説明会　●6年生対象　**Webより要予約**

12.4（土）14:00～16:00

■ 校内見学会

月に3日ほど予定しております。
詳細は決定次第、ホームページにてお知らせいたします。

学校説明会、公開行事の日程などは本校ホームページでお知らせいたしますので、お手数ですが、随時最新情報のご確認をお願いいたします。

動画で分かる
光塩女子学院

光塩女子学院中等科

〒166-0003　東京都杉並区高円寺南2-33-28　tel.03-3315-1911（代表）　https://www.koen-ejh.ed.jp/

交通…JR「高円寺駅」下車南口徒歩12分／東京メトロ丸の内線「東高円寺駅」下車徒歩7分／「新高円寺駅」下車徒歩10分

駒場東邦 中学校 高等学校

自主独立の気概と
科学的精神をもって
世界に大いなる夢を描こう。

学校説明会	文化祭 [第64回]
10/17（日）	9/18（土）
10/23（土）	9/19（日）
10/24（日）	※実施形態は学校HPをご確認ください。

※8/1から学校HPで予約開始。
※今後、日程を含めて変更もあり得ますので学校HPでご確認ください。

駒場東邦中学校・高等学校
〒154-0001 東京都世田谷区池尻 4-5-1　TEL: 03-3466-8221代

駒場東邦　　　検索

◎京王井の頭線「駒場東大前駅」徒歩10分
◎東急田園都市線「池尻大橋駅」徒歩10分

  2021 Komaba Toho School

個性と多様性の尊重
根底からの学び
多彩な進学先

多彩な進路を支える教育システム

文化、科学の根底から学ぶ授業カリキュラムのもとで偏りのない学習をする中から自らの興味関心を発見するプロセスが、回り道のようですが最善のものです。この考え方に基づいて、高校1年までは全員が同じカリキュラムを学ぶ期間としています。高校2年で文・理コース選択を、高校3年では18種類のコースから1つを選択し、希望する進路の実現を目指します。

このように、成蹊大学へ進学する30％の生徒と全国の国公私立大学へ進む70％の生徒の両方に対応するカリキュラムに加え、卒業生の協力を得た様々な進路ガイダンスなどの行事が組み合わさり、医歯薬、芸術分野を含む多彩な進路が実現しています。

国際理解教育の多様なプログラム

1949年開始の交換留学を始め、長期・短期の様々な機会が用意されています。1年間の留学でも学年が遅れない制度や留学中の授業料等を半額にする制度を整え、留学を後押ししています。短期留学（2～3週間）には、50年余の歴史を持つカウラ高校（オーストラリア）との交流の他、ケンブリッジ大学、UC-Davisとの提携プログラムなど、将来の進路選択を見据えた成蹊ならではの特色あるプログラムを実施しています。成蹊学園国際教育センターが小学校から大学までの国際理解教育をサポートする体制を整え、また、高校への留学生受け入れも常時ありますので、日常的に国際交流の機会があります。

2021年度 学校説明会	要予約
10/ 9 (土)	
11/ 6 (土)	

受験生対象イベント	要予約
10/16 (土)	入試対策講座I ※6年生対象・オンライン
11/13 (土)	入試対策講座II ※6年生対象・オンライン

キャンパスツアー	要予約

開催日程はホームページでお知らせします。
※中学受験生対象

《過去3年間の主な進学先》

東京大、大阪大、東工大、一橋大、北海道大、東北大、東京藝術大、東京外国語大、筑波大
国際教養大、慶應義塾大、早稲田大、上智大、青山学院大、明治大、立教大
APU、東京慈恵会医科大、順天堂大、北里大、昭和大、東京医科大、日本医科大

SEIKEI 成蹊中学・高等学校

〒180-8633 東京都武蔵野市吉祥寺北町3-10-13 〔Tel〕0422-37-3818
〔URL〕https://www.seikei.ac.jp/jsh/ 〔E-mail〕chuko@jim.seikei.ac.jp

SEIJO GAKUEN
Junior and Senior High School

中学校説明会
10/9(土) 11/13(土) 14:00〜

高等学校説明会
10/9(土) 11/13(土) 12/19(日) 14:00〜

 成城学園中学校高等学校
https://www.seijogakuen.ed.jp/chukou/

ADDRESS 〒157-8511　東京都世田谷区成城6-1-20
TEL 03-3482-2104/2105(事務室直通)

武蔵野で学ぶ、かなえる。

LTE…特色ある英語

英語を学ぶのではなく「英語で」学ぶ6年間。グループワークやディスカッション、プレゼンテーションを英語で行うことで、実践的英語力を高めます。日本人英語教員の文法の授業も含め、週10時間の英語は武蔵野ならではです。

クロス・カルチュラル・プログラム

沖縄での国内留学を実施。沖縄で暮らす外国人ファミリーと共に過ごし、海外生活を疑似体験します。離島での2泊の民泊で沖縄の文化・伝統にも触れます。英語を話す喜び、都会とは違う生活。人とのつながりの大切さを感じる5日間となります。

ニュージーランド3ヶ月留学

豊かな自然と高い安全性、世界トップクラスの教育レベルを誇るニュージーランドでの3ヶ月の留学。ホストファミリーの笑顔が不安なあなたをあたたかく見守ってくれます。コミュニケーション力UPの大きな自信につながる経験です。(高校1年次)

武蔵野7つのスキルで、真の力をつけ、世界に羽ばたきませんか？

7つのスキルとは…

● Share ……………………… [共有する]
● Explore ……………………… [探究する]
● Present ……………………… [表現する]
● Try ……………………… [挑戦する]
● Support ……………………… [助け合う]
● Self-Manage ……… [自己管理]
● Reflect ……… [自分を振り返る]

すべての教科に通じる「学ぶ力」を習得

今年度より適性検査型入試実施! 中高一貫校他準拠 詳しくはHPにて

中学校説明会【Web予約】	7月16日金 18:00〜 9月25日土 13:00〜 10月 9日土 10:30〜 11月26日金 18:00〜	文化祭【中高同時開催】	10月30日土 10:00 10月31日日 〜15:00	体験イベント【Web予約】	8月 7日土 10:30〜 8月21日土 13:00〜 12月18日土 13:00〜 12月25日土 13:00〜 1月15日土 13:00〜 ※各内容はHPをご覧ください

武蔵野 中学校 高等学校
Musashino Junior High School & Senior High School

〒114-0024
東京都北区西ヶ原4-56-20
TEL：03-3910-0151
URL：https://www.musashino.ac.jp/mjhs/

CONTENTS

※新型コロナウイルス感染症の影響により、各校既存の行事やプログラムなどは
　中止されたものも含まれます。

掲載学校名 50音順 もくじ

青稜中学校・高等学校
2021-2022

つづく「コロナ禍」で 中学入試は変わるか?

　昨年の2月末から襲った「新型コロナウイルス感染症」は、当初の予想以上の猛威をふるい、長期にわたって人々を悩ませています。教育現場ではそのリスクを最小限に抑えようと、インターネットを使ったさまざまな試みが行われ、いち早く対策を打ちだした私立中学、高校を中心にして「コロナ禍」への戦いが繰り広げられました。教育現場の風景がこれほど一気に変化したのをみたことは、これまでありませんでした。

　首都圏では昨年の初夏を迎えるころから、学校、進学塾ともに徐々に対面での授業が再開され、1年後のいま、対策を万全に整えながらとはいえ、授業風景は以前の姿を取り戻しています。しかし、全国での新型コロナウイルスの感染状況は、いまだ好転しているとはいえません。ここでは、まず年頭に実施されたコロナ禍での中学入試の状況をお伝えし、来春の入試はどうなるのか、入試本番に与える影響を考えてみることにしました。

混乱なく実施された中学入試 否定された「オンライン入試」

中高入試は日程変わらず ほぼ例年どおりに実施

　年頭に行われた全国の入試ですが、大学入試については「大学入学共通テスト」が初めて行われたこともあって(26ページ参照)、日程公表に手間取りました。結局、時期を変えた2回の日程が組まれました(そのほかに感染症のための特例追試験も実施)。

　高校入試に関しては、首都圏では日程的な変化はありませんでしたが、文部科学省からの出題範囲への工夫を求める通達を受けて、公立高校では各都県で未習範囲の出題が控えられました。私立高校では、神奈川県を中心に行われている「書類選考」型の入試が人気を集めました。この型の入試は、学校に足を運ぶ必要がない非対面の入試形態だったのです。

　私立・国立の中学入試については、国立では出題範囲を狭めましたが、私立中学校の多くは、もともと出題範囲の公表を行っていなかったこともあって、とくに言及しなかった学校がほとんどでした。

　公立の中高一貫校については、公立高校と同じように、小学校で年末までに学習を終えられなかった範囲は出題から省かれました。

　このように中学入試に関しては、コロナ禍による大きな入試変更はありませんでした。これまでもインフルエンザ流行に対して用意されていた追加日程を、新型コロナウイルス感染症に対しても活用する学校もありました。

　入試時期の変更はむずかしかったため、実施方法としてオンライン入試の可能性も取り沙汰されました。学校でのオンライン授業が常態化していたことがあったからですが、東京の私立中学高等学校協会が「公平性の担保」に疑問を呈したこともあって、オンライン入試の採用はありませんでした。

　もともと東京などの私立中学高等学校協会は、紳士協定として「入試は当該学校で行う」ということが申しあわされており、いわゆる寮制学校を除いては、学校以外での実施は事実上行われていないこともあって、採用はむずかしかったようです。

　来年度入試についても、コロナ禍がよほど悪化しないかぎり、オンライン入試採用の可能性は低そうです。

よほどの好転ないかぎり 入試環境は踏襲されそう

　ただ、それだけに学校での入試状況をみると、感染防止の観点から各校の対策は厳しいものがありました。

　入校時のディスタンスの確保、体温検査、消毒、入試会場(教室)の分散、室内でのディスタンス、

換気の徹底など、三密を避ける措置が厳重に設けられたのです。

受験番号により、試験時間を分散した学校や、保護者の入校は認めない学校もありました。

また、例年なら実施していた面接を早めに取りやめることを発表する学校もめだちました。なかには面接だけはオンラインで実施した学校もありました。

このような感染対策の徹底により、入試によってクラスターが発生した、という報告はありません。

政府は、ワクチン接種が国民にいきわたるのを11月を目途とするとしていますが（6月12日現在）、よほどの好転がないかぎり、来春の入試も、ここでみてきたような「感染防止のための三密禁止」をうたった入試環境が踏襲されることになるでしょう。

コロナ禍を題材とした出題はなされたのか

さて、コロナ禍が中学入試に与える影響、とくに出題傾向に変化が生じるとなれば、来春に受験を控えるみなさんにとっては知っておきたいことの第一だといわなければなりません。

それを知るためには、半年前の2021年度入試でコロナ禍を意識した出題があったかどうかを、まず検証しましょう。

多くみられたのはやはり社会科です。例年のことですが、社会科は世の中の動きに敏感に反応しての出題が多くなりますから当然といえば当然です。

コロナ禍で株価上昇が抑えられた業種を選ばせた学校や、感染症の歴史について、年表を軸にして考えさせた学校、世界保健機関の略称「WHO」を答えさせた学校などがありました。

角度を変えてオンライン授業と「等しく教育を受ける権利」が矛盾していないかを考えさせた学校もあります。

社会科の学習で必要なことは、日ごろのできごとに関心を持ち、表面的に知っておくだけでなく、自らよく調べて、その背景までを探っておくことです。

コロナ禍を題材とする問い来年はむしろ増えるか

理科では、多くしめされた材料のなかから3つを選び、机上で図示してマスクをつくることを課題とした学校があります。「なぜその部位に、その材料を使ったか」を答えさせる出題でした。

国語では、パンデミックを材料にしたり、緊急事態宣言下で困ったことを答えさせたり、災害下での長期の避難所生活をテーマとして考えさせるなどの記述問題をだした学校がありました。コロナ禍ゆえか、社会の閉塞感を題材とした問題も多いように感じられました。

見てきた2021年度入試において、社会科では、コロナ禍が影響した出題が突出して多かったといえますが、4科目全体にわたって多かったかといえば、そうとはいいきれません。

しかし、来年の2022年度入試までは作問の時間があります。各科目とも身近なコロナ禍を受験生がどのようにみて、どのように感じ、どのような意見、提案を持っているのかを探ろうとすることはまちがいがありません。

詳しくは次項にゆずりますが、思考力、判断力、表現力を試す材料として、コロナ禍とオリンピック・パラリンピックをからめて問う問題は頻出するものとみます。

大人がみて「子どもには重過ぎるテーマ」だと決めつけて避けてしまうのではなく、どのようなテーマでも受験生自身に、自分で考えさせる姿勢が大切です。

クラブ体験会（予約制）

7月10日（土）　11:30～

学校説明会（予約制）

7月10日（土）
　9:30～（帰国子弟）
　14:00～（一般）

9月18日（土）
　14:00～（一般・帰国子弟）

入試説明会（予約制）

11月20日（土）　14:00～（一般）
※主に6年生対象、5年生以下も参加可能

公開行事（予約制）

鳳櫻祭（文化祭）
　10月30日（土）・31日（日）
　※入試個別説明コーナーあり

新型コロナウイルスの影響により日程変更や中止等の可能性があります。ホームページにて最新の情報をご確認ください。

JR山手線
「目白」駅より徒歩5分
東京メトロ副都心線
「雑司が谷」駅より徒歩5分

 学習院中等科
GAKUSHUIN BOYS' JUNIOR HIGH SCHOOL

〒171-0031
東京都豊島区目白1-5-1
TEL 03-5992-1032
https://www.gakushuin.ac.jp/bjh/

25

大きな節目を迎えた
「日本の教育改革」

この本は、首都圏の国立・私立中高一貫校をめざす受験生、保護者のみなさんに向けて、「よりよい受験」「ベストな学校選び」をしていただくために編集されました。

そのために知っておきたいこと、注意してほしいことを、この巻頭記事でお伝えしています。まず、いま大きな節目を迎えた日本の教育のなかでの「中学入試」の位置づけについて考えてみたいと思います。

大学入試改革が進み
中学・高校での学びも変化

大学入試が大きく変化 その節目の年が明けた

2021年度の大学入試（本年1月）から、大学入試センター試験（以下、センター試験）が廃止され、新たに「大学入学共通テスト（以下、共通テスト）」が始まりました。

この大学入試の大きな改革を経て、いま日本の教育は白々とした「夜が明けたばかり」の状態にあります。これから大学入試の変化が、高校、中学校、小学校にまで変化を与えることになります。

また、小学校で新学習指導要領が導入され、次いで中学校、高校へと新しい学習指導要領による教育が始まり、日本の教育が変わっていきます。

その大きな節目のなかに、みなさんはいま、飛びこんでいるのです。新たに始まった共通テストでは、センター試験時代には試してこなかった観点を新たに設け、たんに知識を問うだけでなく、読解力をベースにした思考力や判断力

が試されました。英語では実用的な英語力をはかる問題がめだちました。

これらの力は、文部科学省がこれから日本を背負っていく若者たちに身につけてほしい能力だというわけです。

初の共通テストは、昨年はコロナ禍で全国の教育現場が3カ月にわたって停滞を余儀なくされるという経験のない「非常事態」のなかでのスタートとなりました。

受験生にとっては、ほんとうに気の毒な1年間でしたが、徹底した感染防止態勢のなかで、例年とは様相を異にしているなかでも、淡々と大学入試は実施されました。

コロナ禍の影響は、今年の受験生にも継続して重くのしかかっていますが、すでに6月、おもな大学入試日程が発表されています。2回目となる共通テストでは、昨年は学習遅れに配慮した本試験に第2日程がありましたが、来春は設けられません。インフルエンザ

罹患者などのための追試験は、新型コロナウイルス感染症罹患者も含めることを考慮して2週間後となっています（例年は1週間後）。この追試験への猶予期間は、中学入試日程でも参考とする学校が多くなるでしょう。

大学入試はなぜ変わる ゆとり教育への危機感

さて、大学入試はなぜ変わらなければならなかったのでしょうか。

いまから18年前のことです。経済協力開発機構（OECD）が2003年に15歳を対象に実施した国際学習到達度調査（PISA）で、日本は「読解力」で前回（2000年）の8位から14位に転落、「数学的応用力」も1位から6位にと順位を下げてしまいました。

この急落は、当時「PISAショック」といわれて、「大学入試で、社会で必要な学力が問われず、そのため中高でも養われていない」と文科省が責められることになり、当時の「ゆとり教育」がヤリ玉にあげられました。学習指導要領が「脱ゆとり」へと舵を切るきっかけともなったのです。

「ゆとり教育」とは、「受験戦争」

や「落ちこぼれ」への対策として1977年度の学習指導要領改定から導入されていた考え方です。

教科内容と授業時間数を削減して児童生徒の負担を軽減しました。

当時の文部省は、ゆとり教育をさらに進めるため、2002年度から教材を精選。この新しい教育課程は、教材の「3割削減」と受け止められました。

また、この年から学校の完全週5日制も実施されることになり、年間授業日数は大幅に削減されたのです。こうした状況もあって、前述のとおり、学力低下が社会問題化していきました。

2013年、内閣総理大臣の諮問機関であった教育再生実行会議は高大接続改革を打ちだし、大学入試センター試験に代わる新たなテストの創設を提言しました。

これを受けた中央教育審議会は翌2014年、センター試験の廃止を決め、新たなテスト（共通テスト）は「思考力・判断力・表現力」の評価を柱とするべきと答申しました。

読解力をベースにして思考力と判断力をはかる

このようにして、今回登場した、新たな共通テストとは、いったいどんなものだったのでしょうか。

いま中学入試に挑もうとしているみなさんにも、大きな関係がありますので、ここで、第1回共通テストの内容をもう少し詳しくのぞいてみようと思います。

まず、大学教育を受けるために必要な能力として、共通テストで新たにはかられたのは、「思考力と判断力」でした。これらの力を「より深く問う」のが共通テストだとされています。

今回の共通テストでは、理科を除いて多くの教科で問題文の分量の増加がみられ、身近な話題や場面での問いとなり、文字だけではなく図表、グラフなどから読み解く問題がめだちました。

たとえば数学でも身近な題材や会話文から出題されました。数学でも問題文は長く、ここでも読解力が求められました。読み解いてからの処理能力の速さで差がついたともいわれます。

国語は、センター試験と似た問題が多かったとされていますが、見た目がこれまでと変わっていた問題もあり、その中身を見抜く思考力が問われました。

実用的な英語力を問うとされた英語では、リスニングの読み上げが一部で1回に制限され（センター試験ではすべて2回）、リーディングでは発音や文法問題がなくなり、すべて読解となって、その量が増えました。その内容も日常でであう場面が多く登場しました。

このように、どの教科も思考力、判断力の評価につながる出題となっていました。

ところで、もうひとつ「表現力」も共通テストでははかりたい能力とされていたのですが、記述式解答の導入がうまくいかず、従来どおりのマークシート方式での解答となったため、第1回の共通テストでははかりきれていません。

この点は、各大学の個別試験や二次試験にゆだねられました。

しかし「思考力・判断力・表現力」の3つの力を重視しようとする文科省のねらいはいまでもいきています。

今後、その趣旨に即して表現力を問うていく出題が、共通テストでもかたちを変えて現れることになりそうです。

見てきたように、共通テストで重視する「思考力、判断力、表現力」をはかるのは、これまでどおりマークシート式での解答でしたから、作問での苦労がしのばれ、

より深く思考力、判断力をはかろうとする試行と工夫が感じられたのが今回の共通テストです。来春以降、表現力を試すことも含め、出題方法は、さらに工夫されることになるでしょう。

大学入試にあわせた変化が中学入試でも始まっている

先取りしている中学入試 記述問題はすでに定番

大学入試改革は、大学の教育改革からつながっているものです。もちろんこれは、高校、ひいては中学の教育改革にもつながります。そして、これからも連綿としてつづいていくものです。

ただ、大学入試以前に、その入試で力を発揮できるような学力を中学・高校で身につけておくことが必要なのですから、そのための改革が、中学・高校にも求められます。

つまり、大学入試の改革は、高校、さらに中学校の学習に大きな変化をもたらすことになるのです。

日本の教育は、小学校から高校まで、前述した「学習指導要領」を規範として推移します。

この学習指導要領は、約10年を区切りとして見直されることになっています。いまが区切りを迎える、ちょうどそのときなのです。

ですから、小学校を皮切りに、中学、高校の教育も変わっていきます。

変化するのは高校までの教育の中身だけではありません。それを身につけるための能力を見極める「中学入試」も変化を余儀なくされるのです。

ところで、前ページで取り上げた共通テストの問題ですが、「中学入試の問題に似ているなあ」と思われたかたがおられたのではないでしょうか。また、25ページで「コロナ禍を題材とした出題」をご紹介していますが、その「問いかけ」も、共通テストのものとよく似ているとは思われませんか。

じつは、中学入試では共通テストの内容が漏れ聞こえてくるころから、それを意識した出題が、すでに増えています。

読解を中心として問い、自らの頭で考えた内容を答えさせるのは、中学入試の真骨頂です。

共通テストではうまくスタートできず、今後の採用が危ぶまれている「記述式解答」も中学入試ではすでに定番で、記述式問題は当然のように出題されています。

入試改革は現在進行形 中学入試にも影響大

つぎのページでは、すでに変化を始めている中学入試について、具体的な例を含めながらご紹介します。

共通テストは、2025年度からさらなる刷新を表明しています。

試されるのは、現行の6教科30科目から7教科21科目へと削減再編され、高校で新たに採用される「情報」なども教科として入ります。すでに公表された再編後の各サンプル問題では、いずれも資料や会話文が多用され、思考力、判断力を問う内容となっています。

いずれにしても、中学入試が変化していく方向は、始まった共通テストのねらいに合わせて、さらに「思考力・判断力・表現力」の3つの力をより深く問うことになるのはまちがいがないでしょう。

各中学校は、大学進学に強い能力を入学後に培える資質を持った生徒がほしいのが本音です。

大学入学共通テストを先取りして進化する中学入試

前のページまでで見てきたとおり、日本の教育改革は本年1月の大学入試で大きな1歩を踏みだしました。新しい学習指導要領での学びの変化も見逃せません。そして中学入試の問題は大学入試の変化を先取りするかたちで進化してきました。ここでは中学入試のここ数年の変化を検証し、それが大学入試の変化を先取りしていたことを確認したいと思います。

新傾向問題は数年前から登場 長文での出題と記述式問題も

中学入試の変化は大学入試より早かった

前項まででお話ししたように、中学入試は大学入試の影響を強く受けます。

改められた大学入学共通テスト（以下、共通テスト）からの影響も、中学入試では色濃く受けています。

しかし、始められた共通テストは第1回であり、その入試は1月でした。中学入試も千葉、埼玉では1月、東京、神奈川の入試は2月1日からでしたので、その影響はこの第1回の出題を見てのものではありません。

しかしながら、問題傾向自体は共通テストで求められた「思考力」「判断力」を重視する方向に変わっていたのは確かで、しかも、共通テストでははかりきれなかった「表現力」をも中学入試では、記述式解答を駆使することによって重要視されていました。今後もこの流れはつづいていくでしょう。

もちろん、共通テストの方向性については数年前から取り沙汰され、試行テストやモデル問題が公表されていましたから、その内容を先取りすることは可能でした。

今回の中学入試のテーマで多くあつかわれたのは、コロナ禍での生活やウイルスの怖さ、感染症の歴史など、また、緊急事態宣言下での生活などで、受験生が、そこでなにを考えていたか、これから考えるべきことは、などそれぞれの思考するところを問うものでした。

記述に関しては、それらの問いに自らの言葉で記述することが肝要で、200字から500字という記述が求められました。

じつは、中学入試において、これらの傾向の出題は今年始まった

ものではありません。

新傾向の問題出現は 2017年度入試ごろから

中学入試での変化は2017年度入試で、駒場東邦（東京・男子校）が算数で記述式解答の問題をだしたところから注目されてきました。このときの問いは「いままで算数を学んできた中で、実生活において算数の考え方がいかされて感動したり、面白いと感じた出来事について完結に説明しなさい」というものでした。

その後の私立各中学校の算数や理科で、これまでの体験を問うものや、具体的な算数の知識を使って現実問題を解決する出題などが目を引くようになっています。

これらは、前述した大学入試改革のページで述べた、新たな共通テストで記述式問題の導入が予定されていたことが影響していることは明らかです。

2014年に中央教育審議会が大学入試センター試験の廃止を決め、新たなテスト（のちに共通テスト

となる）の創設を答申しました。その柱を「思考力・判断力・表現力」とすることとして動きだした、まさにそのときに符号します。

前述の駒場東邦では、入試のねらいを「単なる知識の量や解法だけを問うことが目的ではありません。小学校で学習、体験する内容をもとに自分で工夫して考える力が身についているかどうかをはかる」としていました。

共通テストにおける記述式問題の採用は仕切り直しとなり、4月の新聞報道では、文部科学省（以下、文科省）の有識者会議で導入に否定的だったとされています。

しかし、各校の受験者数が少ない中学入試で記述式問題を実施することはじゅうぶんに可能で、しかも、優秀な生徒を選抜するのに有効なことがわかってきていますから、これらの出題は、中学入試では今後も増えることはあっても減ることはないでしょう。

たとえば算数では、現実問題に対して算数での処理を行って解決していくことが、まず求められ、その求められる結果を得るために、計算式や図表、グラフなどで表現する解答になるでしょう。

新たに試される力は、共通テストで求められている力と、その本質は変わりません。

新学習指導要領に即した変化にも注目

これとは別に、いま、小学校、中学校、高校へと、新学習指導要領での教育が、年次進行で実施されていきます。

大学入試での共通テストも、2025年度入試からは、新学習指導要領に対応して「情報」などを盛りこんだテストに変わります（28ページ参照）。

では、私立中学校の入試ではどう変化するのでしょう。

新しくなる学習指導要領では、算数・数学はとくにそうですが、「知識を実際に役立てる」というリテラシー・活用度を育てることが大きな眼目になっています。

駒場東邦の試みは、そこにもつながっていく出題ともいえます。

ここ3年、首都圏の中学入試では「算数1科入試」なども増え、そこでは、駒場東邦型の出題がかならず現れます。

やがては大学入試で問われる力を各中学校が意識して先取りし、それに適した考え方を持っている受験生を探しだそうとしていることは確かでしょう。

算数にかぎらず、これらの1科入試は、短時間決戦の午後入試で中学校側の手順として「使い勝手」がよいことで拍車がかかったことも否めません。

男子校では、巣鴨と世田谷学園が算数1科で多くの受験生を集めています。男子校で始まったこの型のブームは共学校へ、そしていまでは多くの女子校も算数1科型を実施しています。

1科入試では、逆に女子校から火がついた、表現力を重視した「英語1科入試」も一気に増えてきました。新学習指導要領で小学校で英語が必修となったこともあと押ししています。

英語力のある受験生にとっては「英語1科入試」は、選択肢が広がるものとして歓迎されています。

これは新たな学習指導要領と大学入試改革の、もうひとつの重点項目である「実用的英語力の獲得」にもつながるものです。

このところ、とくに女子校を中心に、中学・高校で留学制度を持つ学校や、国際バカロレア取得をめざす学校、ダブルディプロマといって日本と海外校の両方の卒業資格を得ることができる学校が人気を集めています。大学入試へのアドバンテージになることを期待してのものでもあるのでしょう。

思考力・判断力・表現力こそ 評価したい今後の中学入試

むずかしいテーマで 思考力、判断力を試す

　中学入試で、そのほかに増えてきたのが「思考力型の入試」です。これは、考えさせて書かせる、記述式解答の設問です。このような問題は、公立中高一貫校も多く出題しています。

　この形式の問題は、中学入試では以前から出題されていました。

　ですから、大学入試改革の過程で記述式問題がクローズアップされる前から中学入試では当たり前の出題でした。もっとも55万人を超える受験生をかかえるセンター試験ないし共通テストと中学入試では、採点にかかる時間や採点の公平性の担保など乗り越えるべきハードルの高さ、むずかしさがちがいますから、現在、共通テストへの採用が頓挫しているのは理解できるところでもあります。

　さて、中学入試での「思考力型記述式問題」は、最近では「環境問題」に加えて「格差問題」や「貧困問題」に関する出題も見られます。それ加えて前述のコロナ禍特有の問題も出題されています。

　おとなの目からみてもむずかしいテーマが多くだされています。

出題は長文となり より読解力が問われる

　さて、記述式解答につながるともいえますが、私立中学校の難関校の入試では、長文の設問がめだっています。算数でさえも、読解力がなければ解答に進めないのです。

　設問にでてくる言葉や、問われている知識自体はむずかしくはないのですが、長めの文章の意味するところを正確に理解する読解力が求められるのです。

　長い文章を根気よく、しかも速く読み進められる能力も必要です。

　また、選択肢がいくつかしめしてあり、正解はそのうちのひとつを選ぶのではなく、複数を選ぶ問題もみられるようになりました。

　従来の短い文章での出題では、中学受験の勉強をしてきた受験生なら既視感のある文章題となり、「解法」にすぐにたどりついてしまう可能性が大ですが、長い文章による問いでは、設問をていねいに読まなければ、なにを問われているのかがわかりません。

　問う側の学校からすると、解き方の知識だけで即答できる問題はだしたくないということなのです。

　また、正解がひとつではない、という問題には、どのような意味があるでしょうか。

　正解がひとつであれば、問題を理解していなくても正答できる可能性があります。

　つまり、正答したがほんとうはわかっていない、という受験生を見分けたいということです。「いくつ選んでもいいが、必要なものはすべて選ぶ」という正解の仕方になれば、よく文章が読みこめていないと正解はむずかしくなります。

　つまり「考えて」「わかる」という段階を経ていないと、全問正答はむずかしいのです。

　文科省が重視しようとしている学力の要素に、「知識・技能を活用して課題を解決するために必要な思考力・判断力・表現力」があります。

　私立中学校の入試問題が、思考力・判断力・表現力の評価に移ってきていることはまちがいがありません。

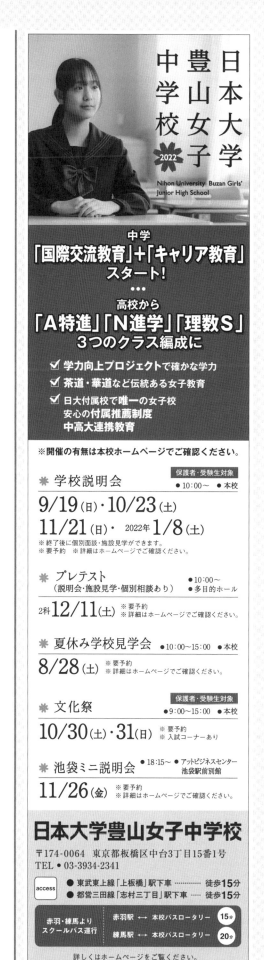

中学受験
スタートダッシュ

前項では「大学入試」の話題が中心となりましたので、「さあ、これから」と初めての中学受験を迎えるみなさんは、いささかとまどわれたのではないでしょうか。しかし、いま中学入試という舞台は、その後の高校・大学、そして社会人につながっている重要なステージとなっています。ここでは、これから中学入試に向かうみなさんに、学校選択の一助となるよう現在の中学受験の姿をお伝えします。どうぞよりよい「学校選び」につなげてください。

挑戦を始める前に
中学受験とはなにかを知ろう

中学入試の現状を知ることと学校を知ること

　中学受験を推し進めていくためには、まず中学入試とはいったいどんなものなのかを知る必要があります。その大事な視点として中学入試の現状を知ることと、私立中高一貫校そのものを知ることのふたつの視点があります。それがよりよい学校選びにつながります。

　このふたつの角度から中学受験を知って、そのご家庭なりのスタンスが決まってくれば、6年生の夏前からの課題として浮かび上がる「学校選択」についての迷いが少なくなり、中学受験をスムーズに展開できます。

　では、まず中学入試の成り立ちについてです。

　大学受験が激化していた1960年代では、東京大学（以下、東大）合格者数のトップに都立日比谷、都立西などが並んでいました。ですから、中学校は通学圏が定められている近隣の公立中学校に進

み、そこから、優秀な大学への合格実績をしめしている公立高校をねらうというのが一般的でした。

　このため、公立中学校でも都立日比谷などに進む生徒が多い中学校の近くに引っ越したり、住民票を移して越境入学する生徒もいて、高校進学での競争が高まり、高校受験段階で「受験地獄」という言葉も生まれました。

　しかし、東大合格実績で強かった都立高校が一気に後退します。これは1967年から実施された東京都の「学校群制度」という入試制度改革が原因でした。一部の高校に偏った進学熱の沈静化がねらいでしたが、学校群内の学校に機械的に振り分けられたため、進学したい高校が含まれる学校群に合格しても、「行きたい高校に進めなかった」という不満が噴出しました。これを嫌い、合格すればその学校に進学できる私立高校に人気が集まるようになったのです。

　これがのちに「私立中高一貫校を受験して進学」というコースの

人気を生むことになります。

　都立の日比谷や西が、東大合格実績で1、2位だったころ、3位は私立の灘（兵庫）でした。ベスト10には都立新宿、都立戸山などにまざって私立の麻布（東京）、開成（東京）も入っていました。

　この灘、麻布、開成が、私立の「中高一貫校」だったのです。

　灘や麻布、開成は、中学から6年間というタームで学習計画を考え、公立中高が3年間＋3年間で学ぶ内容を、重複部分を削減するなどして5年間で学び、6年目の1年間は、ほぼ大学受験の演習にあてることで進学実績を伸ばしていきました。とはいうものの、各校とも「勉強一辺倒」というイメージではなく、自由にあふれた校風で知られていました。

　両校を追随するように、もともとからの私立中学校が高校との連携をいっそう深めたり、私立高校が中学校を併設して中高一貫校化する例が増え、灘や麻布、開成の教育システムを取り入れるにつれ、私立中高一貫校の人気が高まります。

　その時代から「中学受験」という言葉は、私立中高一貫校を受験する選択肢をさすようになったの

です。

広がった小学6年生の将来への選択肢

さて、東大合格者の数で他を圧倒していた東京都立高校は、1977年に西が10位に入って以降、トップ10から姿を消しました。

危機感を抱いた東京都は、学校群制度や学区を撤廃しました。

そして、首都圏の公立側は2002年、東京都がまず、高校のなかから「進学指導重点校」という名称で上位校数校を指定、大学進学指導をバックアップしはじめます。首都圏各県が、同様の指定校をつくり、これにつづきました。

もうひとつの動きが、公立の中高一貫校の出現です。

保護者のみなさんの中学受験時代には、現在のような難関大学進学を視野に入れた公立の中高一貫校はありませんでした。なぜかというと、文部科学省（以下、文科省）は中学段階で高校の学習内容に手をつけることを禁じていたからです。

ところが文科省は2004年、その制限を撤廃します。私立に押される公立の状況をおもんぱかったものと考えられています。

難関大学進学を意識した公立中高一貫校設置も東京から始まりました。

東京では、前年の文科省通達に呼応するように、2005年に白鴎高等学校附属中が開校され、首都圏ではその後つぎつぎと同様の公立中高一貫校が誕生していきます。

もうひとつの選択肢、「公立中高一貫校を受検して進学」の誕生です。

このように、現在の小学校6年生の卒業時の選択肢は、保護者の時代よりチャンネルが多くなり、広がっています。

①そのまま地元の公立中学校に進学、②国立の中高一貫校を受検して進学、③私立の中高一貫校に進学、④公立の中高一貫校に進学、という4コースです。そして、この4コースのうち、近隣の公立中学校を選ばずに他の3コースを選ぶご家庭が増えていったのです。

当初は、26、27ページで述べた「ゆとり教育」による公立中学校の学力低下からの避難所的な意味が、私立中高一貫校進学にみられましたが、私立の大学進学実績が伸び、その実力が認められるにつれ、中学受験熱は一気に盛り上がっていきました。

後発の公立中高一貫校も難関大学への合格実績を伸ばしてきました。また、中学受験ではありませんが、都立高校の進学指導重点校など各県の大学進学重視の進学校グループも、東大をはじめとする難関大学への合格実績を伸ばし、かつての輝きを取り戻しつつあります。

ただ、公立中高一貫校にしろ都立の進学指導重点校などにしろ、その数は、私立の中高一貫校に比べてあまりにも少なく、入学するには相当高倍率の難関です。

さらに公立中高一貫校の受検は、適性検査という、準備のしづらい入試形態であるため、合否の予想がむずかしいのです。

このような経緯から中学入試では、公立中高一貫校を受ける場合でも私立を併願しておくご家庭がほとんどです。

公立に比べて、受験者総数が多く、とりわけ人気が高いのが私立の中高一貫校です。公立中高一貫校が人気を集めても、私立の中高一貫校の人気が下がるということにはなりませんでした。

こうしてさきほどあげた中学校進学の4コースのうち、いま最も人気を集めているのが私立中高一貫校だというわけです。

その人気は、2008年のリーマンショック後、一時おさまったかに

もみえましたが、すでに人気は回復、コロナ禍に襲われた、この春の入試でも多くの受験生が集まり、今年の模擬試験の受験者数でも、中学受験者の数はさらに増えています。

支持される中高一貫校は学びのための準備が光る

私立中高一貫校にはさまざまな学校がある

さて、私立の中高一貫校とは、どのような学校なのでしょうか。

多くのご家庭が、学費無料の公立中学校ではなく、私立中高一貫校を選ぼうとするからには、私立中高一貫校にはそれだけの魅力があると考えられます。

そうでなければ、毎年毎年これほど多くのかたが私立中高一貫校を選択していくわけがありません。

首都圏にかぎらず私立中高一貫校は、近隣の公立中学校にはないよさをアピールし、どのように独自色をだすのか、さらに、教育費用がかかるぶんだけ公立以上の魅力をだしうるか。

また、隣接の私立中高一貫校とどう対抗できるか、さらに近年では、公立中高一貫校との差別化を絶えず模索し、変化・進化をつづけていこうとしています。

近年の私立中高一貫校の傾向ですが、男子校、女子校から共学校に衣替えする学校が多くでてきました。

千葉私立には男女共学校が多い、という特徴があります。女子校は2校、男子校はありません。公立志向（共学）の強い土地柄であることから、比較・選択しやすいようにと私立校も共学が多くなった、というわけでしょう。

同じく公立志向の強い埼玉でも私立には共学校が多いのですが、埼玉の公立校は難関上位高校が別学です。千葉とはあり方が対照的なためか、男子校、女子校もあり

ます。

東京・神奈川では、昔から私立中学、私立高校が公立と同じように選択されてきた土壌があり、私立中高一貫校にも共学校、男子校、女子校、さらに別学校というスタイルの学校があります。それだけに差別化がむずかしいともいえ、各校の学校改革とそのPRには工夫がみられます。逆に改革に後れをとった学校は生徒募集に苦労する実情となっています。

そのなかにあって、難関校、上位校に応募が集まる傾向は衰えず、このクラスでは非常に厳しい難度の入試がつづいています。

今回のコロナ禍で、リーマンショック後のような受験者減少が起こるのでは、という心配もありましたが、人気は衰えませんでした。中学入試を経ることによる将来のプラス展望が、高く認知されているというのが、その理由でしょう。

大学進学だけではない私立中高一貫校の魅力

ここまでの話でおわかりのとおり、私立中高一貫校の魅力のひとつが高い大学進学実績であることは否定できません。

大学受験をしなくてすむ魅力をアピールする私立の大学附属校も人気を維持しています。

大学系列に属さない進学校は、よほどの特徴を持っているか、並はずれた大学合格実績をしめすことに学校存続をかけてきました。

進学実績を軸に学校改革を早めに進めた学校は、どこをとっても公立中高を含めて他校に劣るもの

ではなく、お子さまのために選びとってまちがいはない学校といっていいでしょう。

また、スーパーサイエンスハイスクールなどに指定されている学校は国費から大きな金額が支援されます。これらの指定では、国公立高校に負けじと私立高校が選ばれています。そのほとんどが中高一貫校の高校部です。

もともと理数教育に力を入れ、難関大学進学などにも強い学校が選ばれて指定されているのです。指定されている学校は、すでに実績をだしている学校が多く、「選ばれるべくして選ばれた」感があるわけで、私立の中高一貫校が多くなっているのもうなづけます。

私学のよさはどんなところにある？

それ以前の前提として、私立の学校が持っている大きな柱には、しっかりとした「教育理念」があるということでしょう。

私立の各校は創立者が掲げた「教育理念」を、連綿とつながる歴史のなかで守り抜いてきました。教育理念とは、わが校の生徒は「こんな人間に育ってもらいたい」「こういうことが考えられる人間に育てたい」という確固たる考えです。

卒業し、大学や社会にでてから、「ああ、この気持ちの持ちよう、がんばる精神は、学校でつくられたものだ」と感じる卒業生がたくさんいます。

その教育理念に基づいて、各校の教育カリキュラムがつくられ、そのカリキュラムが有効に浸透するよう教育メソッドがつくられ、異動のない教員たちによって継続してきました。

施設は、教室、図書館、ICT環境、実験室、音楽室、調理室、グラウンド、校外施設、その他の設備にしても、各校それぞれ工夫を凝ら

し、青春を過ごす場としてすばらしいものがあります。

授業は進路教育、進学教育を柱に、国際理解教育、情操教育などが充実しています。授業の理解のために少人数習熟度別授業や補習などにも積極的です。

また、教育は授業だけではありません。学校行事、クラブ活動、生活指導も、はじめにあげた教育理念のもと、生徒たちの学校生活を輝かせる一端となっています。

さて、この本には、首都圏を中心に私立中高一貫校が272校並んでいます。

各校の輝き、特筆すべき長所・よさを、偏差値というメガネからは離れてご紹介していますので、学校を選択する一助としていただければ幸いです。

高校から進学できる私学は減っている

私立中高一貫校のよさはわかった。「でも、それなら高校から私学に入ってもいいんじゃないか」というお気持ちもあるのではないでしょうか。

でも、ちょっと待ってください。じつは、私立の中高一貫校では、高校からの募集は行わない学校がどんどん増えています。

とくに女子校では豊島岡女子学園（東京）が来春の2022年度入試から高校募集をとりやめることもあって、高校から入れる上位校はほとんどなくなったといっても過言ではありません。

そういう学校を「完全中高一貫校」と呼んでいますが、これからも増えていきそうですし、高校募集をつづける学校でもその高校募集の定員は減らしていく方向です。

以上、私立中高一貫校の現状と私立の中高一貫校のよさを、駆け足で見てきました。つぎは、この本をきっかけに興味ある学校を、あなたが見にいく番です。

すプログラムとして、昼食をともにする「インターナショナル・テーブル」、英語でプレゼンテーションやディベートを行うことを目標とする「イングリッシュ・シャワー」があります。なかには部活動に参加するネイティブ教員もおり、交流する機会が豊富です。

海外研修に参加可能 読解力や表現力も磨く

錬成期（中3・高1）の授業でも引き続き基礎を大切にし、そのうえで自分の考えを発信する力を養います。海外を訪れる希望者対象のプログラムも用意されてお

意欲的な姿勢で授業に臨む城北生

生徒の質問に笑顔で答える坂本先生

り、オーストラリア語学研修では、例年現地の学生と交流を行っています。また、4カ国から行き先を選べる3カ月のターム留学にも挑戦できます。今後は、マンツーマンの英会話レッスンを受けられるフィリピン・セブ島での新たなプログラムも始まる予定です。

海外研修に参加した生徒からは「初めて経験することがたくさんあった」「より英語が好きになった」との声があがっており、帰国後の学習意欲向上につながっているそうです。

習熟期（高2・高3）では、4技能を高めつつ、大学受験に向けて読解や作文にも力を入れます。

「最終的な目標は、英語を母語とする方々と同じように理解し使うことです。そのため読解においても、英文をパズルのように分解するのではなく、文の初めから順に意味を取るよう指導しています。英作文の添削にも力を入れ、修正する際は丁寧に理由を書いて、生徒が次に活かせるようにしています。大学受験に向けた英語力を養うことも大切です。それだけでは不十分です。将来使うことを想定して学ぶ必要があります。ですから、文法的に正しければ問題ないと考えるのではなく、

「普段生徒が取り組んでいる小テストや定期テストには正解があります。しかし海外研修で現地の方と交流する際は、絶対的な正解があるのではなく、自分の言葉に対して相手からの反応がどう返ってくるかが答えであり、また、そこで会話を止めずに懸命に応え続

けていくことが重要です。大事なのは相手に敬意を持って接すること。それを忘れずに、失敗を恐れることなくコミュニケーションツールとしての英語を楽しんでほしい」（坂本先生）

このように、城北は基礎期、錬成期、習熟期、それぞれに合わせた取り組みを行うことで、将来を見据えた実践的な英語力を育てているのです。

「今後は国語で扱った題材を英語で読む、社会で考えを述べるなど、教科横断型の内容も取り入れについて英語で考えるなど、さらに教育を充実させたいです。

城北は、教員1人対クラス全員という指導ではなく、教員1人対生徒1人の指導を、生徒の数だけ行うと考え、それぞれに寄り添った教育を実践しています。今後もその思いを忘れずに生徒の成長をサポートします」（坂本先生）

◇

自然な表現かどうかも意識しなければならないと伝えています」と坂本先生。

◆オンライン学校説明会〈要予約〉
　7月24日（土）〜 7月31日（土）
　9月25日（土）〜10月 2日（土）
　10月23日（土）〜10月30日（土）
◆施設見学会〈要予約〉
　7月17日（土）7月31日（土）
　両日とも13：30〜／14：45〜
◆説明会（学校での開催）〈要予約〉
　7月24日（土）、7月26日（月）など
　7、8月に学校での説明会を多数実施予定
◆体験授業〈要予約〉
　10月30日（土）午後
※実施の有無、内容についてはHPをご確認
　ください。

明日に伸びる！ この1校

城北中学校
高等学校

東京
男子校

英語科 坂本悦子先生

将来使うことを想定し
実践的な英語力を育む

◆ 住所：東京都板橋区東新町2-28-1
◆ アクセス：東武東上線「上板橋駅」徒歩10分、
　　　　　　地下鉄有楽町線・副都心線「小竹向原駅」徒歩20分
◆ TEL：03-3956-3157（代）　　◆ URL：https://www.johoku.ac.jp/

城北中学校は、生徒個々に寄り添うきめ細やかな教育を展開する学校です。そのなかから英語教育についてご紹介します。

何度も繰り返し
身体にしみ込ませる

生徒の成長に即した指導を行う城北中学校（以下、城北）。英語教育においては、まず基礎期（中1・中2）に文法などの知識をしっかりと身につけ、多くの英文を聞き実際に発声することで英語に慣れていきます。例えば中1の授業では、教員が話す英文を座ったまま繰り返す→立って2回声に出したら座る→列ごとに前から順番に読む→ペアを作りお互いに音読・リピート→教員が話す日本語を英訳して発音する……といったように、様々な形式で生徒の発声を促しています。

英語科の坂本悦子先生は「意識しているのは、生徒が飽きないようにテンポよく授業を行うことです。なるべく全員が一度は個人発声をしてほしいので、大量の一問一答クイズをモニターに表示し、1人ひとり順番に答えさせたりも

しています。教科書を見ながら読んでいた英文が、自然と口をついて出るようになる、そんな授業をめざしています」と話されます。

もちろん読む、聞く、話すの3技能のみを重視しているのではなく、教員が話す英文を書き取るなど、1回の授業で4技能すべてに触れられるよう配慮されています。

城北にはネイティブスピーカーの教員（以下、ネイティブ教員）が7名おり、中1から週に1コマ、日本人教員とのチームティーチング（TT）の時間が設けられています。高2ではネイティブ教員のみが担当する授業もあります。

「外国にいるような時間を過ごしてほしい」との思いから、ネイティブ教員が参加する授業はすべて英語で進められます。入学当初は緊張していた中1も、ゲームやクイズなどのレクリエーションを通じて、すぐに表情が和んでいくそうです。「生徒はネイティブ教員が紹介する出身国についての話にも興味津々です。私の授業で助動詞canを扱う週は、TTの授業でもcanを使うゲームをするなど、連動した授業になるよう協力しあっています」と坂本先生。

そのほかネイティブ教員と過ご

駒込中学校 [共学校]

KOMAGOME JUNIOR HIGH SCHOOL

時代の先進校！ 駒込中学校 今年度も続く『本気の教育改革』

目的の異なるふたつの「適性検査型入試」

毎年多くの受験生が受験する駒込中学校（以下、駒込）の「適性検査型入試」。今年度から目的別のふたつの入試にしぼり、両方とも2月1日午前に実施します。ひとつは都立最難関中高一貫校に準拠した問題で「適性I・II・III」の3科目、もうひとつは区立中高一貫校に準拠した問題で「適性1・2・3」の3科目です。

2月2日午前入試に「特色入試」＋「英語入試」を実施

2024年の大学入学共通テストより「情報」が科目に追加され、コンピューターによるテストやプログラミングの試験なども予定されています。すでにお子さまをプログラミング教室に通わせているご家庭もあり、身のまわりにある「課題を発見」し、プログラミングしたロボットをつくることでその「課題を解決」する力はますます重視されています。しかし、「課題発見力」や「課題解決力」をせっかく身につけても、中学入試では役に立たないことが多い状況です。そこで駒込では、「特色入試」としてそれらの力をはかる入試を実施しようと考え、2月2日午前入試に「プログラミングSTEM入試」を実施しています。

また、駒込では中学でも高校でも「調べる能力」や「発表する能力」を高める授業を展開しています。中学入試においても、iPadや図書室の蔵書を使って調べ学習をしたり、「プレゼンテーション資料」を生徒に作成してもらったりする「自己表現入試」を同じく2月2日午前の「特色入試」で実施しています。

さらに、英検準2級以上取得者は英語の試験が100点換算で免除となる「英語入試」も2月2日午前に実施しています。このように、多様性あふれる受験生をあらゆる方面から応援する仕組みが整っているのです。

新しい時代の新しい駒込へ！ 時代の変化を乗り越える力を

駒込は「一隅を照らす」という言葉を建学の精神に据え、仏教を人間教育のいしずえにしています。一方で「挑戦の先に新たな駒込を見出す」という教育改革のスローガンを掲げて、新しい時代に沿った教育も展開するなど、伝統と革新を調和させ否応なく新しいグローバル社会において否応なく新しい時代がやってこようとしているなか、駒込の生徒や教員は失敗を恐れず「まずやってみる」ことを大切にしています。挑戦には失敗がつきものですが、それを繰り返し、新しい時代にふさわしい新しい自分を見つけてもらいたいと駒込は考えています。

時代がどんなに変化しようとも自分に自信を持ち、仲間とともに乗り越えられる力を身につけさせていきます。

◉学校説明会 要申込
8月 1日㊏ ①10:00～11:00
　　　　　　②13:00～14:00
※校内での学校説明会とオンライン説明会を同時開催

◉夏休み「おもしろ理科実験」
8月22日㊏ 午前9:30～
　　　　　　午後13:30～
※その他、「プログラミング教室」「楽しい国語教室」も同時開催
※9月以降も説明会を実施いたします

◉個別相談会
お電話にて随時承ります。
お気軽にお問い合わせください。

SCHOOL DATA

ADDRESS
〒113-0022
東京都文京区千駄木5-6-25

ACCESS
地下鉄南北線「本駒込駅」徒歩5分、地下鉄千代田線「千駄木駅」・都営三田線「白山駅」徒歩7分

TEL 03-3828-4141

URL https://www.komagome.ed.jp/

年30回実施する理科実験では、本物に触れることを大切にしています

国立・私立中学校プロフィール

東　京

39

私を変える挑戦が始まります
チャレンジを応援する進学校。

帝京大学中学校 Teikyo University Junior High School

〒192-0361 東京都八王子市越野322　TEL.042-676-9511（代）

https://www.teikyo-u.ed.jp/

■ 2022年度 中学入試学校説明会 ※本年度の説明会はすべて予約制です

	実 施 日 時		内　容
第1回	7月17日（土）	10:00～11:30 14:00～15:30	『本校の学びについて　～中学校を中心に～　』 ・中学在校生＆教員による座談会「中学生から見た本校」
	7月18日（日）	14:00～15:00	・7月17日（土）説明会の様子をYoutube限定公開で放映※
第2回	9月18日（土）	10:00～11:30 14:00～15:30	『本校の学びについて　～高等学校を中心に～　』 ・高校在校生＆教員による座談会「高校生から見た本校」
	9月20日（月）	14:00～15:00	・9月18日（土）説明会の様子をYoutube限定公開で放映※
第3回	10月2日（土）	10:00～11:30 14:00～15:30	『本校の学びについて　～行事・学校生活から将来へ～　』 ・卒業生と当時の担任の対談「学校生活を振り返って」
	10月3日（日）	14:00～15:00	・10月2日（土）説明会の様子をYoutube限定公開で放映※
第4回	11月13日（土）	10:00～11:30	『帝京大学中学校入門　―初めて参加される皆様へ―』 ・在校生保護者へのインタビュー「保護者から見た本校」
	11月14日（日）	14:00～15:00	・11月13日（土）説明会の様子をYoutube限定公開で放映※
第5回	12月18日（土）	10:00～11:30 14:00～15:30	『入試直前情報＆過去問解説授業』 ・4科の入試直前情報
	12月19日（日）	14:00～15:00	・12月18日（土）説明会の様子をYoutube限定公開で放映※

※説明会の予約方法は、各説明会の約1ヵ月前にホームページに掲載させて頂きます。
※録画した動画は数日間、閲覧可能です。また、説明会来校者にも動画のアドレスをお知らせします。

●スクールバスのご案内

月～土曜日／登下校時間に運行。
詳細は本校のホームページをご覧ください。

JR豊田駅 ←→ 平山5丁目（京王線平山城址公園駅より徒歩5分）←→ 本　校
（約20分）

多摩センター駅 ←→ （約15分） ←→ 本　校

青山学院中等部

東京
渋谷区

共学校

「若い時に 本物を 存分に」

新しい本校舎には、教科教育のさらなる充実をはかるための「教科センター方式」が導入されました。「教科センター方式」とは、各教科が専用のゾーンを持ち、専用の教室、教科の発表や作業のためのメディアスペース、教科の先生の研究室をそれぞれ隣接させることです。それによって、従来型の教室に比べて、より充実した教科教育が可能になっています。

教科を媒体とする学習コミュニケーションの場は、クラスや学年を越えた生徒同士、生徒と教職員をつなぐ空間として機能し、学校全体が新たなコミュニケーションを生みだしていきます。

小クラス制によるゆとりある学校生活

中等部では、基礎学力の徹底と、自ら考える力を身につけることを重視し、1クラス32名、1学年8クラスの少人数制を実施しています。外国人教師による英会話、数学の習熟度別授業、各教科での多彩な選択授業などにより、一人ひとりの個性を引き出す教育を推し進めています。

国際交流もさかんです。中等部では、オーストラリア、フィリピン、韓国の中学校との交流プログラムが用意されており、いろいろな国の人との交流をとおして、海外へ目を向けるとともに、日本についての認識も深まっていきます。また、青山学院大学に通う留学生と交流するチャットルームにも自由に参加できます。

幼稚園から大学までを併設している青山学院では、高等部からは卒業生の85%が青山学院大学へ進学しています。一方で、他大学を受験する生徒も増えています。高等部では、各自の進路に応じた多様な選択科目が準備されているので、他大学受験への対応も万全です。

伝統のキリスト教教育で人間性を養い、世界を舞台に活躍できる人材を育成します。

SCHOOL DATA

- 東京都渋谷区渋谷4-4-25
- JR線ほか「渋谷」徒歩13分、地下鉄銀座線・半蔵門線・千代田線「表参道」徒歩7分
- 男子389名、女子382名
- 03-3407-7463
- http://www.jh.aoyama.ed.jp/

麻布中学校

東京
港区

男子校

「自由闊達」の校風が自主自立を育む

毎年多くの難関大学へ進学者を輩出する、麻布中学校。1895年創立という伝統校です。

創立者江原素六先生の教育姿勢のもと、創立以来、ものごとを自主的に考え、判断し、自立した行動のとれる人物の育成をめざし、自由闊達な校風を伝統としてきました。

こうした伝統を持つ麻布では、明文化された校則はなく、標準服はありますが服装も自由です。

また、文化祭や運動会、学年旅行といった学校行事もすべて生徒の自主運営に委ねられていることも特徴です。

豊かな人間形成をめざす

麻布では、幅広く深い教養を身につけ、豊かな人間形成をはかることを教育の主眼としています。

全人教育の観点から、感性・感覚・情操を涵養するため、音楽・美術・工芸・書道などもじっくりと時間をかけて学んでいきます。

体育では、柔道・剣道の選択必修授業もあります。

各教科ごとに、中高6年間の連続性が考慮された独自のカリキュラムを編成し、生徒の自発的な学習意欲を引き出し、思考力・創造力・感受性を育てることに努めています。中学段階では、基本的な知識を幅広く身につけるとともに、柔軟な思考力を養うことに力点をおいた教育がなされています。

授業はどの教科も質・量ともに相当な密度となっており、各教科で独自に編集したプリントや教科書以外の副読本を多用しながらきめ細かく進めていきます。

また、高1・高2では、土曜日に2時間の教養総合授業を行っています。これは少人数ゼミ形式で、約40講座から希望するものを選択します。

自由の意味を理解し、それに応えられる自主・自立の精神を深く学び、未来をめざす青年を育む場がここにはあります。

SCHOOL DATA

- 東京都港区元麻布2-3-29
- 地下鉄日比谷線「広尾」徒歩10分、都営大江戸線・地下鉄南北線「麻布十番」徒歩15分
- 男子のみ916名
- 03-3446-6541
- https://www.azabu-jh.ed.jp/

東京　神奈川　千葉　埼玉　茨城　寮制

足立学園中学校

志を持ち、自ら将来を切り拓ける紳士の育成

社会で活躍できる「人財」の育成

足立学園中学校の教育目標は「自ら学び心ゆたかに　たくましく」。井上実校長先生は、「生徒が志を持ち、夢や希望をかなえるためのサポートを教職員が一丸となって全力で行います。自己肯定感を高め、楽しく生活し、将来に役立つさまざまな力を育み、品格あるたくましい男子に育ってほしいです」と話されます。

中学には特別クラスと一般クラスがあり、学力別に構成されていますが、カリキュラムは同じです。「志共有」で志に気づき、学習習慣や勉強の仕方をきめ細かく指導し、主要教科の基礎学力を徹底して身につけます。

高校には探究・文理・総合の3コースに分かれて進学します。全員が松下政経塾で志を立てる一歩をふみだし、探究総合の授業で課題解決能力を養います。

グローバル教育では、オーストラリア・スタディツアー（中1〜高2）、イギリス・ラグビー校のサマースクール（中3〜高2）、海外ターム留学（高1）などに参加でき、16歳以上はオックスフォード大学（ハートフォートカレッジ）に短期留学ができます。

また中高では日本で唯一、Microsoft Showcase Schoolsに認定されており、ICT教育の先進校として活動しています。

全人教育をめざす多彩な行事

足立学園には中高をつうじて多くの行事があり、たとえば30kmの強歩大会は中学3学年を縦割りにし、上級生が下級生の面倒を見ながら歩くことで、心身のたくましさや相手を思いやる気持ち、学年を超えた「きずな」が生まれます。

そのほかにも、命の誕生・尊さを学ぶ性教育講演会や男女関係のありかたを学ぶデートDV講座、主権者教育などをとおして、社会で活躍できる紳士となるサポートを行います。

⚜ SCHOOL DATA ⚜

- 東京都足立区千住旭町40-24
- JR線ほか「北千住」徒歩1分、京成線「京成関屋」徒歩7分
- 男子のみ551名
- 03-3888-5331
- https://www.adachigakuen-jh.ed.jp/

あ行　か行　さ行　た行　な行　は行　ま行　や行　ら行　わ行

跡見学園中学校

美意識を持ち、しなやかに生きる女性を育てる

高い学力と人間力を育む

新しい大学入試制度に即応する学力と国際社会で生きる人間力を身につける跡見学園の中高一貫教育。今年度からマンツーマンのオンライン英会話授業を導入。また、数学・英語では中2から習熟度別授業を実施しています。定期テストの結果によっては放課後指名補習があるなど、きめ細やかな学習指導システムが整っています。

跡見学園中学校では、145年の伝統を持つ女子教育をつうじて、豊かな教養としなやかな心を持って国際社会で活躍する人間力を磨きます。「放課後プログラム」では、日本の伝統文化を体得する茶道・華道・箏曲のおけいこや英検の実力養成講座、難関大受験講座などを実施。生徒の意欲に応えています。

本物に触れ豊かな感性を養う

「本物に触れる」ことを大切にしている跡見学園では、世界の一流演奏家やオーケストラによるコンサート、能・狂言などの古典芸能鑑賞を行うとともに、学祖・跡見花蹊の文字に学ぶ「跡見流」の習字の授業をはじめ、本物の芸術に触れる機会を数多く用意しています。

校外学習も体験を重視しており、浅草散策や江戸東京博物館での学習をつうじて江戸・東京の歴史を学んだり、東京地方裁判所で裁判を傍聴し、司法の現場を身をもって体験したりします。さらに、中1・中2ではサイエンス探究教室を実施。ふだん味わえない自然とのふれあいを満喫するとともに、自ら課題を発見し解決していきます。

さて、いまではほかの女子校にも広がっている「ごきげんよう」のあいさつ。これは跡見学園発祥で、生徒の間から自然に生まれ、継承されてきたものだといいます。

このように、長い歴史のなかで生徒の自主性が重んじられ、それが伸びやかな校風に結びついているのが跡見学園です。

⚜ SCHOOL DATA ⚜

- 東京都文京区大塚1-5-9
- 地下鉄丸ノ内線「茗荷谷」徒歩2分、地下鉄有楽町線「護国寺」徒歩8分
- 女子のみ740名
- 03-3941-8167
- https://www.atomi.ac.jp/jh/

郁文館中学校
いく ぶん かん

東 京
文京区

共学校

「夢を持たせ、夢を追わせ、夢を叶えさせる」

郁文館中学校は1889年に創立された歴史ある学校です。「夢」をテーマとした「夢教育」が特徴で、「子どもたちに人生の夢を持たせ、夢を追わせ、夢を叶えさせる」ことを目的に、独自のプログラムを実施しています。

2021年4月には「世界人財」を育成する「iPclass」を新設。このクラスは全員が6カ年特待生です。

夢の実現に必要な3つの力

郁文館では、夢をかなえるためには「学力の向上」「グローバル力の向上」「人間力の向上」の3つの力が必要だと考えられています。

「学力の向上」に向けては、中1から「iPclass」「特進クラス」「進学クラス」「グローバルリーダー特進クラス」の4つを用意し、将来の進路に応じてていねいに指導しています。また、日々の勉強の計画や結果を書く「家庭学習ノート」を活用するなど、学習習慣を身につけられるように配慮されているのも特徴です。

「グローバル力の向上」としては、毎朝、英語のリスニングをしたり、ネイティブスピーカーの教員と昼食をとるスペースを設けたりと、日常的に英語に触れる機会を用意。また、ニュージーランドや台湾、カンボジアなど、さまざまな国を訪れられる研修があるのも魅力です。さらに、グローバル社会に対応できる人物の育成を目標とする「グローバルリーダー特進クラス」では、ネイティブスピーカーの教員が朝礼や授業をすべて英語で行うといった取り組みも実施されています。

そして「人間力の向上」をめざすプログラムも他校にはない特色が光ります。農業などを体験する「夢合宿」、各界で活躍している「夢」をかなえた「夢達人」の講演会「夢達人ライブ」などです。

こうした多彩な取り組みをつうじて夢をかなえるための力を育み、社会で輝ける人材へと生徒を成長させる郁文館です。

⚐ SCHOOL DATA ⚐

- ▽ 東京都文京区向丘2-19-1
- ▽ 地下鉄南北線「東大前」徒歩5分、都営三田線「白山」・地下鉄千代田線「根津」「千駄木」徒歩10分
- ▽ 男子271名、女子177名
- ▽ 03-3828-2206
- ▽ https://www.ikubunkan.ed.jp/

上野学園中学校
うえ の がく えん

東 京
台東区

共学校

グローバルな視野の育成、芸術の学びのある進学校

1904年に創立された上野学園中学校は、「自覚」を建学の精神として、自己を深く見つめ、個々の持つ可能性と個性を伸張させます。そして、自らの世界を豊かにすると同時に、グローバル化が進む社会にあって、自立し、貢献できる人材の育成をめざします。

中学では、「アドヴァンスト・コース」と「プログレス・コース」があり、6年後の大学進学をめざし、学力の向上をはかります。主要5教科の学力を強化し、学び、考える生徒を育てるとともに、英語音声教育の充実や異文化への理解など、次世代の担い手となるグローバル教育に力をそそぎます。伝統ある音楽教育の環境のなかで、「ひとり一つの楽器」や、さまざまな演奏会をとおして、豊かな感性を育てます。

とくに、思考力を育む教育プログラムとして、「上野公園フィールドワーク」を実施します。中1では、「サイエンスプログラム」を、中2では、「ソーシャルプログラム」をとおし

て課題発見や情報収集、レポート作成、プレゼンテーション力など、社会で活躍するための力を養います。

「アドヴァンスト・コース」では、発展的な学習にふみこみ、国公立大学や難関私立大学をめざします。「プログレス・コース」では、基礎的学力を強化し、高校での学習につなげ、大学進学をめざします。

少人数制の特色をいかし、個々の進路目標に沿って、生徒と教員が近い距離で、徹底指導をはかります。

音楽の専門的な学び

高校で音楽科をめざす生徒には、音楽基礎科目のソルフェージュの授業や、大学の教授や演奏家として第一線で活躍している指導者による専門実技のレッスン、校内にて行われる多くの演奏会での発表など、恵まれた音楽教育の環境のなかで、豊かな音楽性を育んでいきます。

⚐ SCHOOL DATA ⚐

- ▽ 東京都台東区東上野4-24-12
- ▽ JR線・地下鉄銀座線・地下鉄日比谷線「上野」徒歩8分、京成線「上野」徒歩10分、つくばエクスプレス「浅草」徒歩12分
- ▽ 男子75名、女子73名
- ▽ 03-3847-2201
- ▽ https://www.uenogakuen.ed.jp/

東京
神奈川
千葉
埼玉
茨城
寮制

あ行
か行
さ行
た行
な行
は行
ま行
や行
ら行
わ行

穎明館中学校

東京
八王子市
共学校

『EMK未来プロジェクト』実施中！

緑豊かな学習環境

穎明館中学校は1985年にイギリスのパブリックスクールの名門イートン校を範に、東京・八王子に創立された進学校です。

Experience（経験）、Morality（道徳）、Knowledge（知識）のEMKを教育の３本柱とし、「国際社会に羽ばたく真のリーダーの育成」をめざします。

穎明館の最大の魅力は、緑豊かな自然にかこまれた落ちついた学習環境です。

13万㎡ある広大な敷地には、各種教室のほか、天体望遠鏡つき図書館、温水プール・テニスコート・武道場を備えた体育館、スクールランチを提供する食堂、演劇などが鑑賞できる21世紀記念館大ホール、公式戦が行われる野球場、そして2017年に完成した400mトラックのついた人工芝グラウンドなどがあります。

四季折りおりの自然を感じることができる落ちついた環境のなかで、生徒たちは伸びのびと学校生活を送っています。

『EMK未来プロジェクト』

2019年４月から、いま一度進学校としての原点に立ち返るべく、『EMK未来プロジェクト』がスタートしました。このプロジェクトは、これまでの教育プログラムを見直すと同時に新しい取り組みを追加して、現在から未来の穎明館生の目標実現を強力にサポートするための学校改革の総称です。

中学３年生からの「アドバンストクラス」、学校完結型の学習をめざす放課後学習支援システム「EMK未来サポート」、グローバル教育の活性化、タブレット端末の活用等のICT教育の充実化、SDGsも視野に入れた探究学習の整備を５つの柱として、プロジェクトが進行中です。

学校の革新を生徒の躍進へ、進化する穎明館教育に、今後ますます期待が高まります。

🏫 SCHOOL DATA 🏫

- 東京都八王子市館町2600
- JR線・京王高尾線「高尾」バス、JR線・京王相模原線「橋本」スクールバス
- 男子342名、女子222名
- 042-664-6000
- https://www.emk.ac.jp/

江戸川女子中学校

東京
江戸川区
女子校

豊かな情操と教養を持つ自立した女性を育成

ステンドグラスや大理石の柱など、優雅な雰囲気の校舎を持つ江戸川女子中学校。創立以来、建学の精神として「教養ある堅実な女性の育成」を掲げ、きめ細かな学習指導と伝統の情操教育を重視し、幅広い知識を持つ自立した女性を育てています。

学習面では、国語・数学・英語・理科で、中学から高校の学習内容に入る先取り教育が取り入れられ、数学ではさらに習熟度別少人数授業も行われています。ていねいな指導に加え、朝テストや補習・講習も定期的に実施されるので、確実に学力を身につけることができます。

高２からは個々の希望進路によって「普通科Ⅱ類」、「普通科Ⅲ類」、「英語科」に分かれ学びを深めていきます。

一生役立つ英語力を養う

英語教育に重点がおかれているのも特徴です。中１からNEW TREASUREを使用し、中３までに高校で学ぶ基本的な文法事項をすべて学習します。中学で2500語以上の語彙を習得し、例年70％前後の生徒が中３で英検準２級を取得しています。外国人教師と日本人教師によるチームティーチングの英会話授業も実施されています。

高校では海外研修として、カナダまたはフィリピン修学旅行、４カ国から行き先を選べる語学研修や１年留学があります。

こうした教育により、大学受験に必要な英語と一生使える英語の両方をしっかりと身につけることができるのです。

国際コースを2021年度新設

国際コースでは、副担任はネイティブ教員が担当。英語は、Advanced Class（英検２級以上）とStandard Class（英検準２級以下）に分けて授業を行い、音楽と美術は英語によるイマージョン授業、希望者には第２外国語として中国語の勉強が可能になります。

🏫 SCHOOL DATA 🏫

- 東京都江戸川区東小岩5-22-1
- JR線「小岩」徒歩10分、京成線「江戸川」徒歩15分
- 女子のみ558名
- 03-3659-1241
- https://www.edojo.jp/

桜蔭中学校

東京
文京区
女子校

礼と学び

文京区本郷の高台、閑静な住宅街に中高一貫の女子校、桜蔭中学校があります。

建学の精神である「礼と学び」の心を、道徳をはじめ日々の親身な指導により涵養します。中学1年生は週に1回「礼法」の時間が設けられ、高校2年生は「総合学習」のなかでも指導されています。

また、校訓である「勤勉・温雅・聡明であれ」「責任を重んじ、礼儀を厚くし、よき社会人であれ」を目標とし、基礎学力を育むとともに時代に応じた学習を行い、個性に応じて能力を伸ばし広く社会に寄与する人間の育成をめざしています。

独自カリキュラムとていねいな指導

桜蔭では、中高一貫のメリットと女子校の特性をいかしたカリキュラムを編成しています。授業では、独自教材などを使用しながら、基礎学力の充実をはかるとともに、教科書の範囲を超えた高度な内容を展開していま

す。各教科では早い段階から高校の内容に入ります。英語では、ネイティブスピーカーの先生の英会話の授業やオンライン英会話を実施しています。体育・芸術・家庭科では多様な実技学習を行い、作品制作、発表を行っています。

中学校の総仕上げとして、中学3年生全員に「自由研究」の課題が与えられます。各自が自分の興味や関心のあるテーマを選び、中学2年生の3学期から資料・文献を集めて分析・研究し、論文を作成し提出します。研究テーマは幅広い分野におよび、充実した内容となっています。

卒業生がチューターを務める放課後学習ルームも開いています。

2020年度の休校の間は、オンラインで授業・課題の配信・提出を行い、web会議システムでHRや面談を行いました。

創立以来、教育への熱い情熱が受け継がれている桜蔭です。

SCHOOL DATA

- 東京都文京区本郷1-5-25
- 都営三田線「水道橋」徒歩5分、JR線「水道橋」徒歩7分、地下鉄丸ノ内線「本郷三丁目」徒歩8分、都営大江戸線「本郷三丁目」徒歩9分
- 女子のみ704名
- 03-3811-0147
- https://www.oin.ed.jp/

桜美林中学校

東京
町田市
共学校

キリスト教に基づく国際人の育成

美林中学校 合唱コンクール

「国際教育の桜美林」の伝統を発揮

桜美林学園は、1946年、国際教育・国際ボランティアのパイオニア、清水安三・郁子夫妻により創立されました。

「自分を愛するように隣人を愛する」というキリスト教の精神を大切にし、他者の心の痛みに共感でき、国際社会に目を向け、国際社会に貢献・奉仕する人材の育成をめざしています。

こうした理念のもと、桜美林中学校は国際教育に注力し、国際交流にも積極的に取り組んでいます。

中3で実施されるオーストラリア研修旅行、シンガポールでの英会話合宿、アメリカ・イギリス・カナダ・ニュージーランド・中国・韓国で展開される短期語学研修プログラム・ターム留学・1年間の留学と国際交流の場は数多く用意されています。

また、海外からの留学生や来校者も多く、

異文化に触れる機会が豊富にあるのも、桜美林の特徴のひとつです。

桜美林の進路指導

併設の桜美林大学へは希望者は全員進学でき、合格を保持しつつ他大学受験可能な併願システムもあります。しかし、実際に進学するのは10%程度です。近年、国公立大学・難関私立大学への進学が飛躍的に伸びており、2020年度は国公立大学34名、早慶上理ICU・G-MARCHに220名が合格しました。

また2020年度から導入した、国内の大学との併願が可能な海外大学推薦制度を利用し、イリノイ大学（アメリカ）、マンチェスター大学（イギリス）など15の海外大学に合格者を輩出しています。このように、桜美林では、海外を視野に入れたグローバルな進路選択も可能になっています。

生徒たちは自然に恵まれた環境のなか、伸びのびと可能性を開花させています。

SCHOOL DATA

- 東京都町田市常盤町3758
- JR線「淵野辺」徒歩20分・スクールバス8分、小田急線・京王線・多摩都市モノレール「多摩センター」スクールバス20分
- 男子284名、女子239名
- 042-797-2668
- https://www.obirin.ed.jp/

鷗友学園女子中学校

東 京
世田谷区

女子校

グローバル社会で活躍する女性リーダーの育成

校訓は「慈愛と誠実と創造」。人と人との関係のなかで相手も自分も尊重し、社会のなかでともに成長しようとする力。自らの可能性を発見し、意欲を持って学べる力。自由な発想を大切にし、新しいものを創造できる力。これらの力を大切に、グローバル化の進む社会で多様な価値観をひとつにまとめ、リーダーシップを発揮できる女性を育てます。

互いを認めあいながら、自己肯定感を育む

中1はクラスを30人の少人数編成にし、3日に1回席替えを行うなど、生徒一人ひとりがありのままの自分でいられるような居心地のよい集団づくりに取り組んでいます。また、互いに自由に発言しあいながらも、他者も自分も尊重できるような人間関係づくりを大切にしています。

学校行事や生徒会活動、部活動もとてもさかんです。とくに学園祭や運動会は、実行委員の生徒を中心に1年がかりで準備し、すべて生徒主体で運営しています。生徒が自らの責任で決定、実行するなかで、達成感を得る体験を積み重ね、自己肯定感を育みます。

本物の学びに出会える6年間

鷗友学園女子中学校の授業では、自ら学び、自ら発信する主体的な学習をとおして、学びのおもしろさ、学ぶ感動を体験することができます。

理科では、多くの実験に取り組みながら、自分たちで課題を見つけ探求できる力を育みます。英語では、中1から日本語を使わないオールイングリッシュの授業を展開し、大量の英語に触れる環境のなかで英語を英語のまま理解できる力を身につけます。

各教室に設置された最新のプロジェクターやICT機器も利用しながら、幅広い学びを土台に、ディスカッションする力やプレゼンテーション力を高め、どのような社会の変化にも対応できる力を育てます。

SCHOOL DATA

- 東京都世田谷区宮坂1-5-30
- 東急世田谷線「宮の坂」徒歩4分、小田急線「経堂」徒歩8分
- 女子のみ773名
- 03-3420-0136
- https://www.ohyu.jp/

大妻中学校

東 京
千代田区

女子校

社会で50年輝き続ける女性の育成

努力を積み重ねることをいとわない校風

1908年に大妻コタカが創立した家塾を前身とする大妻中学校。校訓「恥を知れ」は自分を振り返り戒める言葉。「自律と自立の精神」「協働の心」「確かな学力」「社会とつながる」の4つの資質を身につけ、知性と品性を備えた「社会で50年活躍する女性」を育成しています。入学後、まず、小テストや予習・復習の指導で学習習慣を身につけることに主眼をおきます。全教科をバランスよく学び、高2から4つの類型に分かれ、国公立大学・私立大学の文系・理系にそれぞれ対応しています。

中3から本格的に進路指導がスタートし、高1のオリエンテーション合宿では各自の夢を語りあいます。大学の先生による模擬講義や先輩の合格報告会など、進路に対する意識を高める機会が多く設けられています。2020年度卒業生の現役合格実績は、国公立大学30名、早慶上理110名、G-MARCH265名と、難関大学に多くの合格者をだしています。

クラブ・行事だけでなく模擬国連もICTも

100名を超える実行委員が支える文化祭、迫力の応援団が盛り上げる体育祭など、生徒主体で学校行事が行われています。また、クラブ活動もさかんでバトントワリング部・マンドリン部は全国大会で活躍しています。

模擬国連にも積極的に参加し、2020年には全日本高校模擬国連大会において2年連続優秀賞に輝き、ニューヨーク国際大会への日本代表派遣が決まりました。また、海外研修・学期留学などグローバルな舞台でコミュニケーション力を磨く機会が多く、英語だけでなく、希望者には中国語講座も開講しています。

ひとり1台タブレットを持ち、授業だけでなく自学自習でも活用しています。中1〜高2は希望者に、高3は情報の授業でプログラミングを学習します。学校情報化優良認定校にも指定されています。

SCHOOL DATA

- 東京都千代田区三番町12
- 地下鉄半蔵門線「半蔵門」徒歩5分、JR線・都営新宿線・地下鉄有楽町線・南北線「市ヶ谷」徒歩10分
- 女子のみ851名
- 03-5275-6002
- https://www.otsuma.ed.jp/

大妻多摩中学校

東京
多摩市

女子校

2020年度入学生より、国際進学クラスを新設

創立80周年を迎えた大妻学院が先進的な教育を行う目的で1988年に設置した学校で、豊かな自然と広大なキャンパス、整った教育環境が魅力です。110年以上つづく伝統の女子教育を大切にしつつ、3つのCALL教室での少人数制英語授業や5つの実験室を活用した理科授業など、グローバル化や2020年度の新大学入試に対応する教育改革を行っています。オーストラリア、イギリス、ニュージーランド、ドイツへのターム留学制度もあり、英語教育において高く評価されています。

さらに2020年度入学生より中1での英語習熟度別授業を土台にして、中2以降、「国際進学クラス」と「総合進学クラス」とを新設し、「世界へ挑戦する女性」の育成をめざしています。

伝統の中高一貫女子進学校

大妻多摩中学校には、系列の大妻女子大学への推薦枠がありますが、他大学受験をする生徒が多いため、進学校であるといえます。学校では、全員を受験生ととらえ、一人ひとりに実力をつけさせ、さまざまなかたちで受験補習を行うなど、意欲のある生徒をバックアップする体制があります。毎年多くの進学実績をだし、昨年度は一橋大学をはじめとする国公立大学に11名、私立大学は早稲田大学11名、慶應義塾大学6名、上智大学16名、東京理科大学7名など多数が現役合格しています。

小規模校ならではのていねいな指導

毎年、卒業生の約半数が国公立大学、早慶上理、G-MARCHのいずれかに合格していますが、猛スピードの先取り型つめこみ教育や上位者だけに特化したクラス編成はとらず、1学年160名の規模をいかし、全員をていねいに指導するのが教育方針です。最初に勉強の仕方や楽しさを時間をかけて教え、高校進学後は各自の進路選択をサポートし、最終的には自立した勉強ができることを目標とします。

✐ SCHOOL DATA ✐

- 東京都多摩市唐木田2-7-1
- 小田急多摩線「唐木田」徒歩7分
- 女子のみ495名
- 042-372-9113
- https://www.otsuma-tama.ed.jp

大妻中野中学校

東京
中野区

女子校

「世界の扉」を開く国際教育

大妻中野中学校は、これからの「グローバル社会の中で、輝く女性」を育てることをめざし、「自律・協働・貢献」をモットーに6年間の一貫教育を行う女子校です。このモットーのもと、生徒の「Challenge（挑戦）」「Construct（構築）」「Create（創造）」といった行動をうながすために、自由参加型の多様なプログラムを用意しています。加えて、海外帰国生と国内生がいっしょにつくりだす国際色豊かな学校環境のなかで、将来につながる「世界の扉」を見つけられます。

SGHネットワークに参加

2002年度から、海外帰国生受け入れを行ってきた大妻中野。2015年度〜2019年度に文部科学省より、グローバルリーダーの育成のための教育を行うスーパーグローバルハイスクール（SGH）アソシエイト校の指定を受け、さまざまな国際教育を実践してきました。このような取り組みは現在もつづけられ、国際教育に注力する全国の高校・中高一貫校を中心に、SGHの成果の普及とさらなるグローバル人材の育成を進めるSGHネットワークに参加。ほかの参加校だけでなく大学とも連携や交流をとおして、大妻中野におけるこれまでの成果を継続・発展させています。

途中変更もできる2コース制

大妻中野では、幅広い教養を養う「アドバンストコース」と、英語のほか、フランス語が必修の「グローバルリーダーズコース（GLC）」の2コース制をとっています。GLCは国内生と海外帰国生がいっしょに学んでおり、コースは中3以降進級時に変更可能です。

両コースとも生徒の発達段階に応じた独自の海外研修や、20を超える海外提携校への留学プログラムなど、生徒が海外に目を向ける機会が多くあります。とくに、ここ数年で約40名の生徒が3カ月から1年間の留学をしています。

✐ SCHOOL DATA ✐

- 東京都中野区上高田2-3-7
- 西武新宿線「新井薬師前」徒歩8分、JR線・地下鉄東西線「中野」徒歩10分
- 女子のみ755名
- 03-3389-7211
- https://www.otsumanakano.ac.jp/

東京

神奈川

千葉

埼玉

茨城

寮制

あ行
か行
さ行
た行
な行
は行
ま行
や行
ら行
わ行

海城中学校

（かいじょう）

「新しい紳士」を育成する

（ジェントルマン）

海城中学校では、「国家・社会に有為な人材の育成」という建学の精神のもと、「リベラルでフェアな精神をもった新しい紳士」の育成に取り組んでいます。

海城が求める理想の人物像は、人間力と学力がバランスよく身に備わった人間です。しかもそれらは、その時代その時代が要請する「新しい人間力」と「新しい学力」をそれぞれ含み持っていなければなりません。

では、グローバル化が進み、価値観が多様化している現代社会において求められる「新しい人間力」・「新しい学力」とはなんでしょうか。海城では、異質な人間同士が深くかかわって生きていき、お互いのよいところを引き出しあって創発を生みだす「共生」と「協働」の能力が「新しい人間力」の中心であると見定め、仲間と協力して課題を克服する「プロジェクト・アドベンチャー」や演劇的手法を用いた「ドラマエデュケーション」といった体験学習をとおして、これらの能力を育成しています。

また、「新しい学力」である「課題設定・解決型の学力」を、探究型の社会科総合学習や実験・観察に重きをおいた理科の授業をとおして育てています。

国際理解教育

2011年度から帰国生の受け入れを本格的に開始したことにともない、2012年度よりグローバル教育部が発足しました。同教育部では、①帰国生の支援のほか、②高い英語力を備えている生徒の英語力保持・増強、③在学中の海外研修・留学支援、④海外大学進学支援（SAT・TOEFL対策講座／海外大学進学カウンセリング等）を積極的に行っています。

現在、中学3年の春休みと高校1・2年の夏休みに各30人の海外語学研修を実施。また、2016年度からは高校1年の3学期の1学期間をカナダの公立高校で過ごす短期留学も行っています。

SCHOOL DATA

- 東京都新宿区大久保3-6-1
- JR線「新大久保」徒歩5分、地下鉄副都心線「西早稲田」徒歩8分、JR線「大久保」徒歩10分
- 男子のみ988名
- 03-3209-5880
- https://www.kaijo.ed.jp/

開成中学校

（かいせい）

東大合格者第1位を誇る難関校

日本を代表する私学・開成中学校。毎年、3桁におよぶ東京大学合格者を輩出し、その数は他校を圧倒しています。

1871年、幕末の進歩的知識人であった佐野鼎（かなえ）によってつくられ、日本で最も長い歴史を持つ名門私立学校でもあります。創立以来、社会のあらゆる分野に多くのリーダーを輩出してきました。

学校名は中国の古典「易経」にある「開物成務」に由来し、ものごとの道理と人間性の啓発培養に努めることを意味しています。また、校章は有名な格言「ペンは剣よりも強し」を図案化したもので、いずれも開成の校風を象徴するものになっています。

校風は自由かつ質実剛健

「進取の気性・自由の精神」という建学の精神は、初代校長高橋是清のもとで確立され、自由、質実剛健の気風のなかで現在にいたるまで連綿と継承されています。

開成では、そうした校風のもと、生徒の自主性を尊重した教育が行われています。勉強においても、生徒が自ら学び取っていく「自学自習」の学習態度が要求されます。生徒は、質問があれば積極的に先生のところへ出向き、自学自習の精神を発揮して勉学に励んでいます。

授業のカリキュラムには独自のものが用意され、進み方は早く、内容も濃くハイレベルなものばかりです。工夫された自主教材をもとに進められる授業も多く、教員作成のプリントが中心となっていることも特徴です。

さらに、「知・心・体」のバランスを重視する学園の理念に基づいて、音楽、美術、技術・家庭科などにもしっかりと取り組むことができ、実技を中心とした活発な授業が展開されています。

また、9割以上の生徒が部活動に参加し活躍しています。文武両道は当たり前という開成教育の表れといえるでしょう。

SCHOOL DATA

- 東京都荒川区西日暮里4-7-7
- JR線、地下鉄千代田線、日暮里・舎人ライナー「西日暮里」徒歩3分
- 男子のみ914名
- 03-3822-0741
- https://kaiseigakuen.jp/

開智日本橋学園中学校

夢を実現するための学力と人間力を養う

「6年あるから夢じゃない!!」を合言葉に2015年に誕生した開智日本橋学園中学校。

「世界中の人々や文化を理解、尊敬し、平和で豊かな国際社会の実現に貢献するリーダー」の育成をめざしています。

開智日本橋学園では、中1から3つのクラスに分かれて学んでいきます。

「グローバル・リーディングクラス（国際先端クラス）」は、すでに英語力がじゅうぶんにある生徒のクラスで、海外大学をめざします。「デュアルランゲージクラス（多重言語クラス）」は、英語を中学から本格的に勉強し、国内・海外の大学を目標とします。

どちらも世界トップレベルの学力を育むために、世界標準の大学進学プログラムである国際中等教育と国際大学進学教育が導入されています。こうした教育により、開智日本橋学園は、国際的に通用する大学入学資格（国際バカロレア資格）を取得できる国際バカロレア中等教育プログラムの認定校となっています。

日本のトップレベルの大学をめざす「リーディングクラス（最先端クラス）」では、アクティブ・ラーニングを主体に探究型・協働型授業が実施されています。すべてのクラスでネイティブによる本格英語教育も進めています。

さまざまな力を伸ばす探究学習

どのクラスにも共通する特徴的な学びとして探究学習があげられます。フィールドワークを行いながら課題に対する結論を導きだす取り組みで、中学生はグループで、高校生は個人で探究を進め、高2は海外で現地の大学生にそれまでの成果を発表します。探究学習で大切なのは結論ではなく、どのように考え、調査、実験、検証したのかという過程です。こうした経験が主体性や創造性、発信力、課題解決能力といった力を伸ばすのです。

6年間の「創造的な学び」により、学力と人間力を育てる開智日本橋学園です。

🏫 SCHOOL DATA

▸ 東京都中央区日本橋馬喰町2-7-6
▸ JR線・都営浅草線「浅草橋」・JR線「馬喰町」徒歩3分、都営新宿線「馬喰横山」徒歩7分
▸ 男子210名、女子281名
▸ 03-3662-2507
▸ https://www.kng.ed.jp/

かえつ有明中学校

21世紀型グローバル人材を育成

正解のない問いにいかに答えを見出すか。欧米型の教育が求められ、日本の大学入試も思考力重視に切り替わるなか、かえつ有明中学校では、2006年の共学化の折から、思考力を育むオリジナル科目の「サイエンス科」をつづけています。サイエンス科では、3年間の教育プログラムが確立されており、「だれもが思考力・判断力・表現力が身につく」内容になっています。そして、このサイエンス科の授業の担当者は、毎週毎週集まって勉強会をし、そのプログラムは日々進化しています。

また、帰国生が多いのも特徴で、その総数は6学年で315名。今年の中1は30%以上が帰国生です。国際色豊かで、グローバルが「ふつう」と言えるような環境が広がっています。そのおかげもあって、帰国生でない生徒たちも世界への意識が高く、英語の学習にも熱心に取り組んでいます。また、日常的に多様な価値観に触れることで、幅広い人間性が育まれるという側面もあります。さらに、全教科的にアクティブラーニングの取り組みを行う一方で、モデルコアカリキュラムをつくり、すべての生徒が高3までに身につける知識と資質・能力を明示しているのもかえつ有明の大きな特徴のひとつです。

多様性のある社会で生きるために

グローバル社会で生きるために大切な力として、コミュニケーション能力があげられますが、かえつ有明では、多様な価値観を持った仲間とともに探究し、議論を行い、協働する場面が数多くあります。そうした活動で重要なのが、安心安全の学びの場であることです。発言を強要されることなく、あるいは否定されることを恐れず発言できる、そんな環境を生徒と教員でつくりあげています。そのためにも、教員は共感的コミュニケーション（NVC）やマインドフルネスなどについて校内研修等の時間で積極的に学んでいます。

🏫 SCHOOL DATA

▸ 東京都江東区東雲2-16-1
▸ りんかい線「東雲」徒歩8分、地下鉄有楽町線「辰巳」徒歩18分、地下鉄有楽町線・ゆりかもめ「豊洲」バス
▸ 男子361名、女子260名
▸ 03-5564-2161
▸ https://www.ariake.kaetsu.ac.jp/

学習院中等科
（がく・しゅう・いん）

東京
豊島区

男子校

個性と可能性を伸ばすきめ細かな指導が魅力

学習院の創建は1847年、公家の学問所としての開講でした。多くの支持者を持つ、そのつねに変わらぬ教育風土は、「自由と倫理」の精神によって特徴づけられています。自由を尊ぶ気持ちは独立性、創造性へとつながり、倫理性は、その自由を放縦（ほうじゅう）に走らせず、個性ある人材を育てます。教育目標は「ひろい視野、たくましい創造力、ゆたかな感受性の実現」です。学習院中等科では中学時代を、自分がどのような人間であるのかを自覚し、自分のなかに可能性を見つけ、個性を育むための準備をする時期であるととらえ、そのあと押しをする教育を行っています。

将来のいしずえとなる力を育む

各教科の授業内容や指導は、中高で綿密に連絡を取ることで、合理的かつ効果的なカリキュラム編成になっています。授業では独自のテキストやプリント、資料集、問題集などを使い、少人数制や習熟度別の授業を取り入れたきめ細かな指導が行われています。

そして、長距離歩行や沼津游泳、東北自然体験などの行事や、運動部・文化部合わせて20以上あるクラブ活動をとおして生徒はたくましく成長していきます。

高等科では中等科で芽生えた個性や可能性をさらに伸ばしていきます。高等科に進むと、教科書にとらわれない、さらに高度な内容の授業が実施され、高2・高3では多彩な選択科目が設けられます。協定留学制度や公認留学制度もあり、これからの国際社会へ羽ばたく生徒を支援しています。

学習院大学へは毎年約50％の生徒が推薦により進学していきます。その一方で他大学受験を応援する体制も整えられています。

生徒の興味・関心に応え、学ぶ心、探究する心を育てる魅力的な教育を行っている学習院。個性や可能性を伸ばしながら、大学進学だけでなく、将来のいしずえとなる力を養うことができる学校です。

SCHOOL DATA

- 東京都豊島区目白1-5-1
- JR線「目白」・地下鉄副都心線「雑司が谷」徒歩5分、都電荒川線「学習院下」徒歩7分
- 男子のみ602名
- 03-5992-1032
- https://www.gakushuin.ac.jp/bjh/

学習院女子中等科
（がく・しゅう・いん・じょ・し）

東京
新宿区
女子校

未来を切り拓く力を育てる

ダイヤモンドの原石を磨きあげる

都心にありながらも緑豊かなキャンパスを持つ学習院女子中等科。学習院女子というと、その前身が1885年に設立された「華族女学校」であることから、特別なイメージを抱くかたもいらっしゃるかもしれません。

しかし、現在の学習院女子は伝統を大切にしつつも、ごくふつうの私学として、また優秀な大学進学実績が表すように、女子進学校として着実にその名を高めている学校です。

ダイヤモンドの原石である生徒の能力を磨きあげるとともに、生徒一人ひとりの個性を引き出し、伸ばす教育を実践しています。

中高一貫の学習院女子は、6年間をひとつの流れとして、中1・中2は基礎課程、中3・高1は応用課程、高2・高3は発展課程と位置づけ、無理なく高い教育効果をあげています。

国語・数学・英語は基準時間数より多く、体育や芸術などについてもバランスよく配分されています。高2・高3では、文理コースを設定し、生徒一人ひとりの進路に応じた科目を学習することが可能です。

中1・中2では教科によって少人数制授業を採用しています。英語は6年間一貫して分割授業を行い、口頭練習や口頭発表の機会も多く設けています。

異文化理解への積極的姿勢

早くから国際理解教育に取り組んできた学習院女子では、留学や海外研修旅行もさかんです。

帰国生の受け入れにも熱心で、海外生活経験者の数は中等科全体の1割程度で、滞在先も欧米、アジアと多様です。異文化体験豊かな生徒と一般生徒が、それぞれの考え方を認めあうプロセスをとおして、異文化理解への前向きな姿勢を養っています。

「その時代に生きる女性にふさわしい知性と品性を身につける」女子教育を行います。

SCHOOL DATA

- 東京都新宿区戸山3-20-1
- 地下鉄副都心線「西早稲田」徒歩3分、地下鉄東西線「早稲田」徒歩10分、JR線・西武新宿線「高田馬場」徒歩20分
- 女子のみ616名
- 03-3203-1901
- https://www.gakushuin.ac.jp/girl/

川村中学校
かわむら

21世紀に輝く女性をめざして

1924年創立の川村中学校。「感謝の心」「女性の自覚」「社会への奉仕」を建学の精神として掲げ、生徒一人ひとりを大切に見守り、サポートしつづけています。教育目標は「豊かな感性と品格」「自覚と責任」「優しさと思いやり」です。知・徳・体の調和がとれた学びを実践し、豊かな感性と品格を兼ね備えた女性の育成をめざします。

川村の特色ある教育

①「考える力」「確かな学力」の育成…2学期制をいかして授業時間数を確保。英語・数学は全学年習熟度授業で、電子黒板などのICTを活用し授業を円滑に実施しています。どんな状況でも「確かな学び」を確保するために遠隔授業も取り入れ、学力の向上をはかっています。また、英検・数検などの講座を実施。英検は中学3年次までに準2級取得をめざし、全員が英検を受験。毎年生きた英語と異文化に触れる機会として「英国語学研修」(希望制)を実施しています。

②主体性を育む探求型学習…「総合的な学習の時間」をつうじて、「感謝の心」を基盤とした豊かな人間性を育てます。自分自身の「生きる力」を養うために、各学年でテーマを設定し、段階的に学習を進めていきます。

③語学研修プログラム…文法力、読解力を身につけたうえで、自分の考えを積極的に英語で表現することを目標とし、その力をいかして現在社会で活躍できる人材を育成します。

④豊かな心と健康な身体を育成…多彩な行事をとおして情操・健康教育に取り組み、校外でのマナー教室のほかに、日々の給食の時間でもマナー指導を行っています。

⑤安全・安心の教育環境…JR山手線目白駅から徒歩1分という緑豊かな閑静な文教地区に位置し、人工芝のグラウンド、耐震性校舎には地下温水プール、ダンススタジオ等を完備。年数回、さまざまな危機管理に関する講話や避難訓練を実施しています。

▦ SCHOOL DATA ▦

▷ 東京都豊島区目白2-22-3

▷ JR線「目白」徒歩1分、地下鉄副都心線「雑司が谷」徒歩7分

▷ 女子のみ175名

▷ 03-3984-8321

▷ https://www.kawamura.ac.jp/cyu-kou/

神田女学園中学校
かんだじょがくえん

多言語教育を行う革新的女子教育校

130年を超える歴史と伝統を誇る神田女学園。神田猿楽町に位置し、耐震構造を備えた地上7階建ての趣のある校舎には、生徒全員を収容できる講堂や使いやすく工夫された図書館、語学専用スペースのK-SALC、いこいの場となるラウンジなどがあり、都内の女子校でも屈指の施設環境が整っています。

神田女学園中学校はグローバルクラスのみの募集、教科の枠を越えて実社会での最適解を探究するリベラルアーツ教育の実践や多言語で学ぶマルチ・イマージョン授業、他に類のないダブルディプロマプログラム(DDP)を導入しています。

通常授業でオールイングリッシュ

ホームルームはネイティブ教員と日本人教員のチーム担任制、なかでもアドバンストクラスではすべて英語で行われます。このクラスは、中1は10コマをオールイングリッシュで実施、中2では14コマに増え、中3からは

フランス語・中国語・韓国語から1科目を選択する「トリリンガル教育」も始まります。

中学3年間の成果をしめす全員必修の「ニュージーランド留学」で、それまで培ってきた英語力を活用し、英語学習のモチベーションをさらに高めます。また高1夏からのDDP留学に備え、高いレベルの英語指導や本格的なK-SALCレッスンを行っています。

知識×教養×品格＝リベラルアーツ教育

神田女学園がめざす教育は言語学習をベースとしたリベラルアーツ教育です。教科の枠を越えた学びのほかに放課後学習を利用した圧倒的な基礎学力の育成、トリリンガル教育を中心とする言語教育、そして真の国際医療人をめざすことができる数学と理科の習得、行動規範を有した品格ある個人に成長することができる生徒主体の学校生活など、これらを効果的に融合することで独自のリベラルアーツ教育が生まれます。

▦ SCHOOL DATA ▦

▷ 東京都千代田区神田猿楽町2-3-6

▷ JR線・都営三田線「水道橋」、地下鉄半蔵門線・都営三田線・都営新宿線「神保町」徒歩5分

▷ 女子のみ122名

▷ 03-6383-3751

▷ https://www.kandajogakuen.ed.jp/

吉祥女子中学校
きち じょう じょ し

社会に貢献する自立した女性の育成

JR中央線に乗っていると、吉祥寺〜西荻窪駅間で北側に、赤いレンガづくりの校舎が目印の吉祥女子中学校が見えてきます。創立は1938年。卓越した独自カリキュラムにより、優秀な大学進学実績をあげる学校として知られています。

吉祥女子では、「社会に貢献する自立した女性の育成」を建学の精神に掲げ、自由ななかにも規律があり、互いの価値観を尊重しあう校風のもと、一人ひとりの個性や自主性が発揮されています。

学習意欲を引き出すカリキュラム

学習意欲を引き出す独自のカリキュラムに基づき、思考力や創造性、感受性を育成しています。授業では、生徒の知的好奇心を刺激する内容を数多く取り入れているのが特長です。主要科目は時間数を多くとり、ハイレベルな教材を使用しています。

国語では、調べ学習や小論文、レポート指導などを重視し、幅広く知識を身につけます。理科では実験を多く取り入れ、こちらもレポート指導に力を入れています。英会話では、クラスを2分割し、日本人とネイティブの先生による少人数授業を行っています。また、数学と英語では週1回の補習を実施します。

高2から文系・理系・芸術系と、進路別にクラスが分かれ、理数系科目では習熟度別授業も行い、進路達成をはかります。

また、進路指導では、生徒が自分自身と向きあい、自分にふさわしい生き方を見出すことができるようなプログラムが組まれていることも特長です。

中学では、「進路・生き方に関するプログラム」を組み、人間としてどう生きるかを見つめ、将来像を掘り起こす指導をしています。

高校では、各学年ごとに綿密な進路指導を実施。目標とする職業の設定から学部・学科の選択、そして第1志望の決定まで、さまざまな体験を行います。

SCHOOL DATA

- 東京都武蔵野市吉祥寺東町4-12-20
- JR線「西荻窪」徒歩8分、西武新宿線「上石神井」バス15分
- 女子のみ797名
- 0422-22-8117
- https://www.kichijo-joshi.jp/

共栄学園中学校
きょう えい がく えん

受け継がれる「至誠一貫」の精神

「『知』・『徳』・『体』が調和した全人的な人間の育成」を基本理念とする共栄学園中学校。建学の精神「至誠一貫」には「いかに困難な時代でも至誠（至高の誠実さ）の心を一生涯貫く」という意味がこめられています。

「3ランク上」の進路実現をめざす

共栄学園では、入学時の学力から「3ランク」上の大学への現役合格をめざし、発達段階に応じた適切な指導を実施しています。まず中学では特進と進学に分かれ、「特進クラス」は発展的な問題演習を積極的に導入した授業、「進学クラス」は基礎学力の定着を主眼においた授業を進めていきます。

高校へあがると、難関国公立大学をめざす「特進コース選抜クラス」、国公立大学・難関私立大学をめざす「特進コース特進クラス」、G-MARCHをめざす「進学コース」の3編成になります。通常授業に加えて、勉強合宿やインターネットWEB配信型映像教材といっ

た学習プログラムを用意するとともに、外部模試のデータを生徒・保護者・担任教師で共有してていねいに進路指導を実施するなど、手厚いサポート体制を整えています。

また、「文武両道」をモットーにしており、部活動や行事にも力を入れています。部活動は優秀な成績を残す部も多く、これまでバトン部や女子バレーボール部、少林寺拳法部が全国を舞台に活躍しています。

特徴的な行事としてあげられるのは、外国人講師が1班にひとりつきそう体験型英語学習プログラム「K-sep」（中2）です。放課後には希望者対象のオンライン英会話・英検対策講座も用意され、英語の4技能を徹底強化できます。

また、2020年度からは、ひとり1台iPadを導入し、電子黒板とiPadで新しい授業が始まっています。そのほか中1で尾瀬、中3で釧路の宿泊行事があり、湿原から地球環境問題にも取り組んでいます。

SCHOOL DATA

- 東京都葛飾区お花茶屋2-6-1
- 京成本線「お花茶屋」徒歩3分
- 男子64名、女子135名
- 03-3601-7136
- https://www.kyoei-g.ed.jp/

暁星中学校

深い教養・高い倫理観・広い視野

　1888年、カトリックの男子修道会マリア会によって創立された暁星中学校。その教育理念は「キリストの愛」そのものです。

　暁星では、宗教教育や生活指導をとおして、①厳しさに耐えられる人間、②けじめのある生活のできる人間、③他人を愛することのできる人間、④つねに感謝の気持ちを持つことのできる人間づくりをめざしています。

英語とフランス語が必修

　中高6カ年一貫教育を行う暁星では、一貫したカリキュラムにのっとって授業を展開しています。中学では基礎学力の充実をめざすとともに、グレード別授業や先取り授業も実施しています。

　高2からは文系・理系に分かれ、さらに高3では志望コース別に分かれます。

　習熟度別授業やそれぞれの進路に応じたクラス編成を実施しているだけでなく、中・高一貫教育の利点を最大限にいかすため、教育内容を精選・再編し、独自の教材やカリキュラムに基づく授業が行われています。

　少人数による授業や、課外指導、添削指導は確実に成果をあげています。

　また、定期試験のみならず、中1から高3までの学力の推移をはかるため実力試験も実施し、中だるみや苦手科目の発見、克服に役立てています。

　暁星は語学教育も特徴で、中1から英語とフランス語の2カ国語を履修します。もちろん、外国人教師に生きた言葉を直接教わることが可能です。また、英語4技能の習得をめざし、オンライン英会話、エッセイライティングなどに取り組んでいます。2020年度からは英語学習アプリも導入されています。

　キャリア教育をとおして生徒のモチベーションが高まるため、毎年、東京大学をはじめとした国公立大学や、早稲田大学、慶應義塾大学などの難関私立大学へ多くの卒業生を送りだしています。

SCHOOL DATA

- 東京都千代田区富士見1-2-5
- 地下鉄東西線ほか「九段下」徒歩5分、JR線・地下鉄有楽町線ほか「飯田橋」徒歩8分
- 男子のみ522名
- 03-3262-3291
- https://www.gyosei-h.ed.jp/

共立女子中学校

時代を超えて "輝き、翔ばたく女性" を育成

　共立女子中学校は、1886年の創立以来、自立して社会で活躍できる女性の育成をめざしてきました。「誠実・勤勉・友愛」を校訓とした教育は、長年培った伝統を継承しながら、時代に応じた柔軟性も持ちあわせています。

4＋2体制によるカリキュラム

　どの教科にも相当の時間数を割き、知識と教養の幅を広げることにより、発展性のある確かな基礎学力をつくりあげます。

　国数英では中学段階から少人数制や習熟度クラスを採用し、きめ細やかな指導がなされています。また、中1から国語表現の時間を独立で設けて記述力やプレゼンテーション力を磨くなど教育改革対策にも取り組んでいます。実技系科目は本格的な内容に取り組むことで技術習得と同時に教養も深めます。

　時代の要請に合わせてiPadの活用やグローバル教育プログラムも当然用意しています。生徒全員が英語に親しめるよう、語学や異文化を学べるランゲージスクエアの開設、ネイティブスピーカーとのオンライン英会話課題（中1〜中3）、ブリティッシュヒルズ研修（高1）があります。

　さらに希望者を対象に、イングリッシュシャワー（中1〜中3）や各国海外研修（中1〜高2）、ニュージーランドターム留学（高1）など、世界への飛躍をめざせる環境も整えられています。

気品ある女性を育む

　グローバル社会だからこそ日本文化の精神を理解し、自然で美しい振る舞いを身につけることを大切にする共立女子。隔週で3年間、正式な小笠原流礼法を学びます。

　中1で基本動作、中2で日常生活での作法、中3で伝統的なしきたりとしての作法というように、女性として身につけておきたい作法を学びます。美しい礼のかたちを学び、思いやりのある豊かな心を育んでいきます。

SCHOOL DATA

- 東京都千代田区一ツ橋2-2-1
- 都営三田線・新宿線・地下鉄半蔵門線「神保町」徒歩3分、地下鉄東西線「竹橋」徒歩5分
- 女子のみ985名
- 03-3237-2744
- https://www.kyoritsu-wu.ac.jp/chukou/

共立女子第二中学校

10年後、20年後に活躍できる女性を育てる

めざす3つの女性像

八王子の丘陵「月夜峰」に東京ドーム5個分のキャンパスをかまえる共立女子第二中学校。共立女子学園の建学の精神は「女性の自立」、校訓は「誠実・勤勉・友愛」です。

共立女子第二では、校訓から導きだされた3つの女性像「豊かな感性を身につけた女性」「自ら考え、発信できる女性」「他者を理解し、共生できる女性」を掲げ、大学附属校の利点である進学保証のシステムを土台に、充実した施設・設備と豊かな自然環境をいかし、社会で活躍できる自立した女性を育てます。

学びの特徴・キャンパス・制服

中学校では、幅広い教養の核となる、多様な体験を重視した教育をとおして、思考力や表現力・健全な判断力を育み「人間の根幹」をしっかりきたえることを重視しています。

高校では、2022年度より従来の特別進学・総合進学コースに加え、英語コースと共立進学コースが新設。よりきめ細かく生徒の進路志望に応えます。また、高大接続改革の検討開始に合わせて英語4技能総合型授業がスタート、生徒自身が能動的に英語を活用する授業を実践しており、中学3年次までに英検準2級以上を取得する生徒も少なくありません。高校ではターム留学やニュージーランドホームステイのプログラムも整っています。

キャンパスには、蔵書6万冊の図書館をはじめ、少人数授業に対応する多数の小教室、生徒の憩いの場となるオープンスペースや自習室、食育の場となる食堂など、伸びのびと学べる環境が整います。制服は、デザイナーズブランド「ELLE」とのコラボレートによる清楚でおしゃれな装いになっています。

社会のニーズに応えさまざまな改革を行い、豊かな感性と情操を育む共立女子第二。恵まれた環境で送る中高6年間の学園生活は、明るく優しい生徒を育てています。

🏫 SCHOOL DATA 🏫

- 東京都八王子市元八王子町1-710
- JR線「八王子」、JR線・京王線「高尾」ほかスクールバス
- 女子のみ231名
- 042-661-9952
- http://www.kyoritsu-wu.ac.jp/nichukou/

国本女子中学校

「KUNIMOTO」の国際・教養・ICTリテラシー教育が本格始動！

本格的なAI時代を迎え、これまでの知識量重視の学校教育だけでは世界で真に活躍できる人材を育てることはむずかしくなってきています。人間形成に重要な役割を果たす中学・高校においては、好奇心・探究心旺盛で、創造力とチャレンジ精神に富み、自ら考え行動できる人間に成長することが望まれます。

「国際」教育 × 「教養」教育

国本女子中学校は、こうした時代の要請に応えて、日本で初めてカナダ・アルバータ州教育省と提携して「KAIS」(Kunimoto Alberta International School)を開校し、日本にいながらにして、北米型の授業を英語で受講し、所定の試験に合格すれば、日本とカナダ両方の高校卒業資格を取得できる「ダブルディプロマ(DD)コース」と、ICTリテラシーを含む深い教養と課題発見解決力を育み、多種多様な進路をめざす「リベラルアーツ(LA)コース」を、2020年4月に開設しました。

DDコースはクラスの約半数を帰国生が占め、中1から「英語で学ぶ」授業を年150時間実施し、多聴多読、スピーチやエッセイ・ライティングをとおしてハイレベルな英語力を育成します。中2からは、数学、理科、社会も英語で学習し、高校になると時間割の約3分の2が英語での授業になります。そして英検準1級以上の確かな英語力を武器に、海外・国内の難関大学への進学をめざします。

LAコースは「Liberal Arts」の頭文字を取った略称で、「教養」を意味します。このコースも英語は週8時間あり、大学進学に向けて文・理の垣根を取り払った《文理融合》型の幅広いリテラシーの習得をめざします。将来は、医療・情報・語学系、さらには教育・環境系などのさまざまな分野に進む女子の育成を目標に掲げています。

中学では教養を幅広く深めるジェネラリストを、高校では教養から教科的学力の習得に集中するスペシャリストの養成に特化します。

🏫 SCHOOL DATA 🏫

- 東京都世田谷区喜多見8-15-33
- 小田急線「喜多見」徒歩2分
- 女子のみ30名
- 03-3416-4722
- https://kunimoto.education

慶應義塾中等部

「独立自尊」の思想を重視

議長団

慶應義塾大学三田キャンパスの西隣に、慶應義塾中等部はあります。1947年に設立、福澤諭吉が提唱した「独立自尊」「気品の泉源」「智徳の模範」の建学の精神に則って、誇り高き校風を形成してきました。とくに重視されるのが独立自尊の思想です。「自ら考え、自ら判断し、自ら行動する」と現代風に言いかえられ、教育理念の要ともなっています。

それを端的に表すのが、禁止事項の少なさです。服装は、基準服は定められていますが、制服はありません。中学生にふさわしい服装とはどんなものかを自ら判断する自発性と主体性が求められます。

校則でしばらず、生徒の自主的な判断にまかせるという教育により、伸びやかでしなやかな自立の精神を学んでいきます。

私学の雄へのパスポート

慶應義塾大学を頂点とする進学コースのなかで、中等部を卒業すればほぼ全員が慶應義塾内の高等学校に推薦により進学し、さらに大学へと道が開かれています。

慶應義塾内でのきずなは強く、六大学野球の慶早戦の応援など、多彩な行事が用意されています。

創立以来の伝統ある共学教育により、数多くの人材の輩出をもたらしています。幼稚舎（小学校）からの進学者を合わせ、1学年は約250名。男女比は2対1となっていますが、人数の少ない女子の元気さもめだちます。

オールラウンドに学ぶ姿勢が強調され、学科や科目に偏りをなくし、さまざまな学問の基礎を身につけることが求められます。そこには、自らの可能性を発見するために、多くの経験を積ませたいという学校の想いもうかがえるのです。

学校行事やクラブ活動もさかんで、生徒たちも熱心に取り組んでいます。慶應義塾中等部での体験は、きっと人生の財産となっていくことでしょう。

SCHOOL DATA

- 東京都港区三田2-17-10
- JR線「田町」、都営浅草線・三田線「三田」、地下鉄南北線「麻布十番」徒歩10分、都営大江戸線「赤羽橋」徒歩15分
- 男子469名、女子288名
- 03-5427-1677
- http://www.kgc.keio.ac.jp/

京華中学校

ネバーダイの精神で未来をたくましく

120年の歴史と伝統をいしずえに、「今を超える」教育を展開し、建学の精神「英才教育」と校訓「ネバーダイ」「ヤングジェントルマン」の精神に基づく教育を実践する京華中学校。教育のテーマにつぎの3つを掲げています。ひとつ目は「自立と自律の心を持ち、自らを見つめる力を持つ豊かな人間性を形成する」こと。ふたつ目は「将来の夢や進路希望の実現に向け、勉学の意欲を高める徹底した進路教育を実践する」こと。3つ目は「多様化する社会に対応する、自己表現力とコミュニケーション能力を育成する」ことです。

無限大の未来を実現する教育

進学校として、個々の志望に応じた指導を行う京華。生徒の可能性を引き出し、育てるさまざまな教育システムが整っています。

中学ではタブレットを導入し主要教科を徹底指導。標準単位よりも多くの授業時間を設定し、じっくりと学べる環境を整えています。

効率のよい学習を支援するコース制プログラムでは、入学時より「特別選抜クラス」と「中高一貫クラス」のふたつのコースに分かれ、中2より「国際先進クラス」を加え、高1からは「S特進コース」「特進コース」「進学コース」へ分かれます。

学力・志望に応じたきめ細かい指導は、数学の2分割授業でもみられます。

数学では、実践的な問題演習の数学ゼミを実施し、授業の内容をさらに深め、基本的な計算問題から発展問題へと無理なく演習を進めています。英語では、「イングリッシュ・コミュニケーション」として、2名の外国人講師と英語教員による少人数の英会話・リスニング・ライティングの演習を行います。

そのほかにも、「放課後キャッチアップ講座」や「検定試験対策講座」「英語4技能目標スコア別トレーニング」「Z会添削」卒業生による「ティーチングサポーター制度」など、独自の教育が光ります。

SCHOOL DATA

- 東京都文京区白山5-6-6
- 都営三田線「白山」徒歩3分、地下鉄南北線「本駒込」徒歩8分
- 男子のみ506名
- 03-3946-4451
- https://www.keika.ed.jp

京華女子中学校

東京
文京区
女子校

21世紀型の「賢い女性」をめざす

京華女子中学校は、併設の京華女子高校と京華中学・高校、京華商業高校を合わせた京華学園のひとつです。5校はそれぞれの特性をいかした教育活動を行いつつ、合同での行事やクラブ活動も行い、京華学園全体でさまざまなハーモニーを奏でています。2024年には新校舎が完成し、京華学園がワンキャンパス化します。また、制服のバリエーションが多いのも魅力で、スラックスも選べます。

京華女子の教育方針

京華女子では「共感力・グローバル力・学力」の3つの柱を教育方針とし、21世紀を生きる「賢い女性」の育成をめざします。

「共感力を育てる」…従来から実施している独自のEHD（Education for Human Development）の授業では、ボランティア体験のほか箏曲・茶道・華道・日本舞踊など日本の伝統文化の体験もします。「他者」を知り、日本のことを知る柔軟で多彩な教育内容により、世界を舞台に発信できる力を養います。

「グローバル力をみがく」…英語を重視したカリキュラムで、英検受験に全員で取り組んでいます。中学修了時の目標は準2級です。全員参加の中1「イングリッシュキャンプ」、中3「海外研修旅行」に加え、高校では希望者対象の「オーストラリア夏季海外研修（2週間）」「セブ島語学研修（2週間）」、「ニュージーランド中・長期留学」、1年間の留学単位認定制度などを用意。英語以外にも中国語またはフランス語の授業も週1時間あります。豊かな英語力と異文化理解によりグローバルな視野をもつことができます。

「学力を高める」…少人数で生徒一人ひとりに向きあったきめ細やかな指導を実施します。全教室に電子黒板を完備し、生徒ひとりに1台のタブレットを貸与するなど、ICT教育にも力を入れています。アクティブラーニングやプレゼン発表を行うことで、積極的な学習姿勢や自ら考え行動する力を養います。

🏫 SCHOOL DATA 🏫

- ▶ 東京都文京区白山5-13-5
- ▶ 都営三田線「千石」徒歩5分、地下鉄南北線「本駒込」徒歩8分、JR線ほか「巣鴨」徒歩15分、地下鉄千代田線「千駄木」徒歩18分
- ▶ 女子のみ130名
- ▶ 03-3946-4434
- ▶ https://www.keika-g.ed.jp

恵泉女学園中学校

東京
世田谷区
女子校

自ら考え、発信する力を養う

恵泉女学園中学校は、キリスト教信仰に基づき、自立した女性、自然を慈しむ女性、広く世界に心を開き、平和の実現のために尽力する女性を育てたいという願いのもとに、河井道が創立しました。

その実現のために恵泉女学園では、思考力と発信力の育成に力をそそいでいます。

週5日制で、土曜日はクラブ、課外活動、特別講座、補習などがあります。高2からは豊富な選択科目があり、自分の進路に合ったカリキュラムを組んでいきます。

「考える恵泉」を支える施設設備と「英語の恵泉」

広大なメディアセンターは生徒の自立的学習を支える情報センターです。図書館の機能のほかに、コンピュータ教室、学習室などを含み、蔵書数は9万冊を超えます。理科では6つの理科教室を使い、実験を重視し、レポートの添削をていねいに行っています。

英語では直しノート添削や補習などのきめ細かい指導により、まず基礎力を固めます。その後、プレゼンテーションの機会や英文エッセイの添削推敲などをつうじて、生徒は発信力を身につけていきます。その結果、高3の14%が英検準1級以上に合格、高2の36%がGTECの海外大学進学を視野に入れることのできるレベルに到達しています。高2のトータルスコアの平均は930.7（全国平均は772）、とくにライティングのスコアが高いのが特徴です。

校内スピーチコンテストは46年目を迎え、本選に進んだ生徒は外部のコンテストでも毎年上位に入賞しています。例年、2週間の短期・3カ月・1年留学のほか、アメリカの女子大学生とのコミュニケーション力向上プログラムなど、英語を実際に使う機会も数多く設けられています。なお、コロナ禍では、ICTを活用したオンラインセッションや留学生とのディスカッションなど、代替プログラムも多数実施しています。

🏫 SCHOOL DATA 🏫

- ▶ 東京都世田谷区船橋5-8-1
- ▶ 小田急線「経堂」「千歳船橋」徒歩12分
- ▶ 女子のみ630名
- ▶ 03-3303-2115
- ▶ https://www.keisen.jp/

啓明学園中学校

世界を心に入れた人を育てる

啓明学園中学校の教育理念「世界を心に入れた人（Peacemaker）を育てる」にあるPeacemakerとは、世界を体験し、世界を学び、世界の平和のために行動できる人です。異文化を体験し、理解するため、海外体験学習や異文化交流、留学制度などのプログラムが豊富にあります。在校生の約4割を国際生（帰国生・外国籍の生徒・留学生）が占め、多様な言語や文化を持つ生徒と同じ教室で学び、一般生も自然と国際性が養われていきます。

課題解決に必要な素養を育てる

中3からの必修授業「グローバルスタディーズ」では、経済発展と貧困、環境破壊など世界の現状を学びます。そして、生徒自身が課題を発見し、情報を収集・分析し、議論し、解決策を模索します。レポートをまとめ、プレゼンテーションを展開する過程で視野が広がり、論理的な思考力がきたえられて、リーダーシップも育まれていきます。

英語教育では、「読む・書く・聞く・話す」に「思考力」を加えた5つの能力をバランスよく身につけます。啓明祭（文化祭）では国際生の迫力ある英語ディベートを観戦、2月の英語・外国語スピーチコンテストでは、表現力や実践力、コミュニケーション能力を伸ばしています。2018年に正式加盟した「ラウンドスクエア」の活動も英語学習のモチベーションアップにつながっています。さらに英語1科入試を実施しています。

また、英語教育とともに、理数教育を大きな柱としています。課題を解決するには理数的な素養も必要だと考えられているからです。その結果は中高生対象の国際的な研究発表会や研究論文コンテストでの入賞などに表れています。科学的な思考力を評価する算数特待入試も行っています。

UPAA（海外協定大学推薦制度）に加盟しており、英米18大学へ推薦入学が可能で、進路の選択肢は海外にも広がっています。

SCHOOL DATA

- 東京都昭島市拝島町5-11-15
- JR線・西武拝島線「拝島」徒歩20分またはスクールバス、JR線「八王子」・京王線「京王八王子」スクールバス、JR線「立川」バス
- 男子85名、女子104名
- 042-541-1003
- http://www.keimei.ac.jp/

光塩女子学院中等科

「キリスト教の人間観・世界観」を基盤に

光塩女子学院中等科の校名の由来は新約聖書の言葉、「あなたがたは世の光、地の塩」です。人はだれでも、ありのままで神さまから愛されており、一人ひとりはそのままで世を照らす光であり、地に味をつける塩であること、そのままのあなたがすばらしいことを実感し、他者のために生きることを喜びとする人間として社会に羽ばたくことができるよう、日々の教育が行われています。

一人ひとりを温かく見守る

一人ひとりを大切にする光塩女子学院では、1学年4クラス全体を6人ほどで受け持つ、独自の「共同担任制」を導入しています。多角的な視点でのかかわりをとおして個性を伸ばすなかで生徒も多くの教師と接する豊かさを体験します。生徒や保護者との個人面談を学期ごとに行うなど、生徒と教師の交流を大切にしているのも大きな魅力です。複数の担任が協力しあいながらクラスの枠を越えて

生徒たちとかかわることで、他者を想う想像力を養います。そして、「そのままのあなたがすばらしい」と実感する自己肯定感を育みます。

理解度に応じた教科指導

例年多くの生徒が難関大学へ進学する光塩女子学院では、教師がそれぞれの生徒の現状に合わせてきめ細かく学習指導を行います。

中等科では数・英、高校では数・英・理・選択国語などで習熟度別授業を取り入れ、手づくりの教材を活用し、生徒の理解度に合わせた指導が効果をあげています。

全学年で週1時間の「倫理」の授業があるのも特色です。中等科では、「人間、そしてあらゆる生命との共生」をテーマに、他者も自分も同様にかけがえのない存在であることを認め、共生していくことの大切さを学んでいきます。人間として成長することを重視し、生徒を温かく見守る光塩女子学院です。

SCHOOL DATA

- 東京都杉並区高円寺南2-33-28
- 地下鉄丸ノ内線「東高円寺」徒歩7分、地下鉄丸ノ内線「新高円寺」徒歩10分、JR線「高円寺」徒歩12分
- 女子のみ462名
- 03-3315-1911
- https://www.koen-ejh.ed.jp/

晃華学園中学校

キリスト教的人間観に基づく全人教育

1963年、「汚れなきマリア修道会」を母体として設立された晃華学園中学校。キリスト教的人間観に基づく全人教育を行い、神さまから与えられたタレント（個性・能力）を最大限に伸ばし、知性と品性を磨いて、「人のために人と共に生きる」女性を育てています。「宗教」の授業やボランティア学習、行事、LHRなどをとおして"Noblesse Oblige"の精神を培うのは、カトリック校ならではの特色です。

理数・ICT教育も充実の「英語の晃華」

英数国に多くの時間を配当して確かな基礎力を養いながら、先取り学習も実施しています。中学から洋書の多読を実践、高校では授業の3分の1以上を外国人教員が担当するなど、4技能をバランスよく伸ばす英語教育に定評があります。近年は理数教育にも力をそそぎ、約4割の卒業生が医学部などの理系に進学。ひとり1台所持するタブレットを用い

てさまざまな授業に活用するほか、プレゼンテーションなどの機会も豊富です。

晃華の進路指導はライフガイダンス

晃華学園の進路指導は、大学選び・職業調べを超えたライフガイダンス。「進むべき路のしるべ」となる揺るぎない価値観を持ち、未来を切り開いていくことを大切にしています。

中学では、学習習慣の形成と学習内容の定着をていねいに指導しています。これらを土台に、高1から習熟度別授業を、高2から文理選択別授業を実施。高3では、全授業時数の半分以上が受験選択科目となり、受講者が少数でも講座を開くなど、きめ細かく進路対策を行うのが特徴で、毎年多くの生徒が国公立大学、難関私立大学、医学部へ進学しています。晃華学園が、カトリックの教えを大切に継承しながら、時代に適応した教育を積極的に行っているひとつの証といえるでしょう。

🏫 SCHOOL DATA 🏫
- 東京都調布市佐須町5-28-1
- 京王線「国領」・JR線「武蔵境」スクールバス、京王線「つつじヶ丘」「調布」・JR線「三鷹」バス
- 女子のみ485名
- 042-482-8952
- https://jhs.kokagakuen.ac.jp/

工学院大学附属中学校

新しい工学院の「先進的な教育」が始まる！

工学院大学附属中学校は、2022年度よりこれまでのクラス編成を、「先進クラス」と「インターナショナルクラス」の2クラスに集約し、現代のリベラルアーツを基軸とした、挑戦・創造・貢献する「先進的な教育」を推進していきます。

そして、先端数理情報工学を核としたK-STEAM教育の充実をはかり、工学院大学と包括的連携を行い、充実した教育環境を提供、中学1年から始めるキャリアデザインの設計から、個々の生徒に応じた進学指導をこれまで以上に強化していきます。

「先進クラス」では、幅広く学ぶリベラルアーツで、多様な進路に対応できる学力を育みます。時事問題について議論や発表を行う対話型の授業が多く実施され、幅広い教養を身につけると同時に、深い思考力も培うことが可能です。

「インターナショナルクラス」では、数学、英語、理科を英語で学ぶイマージョン教育を

実施。ネイティブ教員の授業をとおして、グローバル教育3.0実現のためのCEFR C1レベルの英語力を身につけます。

工学院大附属ならではの国際交流プログラム

中3全員が参加する「異文化体験研修」はオーストラリアでホームステイをしながら現地校での授業に参加します。また、英語上級者はアメリカでスペースキャンプに参加しました。中学高学年から高校にかけてアジア新興諸国で社会事業家が抱えている経営課題の解決に挑む、実践型の教育プロジェクト「MoG（Mission on the Ground）」に挑戦できます。これまで、インドネシア、フィリピン、ベトナム、カンボジアといった国々で、商品開発からときには販売まで手掛けてきました。過去には国内（鳥取県・大山）でも実施。このほかにも希望者を対象に体験型のプログラムが充実しており、高校では3カ月の短期海外留学も用意されています。

🏫 SCHOOL DATA 🏫
- 東京都八王子市中野町2647-2
- JR線ほか「新宿」シャトルバス、JR線ほか「八王子」「拝島」、京王線「京王八王子」「北野」「南大沢」スクールバス
- 男子226名、女子58名
- 042-628-4914
- https://www.js.kogakuin.ac.jp/

攻玉社中学校

創立158年を迎えた男子名門進学校

難関大学へ毎年多くの合格者を輩出し、創立158年の歴史と伝統を持つ名門進学校、攻玉社中学校。校名「攻玉」は、詩経の「他山の石以って玉を攻（みが）くべし」から取られ、攻玉社の建学の精神となっています。大きな志を持ち、明日の日本や世界に飛躍する人材を育成しています。

6年一貫の英才教育

攻玉社では、つぎの4点の教育目標を掲げて教育を実践しています。

① ［6年間一貫英才開発教育を推進］

6年間を2年ごとにステージ1、ステージ2、ステージ3に分けています。ステージ1では学習の習慣づけに努めて基礎学力を養い、ステージ2では自主的学習態度の確立と基礎学力の充実強化をはかり、ステージ3では進学目標の確立と学力の向上強化によって進学目標を達成させることをめざしています。

② ［道徳教育を教育の基礎と考え、その充実のために努力する］

あらゆる教育活動をとおして「誠意・礼譲・質実剛健」の校訓の具体的実践をはかり、徳性を養います。

③ ［生徒の自主性を尊重し、自由な創造活動を重視して、これを促進する］

学習活動や部活動等で生徒の自主性と創造的活動を重んじています。

④ ［強健の体力、旺盛な気力を養う］

体育的諸行事、授業、保健活動を中心にあらゆる活動をとおしてこれを養います。

また、国際教育にも力が入れられています。中1から外国人教師による英会話の授業を展開、中3では希望者によるオーストラリアでのホームステイも実施しています。

さらに、ふだんの授業のほかに、特別授業や補習授業を実施。

学習意欲を持たせ、より高いレベルの大学をめざせる学力と気力を育むことで、合格への道を築く攻玉社です。

SCHOOL DATA

▼ 東京都品川区西五反田5-14-2
▼ 東急目黒線「不動前」徒歩2分
▼ 男子のみ735名
▼ 03-3493-0331
▼ https://kogyokusha.ed.jp/

麹町学園女子中学校

国際社会に貢献できる自立した女性を育成

都心にありながら緑多く落ちついた環境のもと、「聡明・端正」を校訓とする麹町学園女子中学校。豊かな人生を自らデザインし、かつ国際社会に貢献できる自立した女性の育成をめざし、きめ細かな教育を行っています。

学習面では、一生役立つ本物の英語力を確立するために、6年間毎朝行う音声活動や徹底した4技能向上プログラム「アクティブイングリッシュ」（英語科特別顧問・安河内哲也氏監修）を行うことで、英検取得率が大幅に向上しています。

その英語の取り組みが評価され、成城大学・東京女子大学をはじめとする複数の大学と高大連携を締結しています。大学の講座や行事に生徒が参加したり、大学の教員が出張講義を行ったりするなど、相互間の教育交流を活発にしています。さらに、高校の評定平均や英検の取得級などの基準によって、連携大学に進学することも可能となっています。

また、アイルランドとニュージーランドの計4校と提携し、日本と連携校の両方の高校卒業資格を得ることができる「ダブルディプロマプログラム」も導入しています。

6年間かけて考えて書く力を伸ばし、思考力・表現力を身につけさせる「小論文対策」や、楽しい理科・楽しい実験をコンセプトに、生徒たちが自ら学び探究していくことを、実験や観察を通して行っていく「アクティブサイエンス」など新しい取り組みもスタートしています。

独自の「みらい科」プログラム

オリジナルのキャリア教育として、「みらい科」があります。6年間かけてしなやかにたくましく生きる力を身につけ、自立した女性の育成をめざします。研究論文「みらい論文」の作成をはじめとしたキャリア教育、異文化理解、企業や大学と連携してのプログラムなどをとおして自らの将来に必要となる総合力に磨きをかけます。

SCHOOL DATA

▼ 東京都千代田区麹町3-8
▼ 地下鉄有楽町線「麹町」徒歩1分、地下鉄半蔵門線「半蔵門」徒歩2分、JR線ほか「市ケ谷」・JR線ほか「四ツ谷」徒歩10分
▼ 女子のみ300名
▼ 03-3263-3011
▼ https://www.kojimachi.ed.jp/

佼成学園中学校

グローバルコース誕生！ ICT×Global 「僕」は未来で活躍する！

1954年の創立以来、佼成学園中学校では、生徒と教師のコミュニケーションを大切にしながら、感謝の心、思いやりの心を持った生徒の育成を行っています。

新たな教育へ向けた改革

新たな教育へ向けて、全生徒にひとり1台iPadを導入し、全教室に電子黒板プロジェクターを完備。この環境により、生徒が主体的・積極的に学び、21世紀型能力を涵養する教育が実現しました。

大学入試改革への対応をはじめ、自信を持って自己の目標を実現できる人物の育成を行っています。また、クラウドを利用することによって、学校・生徒・家庭間での情報の共有や連絡がスムーズとなり、いままで以上に信頼と安心を高めた教育活動を推進しています。

2021年度より中学・高校で新たに「グローバルコース」が誕生しました。海外研修、英語教育はもとより、グローバル・コンピテンシーを涵養できるプログラムを実践することで国際人として活躍できる人物を輩出していきます。

高校では充実した学習支援体制を整備。朝から夜までほぼ年中無休で開室している自習室。難関大学で学ぶ佼成学園の卒業生が生徒の学習を親身にサポートするチューター制度。通常の講習からトップレベル講習まで取りそろえ、生徒の多様なニーズに応える進学指導を実現しています。

やりたいことができる環境整備

「実践」と「学問」の二道を重視する佼成学園では、部活動も活発です。運動部のアメリカンフットボール部や野球部だけではなく、吹奏楽部やサイエンス部など文化部も全国レベルで活躍しています。男子だからこそ、6年間夢中になれるものと向きあってもらいたいと考えているのです。

◈ SCHOOL DATA ◈

- 東京都杉並区和田2-6-29
- 地下鉄丸ノ内線「方南町」徒歩5分
- 男子のみ450名
- 03-3381-7227
- https://www.kosei.ac.jp/boys/

佼成学園女子中学校

グローバル・リーダー育成のいしずえとなる充実の英語教育

佼成学園女子中学校は、英語教育に力を入れ、1日中、そして1年中つねに英語に「つかる」ことのできる環境が整っています。春と秋の年2回の英検に生徒全員が挑戦し、これを学校行事として取り組むなかで生徒のやり抜く力を育みます。

2014年度に文部科学省のスーパーグローバルハイスクール（SGH）第1期校に指定され、グローバル人材の育成に努めています。2017年度SGH全国高校生フォーラムでは、参加133校のうち最優秀校に授与される「文部科学大臣賞」を受賞しました。

豊かな英語学習環境

音楽や美術の授業を外国人教員が英語で行うイマージョンプログラムを展開するなど、豊かな英語学習環境が魅力です。中学英語教育の集大成として、中3でニュージーランド修学旅行を体験。希望者は旅行後も現地に残り、ホームステイをしながら学校に3カ月間通う中期留学プログラムもあります。また、英検祭りの取り組みにより英検上位級合格をめざし、中学卒業時には、「全員英検3級以上合格」「5人中4人は準2級」を達成しています。こうした英語教育向上への積極的な取り組みが評価され、日本英語検定協会による「ブリティッシュ・カウンシル駐日代表賞」を受賞しました。

中学の学びを伸ばす3つのコース

高校に進むと3つのコースに分かれます。『国際コース』はニュージーランド1年留学で圧倒的な英語力を身につける「留学クラス」、英語と国際理解教育に特化しタイでのフィールドワークやロンドン大学での英語論文作成などを行う「スーパーグローバルクラス」。『特進コース』は、国公立大学・難関私立大学合格をめざし、『進学コース』は、生徒会活動や部活動と大学進学を両立させながら、多様な進路の実現をめざします。

◈ SCHOOL DATA ◈

- 東京都世田谷区給田2-1-1
- 京王線「千歳烏山」徒歩5分、小田急線「千歳船橋」「成城学園前」バス
- 女子のみ181名
- 03-3300-2351
- https://www.girls.kosei.ac.jp/

香蘭女学校中等科

こうらんじょがっこう

東京 品川区　女子校

来たりて学べ 出でて仕えよ Come in to Learn, Go out to Serve.

香蘭女学校は、英国聖公会から派遣されたエドワード・ビカステス主教によって創設された「聖ヒルダ・ミッション」の事業のひとつとして、1888年に開校しました。

ビカステス主教は日本における女子教育の必要性を強く感じ、キリスト教に基づく人格形成をめざす教育活動を始めました。日本女性固有の徳性をキリスト教倫理によって、より深く豊かなものとし、品位と思いやりのある女性を育てることが建学の願いです。

一人ひとりを大切にする教育

香蘭女学校中等科は、立教大学や聖路加国際大学と同じ日本聖公会に属するミッション系の女学校です。「人にしてもらいたいと思うことはなんでも、あなたがたも人にしなさい」と聖書にあるように、100年以上つづくバザーでは、弱い立場におかれた人たちに心を寄せ、自らの働きを捧げます。宗教講話では、社会に広く視野を向け、奉仕活動や平和学習では学び得たことを実践します。

学校生活では、神様から与えられた「賜物」を磨き、他者とともに他者のために生きていく力を育みます。

それは教科の授業や部活動だけでなく、2021年度から始まっている「探究」の授業や、カナダ・イギリスでの語学研修、社会科や理科での課外活動など、生徒の興味・関心・探究心に応じたさまざまプログラムをとおして実践されています。

バランスよく4技能を身につけるための英語教育は年々進化を遂げています。外国人教師のみの授業やチームティーチングのほか、Online Speakingなどの多彩な授業形態の中で積極的に英語を話し、そして聞く機会を増やしています。

また協働型問題解決能力の育成を目的として所持するiPadは、調べ学習やプレゼンテーション、高等科の論文の制作など、全校生徒が授業や課外活動で活用しています。

🏫 SCHOOL DATA 🏫

- 東京都品川区旗の台6-22-21
- 東急池上線・大井町線「旗の台」徒歩5分
- 女子のみ528名
- 03-3786-1136
- https://www.koran.ed.jp/

国学院大学久我山中学校

こくがくいんだいがくくがやま

東京 杉並区　別学校

「きちんと青春」で、生き抜く力を

国学院大学久我山中学校は、都内では希少な男女別学により、授業は別々でそれぞれの特性を伸ばし、学校行事や部活動では、お互いの特性を認めあい、高めあっています。

國學院大學の「日本の伝統文化の本質探究」の理念を継承し、女子部では「女子特別講座」において華道や茶道、能楽や日本舞踊等に触れることで、日本文化や作法を学んでいきます。男子部では武道を成長段階に応じて体験し、礼節を知るとともに自己の精神鍛錬に励んでいます。

未来に向けて、進化する久我山

教科の枠を越えた総合学習や教養講座・Math in English・留学生との交流会など、夢をかなえるために多彩で緻密なプログラムを実施しています。2018年度新設の中学女子部CCクラスでは、伝統文化を大切にしながら多様な価値観に触れることで自らの可能性を広げ、時代の変化に対応できる多様な人材を育成します。

心身の成長をうながす「自然体験教室」

大自然での体験をとおして人間的な成長をうながす中学3年間実施の宿泊行事「自然体験教室」。中1は信州・高遠で"自然と親しむ"、中2は奥日光・尾瀬で"自然に挑む"、中3は北海道で"自然と共生する"ことを目標に行動することで、友とのきずなを深め、人びとに感謝する心を育んでいます。

冬の体育館が熱くなる「弁論大会」

高1男女合同実施の伝統行事「弁論大会」は、聴衆者となる生徒全員が審査表を持ち、発声や表現力も含め、人の意見を客観的に評価することを学びます。

各クラスの予選を突破した代表者の発表内容はバラエティに富んでおり、「弁論大会」は男女が互いの考え方を理解する機会のひとつとなっています。

🏫 SCHOOL DATA 🏫

- 東京都杉並区久我山1-9-1
- 京王井の頭線「久我山」徒歩12分、京王線「千歳烏山」バス
- 男子595名、女子375名
- 03-3334-1151
- https://www.kugayama-h.ed.jp/

東京 / 神奈川 / 千葉 / 埼玉 / 茨城 / 寮制

あ行 / か行 / さ行 / た行 / な行 / は行 / ま行 / や行 / ら行 / わ行

61

国士舘中学校

こく し かん

共学校

「これからの力」を養う6年間

国士舘中学校は、東急世田谷線「松陰神社前」駅から歩いてすぐのところに、大学に隣接し、高等学校と同一の校舎にあります。

国士舘が大切にしているのは「数値でははかることのできない力」です。

人として大切な思いやり・リーダーシップ・行動力などは数値で表すことはできません。しかし、その力はだれもが期待し、存在を実感しているはず。

考え、計画し、行動する。そのような総合的な力を、学校生活における多彩な経験と学習機会をつうじて身につける。それが国士舘の教育です。

学習面では、生徒一人ひとりの学習能力に応じ、その個性・可能性に配慮した多様な対応を行います。

部活動や学外での活動は、学習の両立を徹底するため、放課後の「全員学習」を日課として取り組みます。また、コミュニケーション英語を体感する「英語村」も開設。自由に利用できます。

社会で「期待される人」になる!

国士舘では、職場でも、組織でも共通して期待される力を学校で身につけさせます。返事・あいさつは当然のこと、礼節を重んじ、適切な敬語の使い方も学びます。必修の武道（柔道・剣道）と国語の書写（書道）を中心に、日常生活で徹底指導します。

さらに、グローバル化に対応するコミュニケーション英語の体得をめざし、人と人との直接的なふれあいと会話を大切に、「英語村」など、校内に文化の交流の場を設けています。

国士舘の生徒なら、行事をつうじて協力・協調性の大切さは十二分に理解することができます。なぜなら、多種多様な行事が年間をつうじて盛りだくさん! 学習も、部活動や習いごとも、多くの経験も、国士舘は「all in one」! 社会で期待される人を育む、工夫された教育が魅力の学校です。

SCHOOL DATA

- 東京都世田谷区若林4-32-1
- 東急世田谷線「松陰神社前」徒歩6分、小田急線「梅ヶ丘」徒歩13分
- 男子92名、女子22名
- 03-5481-3114
- https://jhs.kokushikan.ed.jp/

駒込中学校

こま ごめ

共学校

子どもたちの未来を支える教育理念「一隅を照らす」

「時代性へ挑戦する」教育改革

駒込中学校は「一隅を照らす」という天台宗・最澄の言葉を建学の理念とし、多様なグローバル教育や先進的なICT教育に取り組んでいます。変わっていく社会情勢や新しい大学入試などを見越し、枠にとらわれないさまざまな教育改革を進めている学校です。

グローバル教育としては、英語以外の教科を「英語」で学ぶイマージョン講座や、オンラインを活用した英会話、3カ月または1年におよぶオーストラリアやニュージーランドへの「海外留学」など、コロナ禍においても可能なかぎり実施しています。

ICT教育の面ではタブレット端末をひとり1台ずつ配付して双方向授業やグループワークなどを展開するだけでなく、生徒や保護者との連絡にも活用しています。昨年の休校中に作成した授業動画は総数2000本近くにのぼり、どのような状況になっても、「学びを止めない」という姿勢で乗り越えてきました。

現代はグローバル社会をどのように構築していくか厳しく問われている時代だと駒込は考え、受験の「その先」を「見通す力」の育成が問われているとして、「時代性への挑戦」を止めずに教育改革をつづけています。

受験生のニーズに合わせた多様な入試

駒込では入試改革の一環として、算数を得意とする受験生に対し、合格すれば3カ年授業料免除となる「算数1科目入試」を2020年度に新設しました。そのほかにも入試当日の各回成績上位者には、6種類の特別奨学金を適用する特待生制度を設けています。

さらには、英検4級レベルの「英語入試」、プログラミングやプレゼンテーションを行う「プログラミングSTEM入試」・「自己表現入試」というふたつの特色入試など、時代を先取りした多様な入試体系で、受験生の幅広いニーズに応えています。

SCHOOL DATA

- 東京都文京区千駄木5-6-25
- 地下鉄南北線「本駒込」徒歩5分、地下鉄千代田線「千駄木」・都営三田線「白山」徒歩7分
- 男子283名、女子148名
- 03-3828-4141
- https://www.komagome.ed.jp/

駒沢学園女子中学校

自分を正しく見つめて生きていく

さまざまな力を養う「21WS」

駒沢学園女子中学校は、仏教の教えをいしずえに、「自分を正しく見つめ、自己を確立する」という意味の「正念」、「日常の生活に学びがあり、学びを実践して生きていく」という意味の「行学一如」のふたつを建学の精神として設立されました。定期試験の代わりに、各教科で単元が終了するごとに「単元別テスト」を実施するのに加え、小テストや補習をこまめに行うことで、基礎学力を確実に身につける手法をとっています。

特色ある取り組みとしては、探究型学習「21世紀ワールドスタディーズ（21WS）」があげられます。「プログラミング講座」「着付けと和小物作り」「English in Action」「劇」という4つの講座のなかから好きなものを選んで、1年間かけて取り組みます。たとえば「劇」は、道具や演出なども含め、ゼロから自分たちで劇をつくりあげる講座で、創造力や表現力を養うことができます。これらは学年を横断したかたちで行うため、他学年と交流できるのも魅力です。

充実の一途をたどる英語教育

2020年からオンライン英会話を導入するなど、英語教育にも力を入れる駒沢学園女子。ネイティブ教員が副担任として頻繁に生徒にかかわるほか、毎日の「朝学習」では、リスニングやスピーキングについて指導しています。英語の授業も、日本人教員とネイティブ教員の2名体制で実施し、スピーチやプレゼンテーションの機会を豊富に設けています。

さらに、英語を活用する場として、TOKYO GLOBAL GATEWAY（TGG）での研修や海外修学旅行、スピーチコンテストなどを行うことに加え、ネイティブ教員と自由に会話できる校内施設「English Room」もあります。このように駒沢学園女子では、世界での活躍を見据え、充実した英語教育を行っています。

🏫 SCHOOL DATA

▼ 東京都稲城市坂浜238

▼ 東急田園都市線・横浜市営地下鉄ブルーライン「あざみ野」、JR線「稲城長沼」スクールバス、京王相模原線「稲城」、小田急線「新百合ヶ丘」バス

▼ 女子のみ44名

▼ 042-350-7123

▼ https://www.komajo.ac.jp/jsh/

駒場東邦中学校

自主独立の気概と科学的精神で世界に大いなる夢を描こう

都内屈指の大学進学実績を誇る駒場東邦中学校。例年、東京大学をはじめとする超難関大学へ多くの卒業生を送る学校として知られています。

創立は1957年、東邦大学によって設立されました。中高6年間を一体化した中等教育の必要性を唱え、「資源のない日本では、頭脳の資源化こそが急務である」という理念から、「科学的精神に支えられた合理的な考え方を培うこと」そして「自主独立の精神を養うこと」を重視しています。

「自分で考え、答えを出す」

駒場東邦の学習方針として、すべての教科において「自分で考え、答えを出す」習慣をつけること、そして早い時期に「文・理」に偏ることなく各教科間でバランスの取れた学力を身につけることを第一に掲げています。

中学時では、自分でつくるレポート提出が多いのが特徴となっています。中1の霧ヶ峰林間学校、中2の志賀高原林間学校、鎌倉見学、中3の奈良・京都研究旅行で、事前・事後にレポートや論文を作成します。

英語・数学・理科実験などには分割授業を取り入れ、少数教育による理解と実習の充実がはかられています。また、英・数・国は高2までで高校課程を修了します。「文・理」分けは高3からです。

自分の行動に責任を持つ

駒場東邦では、生活指導の基本を生徒による自主的な判断に委ねていることが特色です。それは、「自らの行動に自らが責任を持つことを基本とする」と駒場東邦では考えられているからです。自分の判断に基づき、責任をしっかりと持って行動することが求められています。

生徒会やクラブ活動、文化祭、体育祭なども生徒が主体となり、上級生から下級生へ、よき伝統が受け継がれています。

🏫 SCHOOL DATA

▼ 東京都世田谷区池尻4-5-1

▼ 京王井の頭線「駒場東大前」・東急田園都市線「池尻大橋」徒歩10分

▼ 男子のみ716名

▼ 03-3466-8221

▼ https://www.komabajh.toho-u.ac.jp/

東京
神奈川
千葉
埼玉
茨城
寮制

桜丘中学校
（さくらがおか）

東京
北区
共学校

「誰も知らない未来を創れるヒト」に

1924年創立、まもなく100周年を迎える桜丘中学校。校訓である「勤労」と「創造」のもと、自立した個人の育成を教育目標に、さまざまな特色ある取り組みを行っています。

進学教育・英語教育・人間教育

独自に考案された「SSノート（Self-study notes）」と「家庭学習帳」は生徒自身が自分に必要な学習を判断し、与えられた課題にプラスして取り組む姿勢を身につける重要な役割を果たしています。

桜丘中学校の英語教育ではNET（ネイティブ教員）が中1の7時間の授業のうちの5時間を担当。英語でコミュニケーションをとる楽しさから学習がスタートします。中3次にはオーストラリアの姉妹校でのホームステイプログラムが待っています。

クラスの一人ひとりが日替わりでリーダー役を務めるMC制度は人前で話すことが苦手な生徒にも自分の選んだ話題について堂々とプレゼンテーションをする力をつけてくれます。また、茶道、華道の体験、手話教室、ドラマエデュケーションなど心を豊かにするプログラムがたくさんあります。

ひとり1台のタブレットは授業の課題配信や提出物の回収に活用されています。AI学習支援アプリを使えば一人ひとりのレベルに合わせた自主学習の強力なサポート役です。タブレットは部活動でもフォームの修正、練習スケジュール管理などに大活躍です。

高校は4コース制

高校ではスーパーアカデミック（難関選抜）、アカデミック（文理特進）、グローバルスタディーズ（グローバル探究）、キャリアデザイン（キャリア探究）の4コースに分かれます。生徒それぞれの個性に合ったコースで将来、幅広く活躍できる知識と経験を身につけながら、希望する4年制大学現役合格をめざします。

SCHOOL DATA

- 東京都北区滝野川1-51-12
- 都電荒川線「滝野川一丁目」徒歩1分、JR線・地下鉄南北線「王子」・都営三田線「西巣鴨」徒歩8分
- 男子180名、女子142名
- 03-3910-6161
- https://sakuragaoka.ac.jp/

あ行
か行
さ行
た行
な行
は行
ま行
や行
ら行
わ行

サレジアン国際学園中学校
（こくさいがくえん）

〈2022年度より男女共学化、星美学園中学校から校名変更〉

東京
北区
共学校

変わりゆく世界へ飛び立つ「世界市民力」を育む

世界97カ国に支部を持つ女子修道会「サレジアン・シスターズ」を運営母体とする星美学園中学校が、2022年度、「21世紀に活躍できる世界市民の育成」を教育目標に掲げて教育内容を刷新、サレジアン国際学園中学校へと校名を変更し、共学校として生まれ変わります。現在、図書室やサイエンスラボが拡張・新設されるなど、校舎のリフォームが進行中で、施設も明るくきれいになります。

全教科でPBL（問題解決）型授業を導入

サレジアン国際学園では、「21世紀に活躍できる世界市民の育成」のためには、「考え続ける力」「コミュニケーション力」「言語活用力」「数学・科学リテラシー」、さらに創立者の意志を受け継いだ「心の教育」が必要だと考え、この5つを柱とした教育を行っていきます。そして、新たに全教科で問題解決型の学習法であるPBL型授業を導入。自ら問題を発見・解決することを重視した能動的な学びを全教科で行うことで、「考え続ける力」を身につけていきます。

中学のクラスは、本科クラスとインターナショナルクラスの2クラス制です。

本科クラスでは、PBLで培った思考力をいかした探究型授業の「個人研究」が週3時間あり、生徒が興味関心のある分野を深く学びます。英語の授業も週8時間行い、「世界市民」としての「コミュニケーション力」と「言語活用力」を養っていきます。

インターナショナルクラスでは、授業は英語の習熟度に応じてStandardとAdvancedの2展開で実施。Advancedは帰国生など英語が堪能な生徒を対象とし、数学・英語・社会・理科の授業は英語で行います。Standardは週10時間の英語授業をはじめ、日々の生活でも積極的に英語でコミュニケーションをとることで、英語力を伸ばしていきます。また、だれでも参加できる1年の長期留学や3カ月のターム留学も用意されています。

SCHOOL DATA

- 東京都北区赤羽台4-2-14
- 地下鉄南北線・埼玉高速鉄道「赤羽岩淵」徒歩8分、JR線「赤羽」徒歩10分
- 現在は女子のみ136名（2022年度より共学）
- 03-3906-0054
- https://www.salesian.international.seibi.ac.jp/

実践学園中学校

じっせんがくえん

多彩な学び・体験を通じ、生きる力を育む

実践学園中学校の教育理念は「豊かな人間味のある人材の育成」であり、「人間性に富み、志が高く倫理観の強い、国際感覚に優れた社会に役立つ人材を育成する」ことです。この理念のもと、「難関大学をめざす指導の徹底」をはかりながら「学習と部活動の両立の支援」・「倫理観・道徳心を養う」ことを教育目標としています。

実践学園独自の教育プログラム

実践学園では、授業の予習・復習や探究などの学習内容を自分でまとめる自主学習ノートに取り組んでいます。中学校の3年間、継続して取り組むことで家庭学習の習慣を身につけ、探究活動に向かう姿勢を育みます。

また、コミュニケーションデザイン教育を行い、「自ら働きかける力」・「仲間と共感する力」・「コミュニケーションの場をつくる力」を育成しています。ワークショップや省察活動、ICTを活用したプログラミング学習をつうじ、学んだことを客観的にとらえるメタ認知能力や自己調整能力、生産的思考を定着させています。

さらに、英語力向上にも力を入れており、授業で身につけた英語力に加え、日本文化・歴史学習やブリティッシュヒルズでの国内研修を行い、ニュージーランド語学研修（中3夏）につなげます。高校進学後もハワイへの修学研修旅行や希望者による留学制度が整備され、生徒の多様な意欲に応えています。

学習環境も充実しており、明るく開放的な学習施設である「自由学習館」で自学自習を支援しています。放課後と長期休業中には、授業と連動した進学講習「J・スクール」を実施し、大学進学に必要な力を身につけることができます。

このように、基礎を大切にしながら、体験を含むさまざまな学習活動を結びつけ、グローバル社会で活躍できる人材の育成に力を入れています。

SCHOOL DATA

- 東京都中野区中央2-34-2
- 地下鉄丸ノ内線・都営大江戸線「中野坂上」徒歩5分、JR線「東中野」徒歩10分
- 男子151名、女子104名
- 03-3371-5268
- https://www.jissengakuen-h.ed.jp/

実践女子学園中学校

じっせんじょしがくえん

～自分を生きる～ 人間力と実践力の育成

JR線「渋谷駅」から徒歩10分、緑豊かな広々とした高台に実践女子学園中学校はあります。明治の女子教育の先覚者下田歌子によって1899年に創立されました。「実践」という校名は、自ら学んだことを社会で実践していくという意味からきています。

自分らしい6年間を！

実践女子学園では生徒たちが卒業後も活躍していけるよう、つねに変化する社会を見据え、探究活動や英語プログラム、日本文化実習、行事、部活動など体験を重視したさまざまなプログラムを実践しています。

中1はクラスを30名の少人数編成にし、席替えを頻繁に実施。生徒一人ひとりがありのままの自分でいられるような居心地のいい環境づくりに取り組んでいます。学校行事や委員会活動もさかんで、すべて生徒の手によって運営されています。こうして生徒が主体的に考え、実行することで、達成感を得られる体験を積み重ね、自己肯定感を確立させていきます。

世界とつながる私、未来とつながる私

渋谷という好立地をいかした、企業や地域との連携授業があり、社会の動きを身近に感じ、社会とのつながりを意識しながら自分を成長させていくことができます。

英語では中1から習熟度別少人数授業を行うほか、10名のネイティブ教員と学習できる放課後講座、留学・海外研修、模擬国連への参加など一人ひとりの力を伸ばすプログラムが充実しています。さらに、海外大学に進学するための推薦制度も整えています。

また、中1で必修の「日本文化実習」では、1年をつうじて着付けや茶道、華道などの本格的なお稽古を体験。礼法の授業では立ち居振る舞いを学びます。美しい所作やその意味を学び、思いやりの心とその気持ちを相手に伝える方法を身につけることができます。

SCHOOL DATA

- 東京都渋谷区東1-1-11
- JR線ほか「渋谷」徒歩10分、地下鉄銀座線・千代田線・半蔵門線「表参道」徒歩12分
- 女子のみ717名
- 03-3409-1771
- https://hs.jissen.ac.jp/

東京

神奈川

千葉

埼玉

茨城

寮制

品川翔英中学校

東京
品川区
共学校

品川から、未来へ、世界へ、英知が飛翔する

2020年4月、品川翔英中学校は、校訓、教育目標、授業、行事、制服などをすべて一新し、新しく中高一貫の共学校としてスタートしました。品川翔英では、変化のスピードが速く、グローバル化した社会で活躍できる人間を育成するため、「学びつづける意欲と能力」を備えた人間を、「学びあい」のなかで育てます。2023年3月、全教室にWi-Fi、冷暖房を完備した新中央校舎が竣工予定です。

「学び続けるLearners」を育成する

「自主・創造・貢献」の校訓のもと、「自主的に未来を切り拓く力」、「新たな価値を創造する英知」、「未来へ飛翔し貢献する心」をもった人間を育てる品川翔英。教科学習以外に週6時間のLearner's Timeを設置し、「PBL型探究学習」「自己調整学習」「ドラマエデュケーション」の3つを大切にした教育活動を展開し、社会にでてからも学びつづけることができる「Learners」を育成しています。

ルーブリック評価で個性を伸ばす

すべての教育活動にルーブリック評価表を取り入れ、テストではかれる学力だけでなく見えにくい学力である非認知能力（意欲・関心・主体性・コミュニケーション力・表現力・思考力など）の育成をめざした主体的で対話的な学びを実施。教科学習では、定期考査を見直し単元テストを導入することで、考査前だけの学習ではなく日常的かつ計画的に学習する姿勢を身につけます。

ひとり1台のタブレットPCで個別最適化学習

ひとり1台のタブレットPCをもち、学習アプリによる課題やオンライン英会話に取り組むことで、従来の習熟度別授業ではむずかしかった個別最適化学習を実現し、効率よく学習を進めます。そのため高校では高校からの入学生とは異なるカリキュラムが編成されます。

🏫 **SCHOOL DATA**

▼ 東京都品川区西大井1-6-13
▼ JR線・相鉄線「西大井」徒歩6分、JR線・東急大井町線・りんかい線「大井町」徒歩12分
▼ 男子82名、女子81名（3年生は女子のみ）
▼ 03-3774-1151
▼ https://www.shinagawa-shouei.ac.jp/juniorhighschool/

あ行

か行

さ行

た行

な行

は行

ま行

や行

ら行

わ行

品川女子学院中等部

東京
品川区
女子校

社会で活躍する女性を育てる「28project」

女子中高一貫教育において「社会で活躍する女性の育成」を実践していることで知られている品川女子学院中等部。18歳の大学進学に加え、そのさきのライフデザインを視野に入れた取り組みが充実している学校です。

28歳の未来をイメージしながらいまを考える「28project」を教育の柱に、生徒のさまざまなチャレンジを応援しています。

特色ある教育

2014年4月からの5年間は、文部科学省指定のスーパーグローバルハイスクール（SGH）として、「起業マインドを持つ女性グローバルリーダーの育成」をテーマに、英語とICTを中心に多彩な新しい教育を実践していました。そのICT教育は高く評価されています。

現在も「デザイン思考」の手法を用いた総合学習や、身近な問題を見つけ、その解決のために行動を起こす「チャレンジベースドラーニング（家庭科）」、企業や大学と共同した総合学習や特別講座、起業体験プログラムなど、私立学校だからこそできる特色ある6年一貫教育を実践しています。

コロナ禍においては、充実したICT環境を活用してリモート授業を実施。学習活動に先進的なスタイルで取り組みました。

きめ細やかな学習体制

各学年の学習は、詳細な学習計画が書かれたシラバスが用意されており、それに沿って進められます。

発展的内容を学ぶ希望制の講習、大学受験に向けた長期休暇中の講習も設定され、多くの生徒が参加しています。また到達度の遅れをサポートする指名制の補習もあります。

中等部では英語の授業が週7時間あります。基礎から習い始める生徒も多いなか、英検取得も視野に4技能の育成を意識した指導が行われ、中等部のうちに高等部終了程度の2級を取得する生徒も20〜30%います。

🏫 **SCHOOL DATA**

▼ 東京都品川区北品川3-3-12
▼ 京浜急行線「北品川」徒歩2分、JR線・都営浅草線・京浜急行線「品川」徒歩12分
▼ 女子のみ684名
▼ 03-3474-4048
▼ https://www.shinagawajoshigakuin.jp/

芝中学校

伸びやかな校風のもと人間力を培う

芝中学校は都心の芝公園を望み、校庭からは東京タワーが間近に見える交通至便の地にあります。そのため、東京、神奈川、千葉、埼玉など、広い地域から生徒が通学しています。

芝は、2006年に創立100周年を迎えた伝統ある学校です。学校の基本理念に仏教の教えを有し、「遵法自治」を教訓として生徒の自主性を重んじた教育を行っています。

校舎は地上8階、地下1階の総合校舎と、地上2階、地下1階の芸術棟からなり、都心の学校らしい洗練された学習環境となっています。

ゆとりある独自のカリキュラム

男子の中高一貫校として高い進学実績を誇る芝は、伸びやかな校風のもと、しっかりとした学力をつけてくれる学校として定評があります。

進学校ではありますが、勉強一色といった雰囲気はありません。授業だけが学びの場ではないと考えられ、校外学習や学校行事なども大切にされています。また、全校生徒の約8割がいずれかのクラブに参加していることからもわかるように、クラブ活動もさかんに行われ、男子校らしい活発なようすが校内のいたるところで見られます。

こうした校風を生みだす芝独自のゆとりあるカリキュラムは、無理やムダを省いた精選されたもので、完全中高一貫教育のなかで効果的に学習できるように工夫されています。

注目される高い大学合格実績を支えているのは、すぐれたカリキュラムとともに、全校生徒約1700名に対して専任教員を88名もそろえているという充実した教諭陣の、熱心な指導です。

各クラスともに正・副の担任ふたり体制をとり、きめ細かな指導を行っています。伸びやかな校風と親身な学習指導により、生徒の人間力を培う学校です。

SCHOOL DATA

▶ 東京都港区芝公園3-5-37

▶ 地下鉄日比谷線「神谷町」徒歩5分、都営三田線「御成門」徒歩7分

▶ 男子のみ892名

▶ 03-3431-2629

▶ https://www.shiba.ac.jp/

芝浦工業大学附属中学校

共学化とふたつの探究で理工系教育バージョンアップ

芝浦工業大学附属中学校は、芝浦工業大学を併設大学とする半附属校です。校訓には「敬愛の誠心を深めよう」「正義につく勇気を養おう」「自律の精神で貫こう」が掲げられ、世界と社会に貢献できる、心身ともに強くたくましい人材を育てています。

先進のSTEAM教育で多様なスキルを育みます。中3では「サイエンス・テクノロジーアワー」という独自プログラムを実施。教科書から飛びだし、生徒の興味関心を引きだす「手作りスピーカーと電池のないラジオ」などの11のプログラムが用意されています。全学年全教科で展開される教科と科学技術のかかわりあいを学ぶ「ショートテクノロジーアワー」もあります。

言語教育にも力を入れています。3つの言語の習得が、社会での活躍のカギになると考え、「英語・英会話スキル」「コンピューターリテラシー」（RubyやC言語によるプログラミングなど）「日本語運用能力」の習得に力を入れます。新カリキュラムでは探究型授業をふたつ設置します。技術とプログラミング、デザイン思考で未来をつくる「IT」とグローバル社会で思考しコミュニケーションをする力を育てる「GC」です。「理工系の知識で社会課題を解決する」ことを目標に、未来を創造する力を育てます。

魅力的な中高大連携教育

大学との連携教育も特色のひとつです。中学では「工学わくわく講座」「ロボット入門講座」などが開かれ、高校ではさらに専門性の高い講座が用意されます。なかでも、高2の理系選択者を対象とした「理系講座」は、芝浦工業大学の教授陣をはじめとする講師のかたがたから、最先端の研究内容を聞ける魅力的な講座です。そのほかにも大学図書館の活用、早期推薦と留学プログラム、在学中の大学単位取得など、芝浦工業大学との連携教育はさまざまな場面で充実しています。

SCHOOL DATA

▶ 東京都江東区豊洲6-2-7

▶ ゆりかもめ「新豊洲」徒歩1分、地下鉄有楽町線「豊洲」徒歩7分

▶ 男子444名、女子40名（2、3年生は男子のみ）

▶ 03-3520-8501

▶ https://www.ijh.shibaura-it.ac.jp/

渋谷教育学園渋谷中学校

東京
渋谷区
共学校

またたく間に進学名門校の座を獲得

渋谷教育学園渋谷中学校は開校25年目の学校ですが、短期間のうちに進学校としての評価を高め、いまや受験生たちから憧憬を集める対象となっています。

「自調自考」の精神を教育理念とし、自分で課題を調べ、自分で解答をだしていく自主性と、自ら学ぶ姿勢が重視されます。

シラバスは渋谷教育学園渋谷で使用されている独自の学習設計図で、学年始めに1年間で学ぶ内容と計画を細かく記した冊子を生徒全員に配ります。

特長は、「それぞれの教科の基礎からの学習をなんのために学び、覚えるのか、いま全体のどのあたりを勉強しているのか」をはっきり理解したうえで勉強を進めることができるという点にあります。

これは自分で目標を理解し、自分で取り組み方を決め、自分で自分の力を判断するというもので、渋谷教育学園渋谷の自調自考を授業のなかで実践していくための取り組みです。

効率のよい6年間

進学校として急速に評価を高めた要因には、渋谷教育学園渋谷のすぐれた授業システムがあります。

授業は6年間をA、B、Cの3つのブロックに分け、中1と中2をAブロックの「基礎基本」、中3と高1をBブロックの「自己理解」、そして高2と高3をCブロックの「自己実現」の各期とします。

これは6年間の長いレンジで起きやすい中だるみを防ぐ意味もありますが、3つに分割することで期間ごとのテーマが鮮明になり、生徒の自主性が喚起され、前向きに取り組む姿勢が明確になる利点を持っています。

さらに、効率的な教程を組み、教科内容を錬成工夫することで戦略的な先取り学習を推し進めています。カリキュラムや年間の教育目標も将来の難関大学をめざした主要教科重視型となっています。

SCHOOL DATA

- 東京都渋谷区渋谷1-21-18
- JR線・東急東横線ほか「渋谷」徒歩7分、地下鉄千代田線・副都心線「明治神宮前」徒歩8分
- 男子294名、女子343名
- 03-3400-6363
- https://www.shibushibu.jp/

修徳中学校

東京
葛飾区
共学校

君はもっとできるはずだ！

今年117年を迎える歴史と伝統を持つ修徳学園。生徒の可能性や潜在能力を信じ、得意分野や個性的能力を最大限に発揮し、理想の実現に向かって努力できる教育を行っています。

三位一体教育

徳育、知育、体育の3つのバランスがとれた三位一体教育が特徴です。将来を築くにふさわしい体力と知性、それに個性豊かな人間形成「文武一体」を目標に、学校生活をとおして自律心を養う徳育指導を行い人間性を高め、勉学と部活動の一体化を果たしています。

学習プログラムも充実しています。授業は週6日制で、土曜日も正規授業を実施。さらに、「学力定着のためのプログレス学習センター（大学受験専用学習棟）」や「講習会・補習授業」を設けています。

また、修徳中学校では「特進クラス」と「普通クラス」を用意しています。「特進クラス」は、発展的な学習を取り入れ、大学受験への土台をつくるクラスです。「普通クラス」は、「文武一体」をモットーに、勉強と部活動の一体化を果たし、総合的人間力を高める教育を実践しています。そして、今年度新入生から日々の教育活動にiPadを活用し、時代に即した学習環境を実現します。

プログレス学習

修徳では、「授業での集中力」「家庭での学習」を習慣づける独自のシステムとして「プログレス」を実施しています。月〜土の朝プログレスには英単語テストを実施。また、月〜金の朝に基礎学力のフォロー講座として基礎英語（ラジオ講座）を行い、英語の基礎力の定着をはかります。そして放課後は毎日60分以上プログレス学習センターで自律学習を行い、親身な指導で難関大学への進学をめざします。生徒の目標達成を後押しするきめ細かな指導が注目される、修徳です。

SCHOOL DATA

- 東京都葛飾区青戸8-10-1
- JR線・地下鉄千代田線「亀有」徒歩12分、京成線「青砥」徒歩17分
- 男子135名、女子63名
- 03-3601-0116
- http://shutoku.ac.jp/

十文字中学校
<ruby>十<rt>じゅう</rt></ruby><ruby>文<rt>もん</rt></ruby><ruby>字<rt>じ</rt></ruby>中学校

東京
豊島区
女子校

自分の可能性を磨き、自立した女性に

創立者・十文字こと先生の「これからの女性は、社会にでて、世の中の役に立つ人にならねばならない」という理念を、現在も受け継ぎつつ、多様化する社会でもしっかりと生きていける力を育んでいます。十文字中学校の1日は、朝の陽光を浴びながら、心と身体をリフレッシュする「自彊術体操<rt>じきょうじゅつ</rt>」から始まります。創立以来つづく伝統であり、「自彊」とは「自らを強くきたえる」という意味です。

2014年3月には新館が完成しました。カフェテリア、プールだけではなく、多目的教室や多目的ホールなども充実し、どんな課題にも柔軟に対応できるグローバルな人材を育むステージが整っています。

グローバル社会に対応した進路指導

中学では基礎学力の養成に力を入れ、少人数による授業も取り入れています。高校では、習熟度に合わせて総合的な学力を養成し、大学進学に向けた指導を行っています。

最難関国立・私立大学、医歯薬学部現役合格をめざしており、約3割の生徒が理系に進学しています。放課後講習などを活用し、一人ひとりに最もふさわしい大学・学部の選択をサポートする態勢も万全です。

また、ディベートなどのアクティブラーニングや電子黒板を活用したICT教育などをとおして、自ら考え発信できる力、相手の意見にも耳を傾けられる力を養い、グローバル世界でも通用する人間力を育成しています。

多彩な行事とクラブ活動

十文字では、さまざまな行事があります。演劇やコンサートなど、プロの芸術家の演奏や演技を鑑賞し、芸術に対する感性と教養を深めていきます。クラブ活動もさかんで、2014年にはマンドリン部が、2016年にはサッカー部が日本一を獲得しました。生徒たちは日々充実した学校生活を送り、豊かな感性と知性に磨きをかけています。

SCHOOL DATA

- 東京都豊島区北大塚1-10-33
- JR線・都営三田線「巣鴨」、JR線「大塚」、都電荒川線「大塚駅前」徒歩5分
- 女子のみ578名
- 03-3918-0511
- https://js.jumonji-u.ac.jp/

淑徳中学校
<ruby>淑<rt>しゅく</rt></ruby><ruby>徳<rt>とく</rt></ruby>中学校

東京
板橋区
共学校

21世紀のリーディング校をめざして ～東大選抜<rt>セレクト</rt>コース～

淑徳中学校は、1892年に創立された125年を越える歴史を誇る伝統校です。「進み行く世におくれるな、有為な人間になれよ」という創立者である尼僧・輪島聞声<rt>もんじょう</rt>先生の掲げた理念は「淑徳フィロソフィ」として、現在においてもなお学校に息づいています。

中学は「スーパー特進東大選抜<rt>セレクト</rt>コース」と「スーパー特進コース」の2コース制で、生徒一人ひとりの可能性を伸ばすきめ細かな学習指導が行われています。

国際教育も重視され、中3では全員参加の海外語学研修（3カ月または1カ月）や、高校では1年留学コースを展開しています。マサチューセッツ工科大学（MIT）・ハーバード大学の講義やボストン美術館見学などが行われるハイレベルスプリングキャンプや、ワークショッププログラムなどの取り組みも実施されています。

緑と調和するレンガ造りの校舎は、「次世代対応型学習ステーション」がコンセプトとなっています。地下アリーナ、映像設備、ガラス黒板、3つの実験室、自習スペースなど充実の環境です。図書館には洋書ライブラリーや英会話の場として、電子黒板やプロジェクターが完備されたイングリッシュスタジオも併設されています。

さらに、2020年に新たに登場した「洗心館」（武道場と第二特別教室棟）は、次世代教育と日本の伝統が融合する空間としてゼミや講習、ICT教育、AL（アクティブラーニング）での活用が期待され、茶道室など魅力的な施設もあります。

スーパー特進東大選抜コース

2012年よりスタートした「スーパー特進東大選抜<rt>セレクト</rt>コース」。このコースでは、東京大学や医学部などの最難関大学の合格をめざし、ハイレベルな問題演習や論理的思考をきたえる学習、また世界で通用する語学力を育成します。

SCHOOL DATA

- 東京都板橋区前野町5-14-1
- 東武東上線「ときわ台」・都営三田線「志村三丁目」徒歩15分、東武東上線「ときわ台」・JR線「赤羽」・西武池袋線「練馬高野台」スクールバス
- 男子223名、女子275名
- 03-3969-7411
- http://www.shukutoku.ed.jp/

東京

神奈川

千葉

埼玉

茨城

寮制

あ行
か行
さ行
た行
な行
は行
ま行
や行
ら行
わ行

淑徳巣鴨中学校
しゅく　とく　す　がも

東京
豊島区
共学校

「感恩奉仕」の心と未来を生き抜く力を育てる

淑徳巣鴨中学校は、1919年に社会事業家で浄土宗僧侶の長谷川良信により創立されたのが始まりです。1992年に男女共学化し、1996年には中高一貫校となりました。

そして2019年には100周年を迎え、つぎの100年に向けて新たなチャレンジをつづけています。

教育方針として「感恩奉仕」を掲げ、自分が他の多くの恩を受けて生かされていることに感謝し、自分を他のために役立てていくことのできる人間を育てています。2021年度から、新しい教育システム「SSEDプログラム」がスタートしています。

気づきの教育が叡知の包みをひらく

淑徳巣鴨では「気づきの教育が叡知の包みをひらく」の教育方針のもと、生徒のさまざまな可能性を見つけだし、育んでいます。

"褒める指導"による温かいまなざしに包まれた環境でやる気を育み、充実した学習支援と進学指導、夢や好奇心をふくらませるスポンサー講座や"多彩な留学制度"などを展開しています。また、部活動にも力を入れることで、学習活動との相乗効果を発揮させてきました。さらに、自分史ワーク、ムービーワーク、卒業論文に段階的に取り組むことで、探究心や創意工夫の力、本質を見抜く批判的思考力を伸ばし、とくに重要となる主体的思考力の開発を進めています。

注目の「スーパー選抜コース」

2017年度から「スーパー選抜コース」が設置されました。東京大学をはじめとした難関国公立大学への現役合格をめざし、大学入試を視野に入れた授業を日々展開し、中学3年間で大学入試に向けた「思考力・判断力・表現力」の基礎を培っていきます。

また、放課後や長期休暇中に行われる特別講座で個々の能力に合わせた学習指導を行います。

SCHOOL DATA

▷ 東京都豊島区西巣鴨2-22-16

▷ 都営三田線「西巣鴨」徒歩3分、都電荒川線「庚申塚」徒歩4分、JR線「板橋」徒歩10分、東武東上線「北池袋」徒歩15分、JR線ほか「池袋」バス

▷ 男子152名、女子206名

▷ 03-3918-6451

▷ https://www.shukusu.ed.jp/

順天中学校
じゅん　てん

東京
北区
共学校

探究力で未来をつくる！

順天中学校は、「順天求合」という建学の精神のもと1834年に創立された学校です。そんな伝統ある順天の教育理念は、「英知を持って国際社会で活躍できる人間を育成する」ことです。知識だけではない、思考力や表現力をそなえた創造的学力を養い、グローバルスタンダードな人間観や世界観を持った国際的な人間性を育てています。

独自の「系統」「探究」「総合」学習

中学では毎朝、学年のテーマごとに英語学習（発音・単語力・長文読解など）を実施し、国際交流・英検指導にいかします。数学・英語では週1回行う復習テストで弱点を確認し、独自のシステムで完全習得をめざします。社会科と理科では、中1のサマースクール（富士山）・中2の歴史探究（京都・奈良）・中3の沖縄修学旅行で生徒が疑問に思うことを探究的・主体的に調べ、プレゼンテーションすることで、創造的学力を育んでいきます。

音楽・美術・技術家庭科・保健体育の実技科目は、学年ごとのテーマと福祉を相互に関連させた合科（クロスカリキュラム）を展開する「統合学習」と位置づけ、道徳では、手話・点字の体験学習をとおして、社会福祉について興味・関心を喚起させます。

また、他校にはないオリジナルプログラム、スクールステイ（寄宿舎生活）は団体生活で必要な協働性と自分のことは自分で行う主体性を育む機会となります。国際教育にも注力しており、帰国生を積極的に受け入れ、ニュージーランドの短期留学（中3・夏休み・約2カ月）では国際対話力を身につけます。

これらすべての教科に「体験的な課外活動」を組み入れることで、豊かな表現力やコミュニケーション力を育むとともに「フィールドワーク」や「ワークショップ」をとおして、将来の自分の進路を考えさせている順天。2021年春には東京大学現役合格者2名をはじめ、難関大学合格者を多く輩出しています。

SCHOOL DATA

▷ 東京都北区王子本町1-17-13

▷ JR線・地下鉄南北線「王子」、都電荒川線「王子駅前」徒歩3分

▷ 男子189名、女子136名

▷ 03-3908-2966

▷ https://www.junten.ed.jp/

頌栄女子学院中学校

しょう えい じょ し がく いん

キリスト教に基づき理想の女子教育を行う

頌栄女子学院中学校は、キリスト教の学校で、聖書の教えを徳育の基礎においています。校名「頌栄」は神の栄光をほめたたえるという意味で、学院の特色を表します。

また、土曜日を休日にして日曜日には教会の礼拝に参加することを奨励しているほか、入学式・卒業式などの学校行事は礼拝で始まり、週日にも毎朝礼拝があります。

頌栄女子学院の特徴は、聖書の時間があることと、数学・英語の授業時数が標準よりも多いことです。

数学と英語の授業（一部学年）は、中・高とも少人数制習熟度別の特別クラス編成で行います。

また、コース制を採用し、高2からは文科コースと理科コースに、さらに高3では理科コースがふたつに分けられます。高3では、コース別の授業のほかに主要科目を中心とした受験講習があり、進路に合わせて自由に選択することが可能です。

多彩な英語教育と高い進学実績

英語の授業は中1〜高1では週6時間を配当し、各学級を2分割して少人数制による授業を行っています。高2・高3では、学年を習熟度別に7クラスに分け、個々の到達度に応じた効果的な学習指導を実施しています。また、高校卒業までに英検2級以上を取得することを目標としています。

そのほか、語学修養の機会として中学では軽井沢での英会話研修およびカナダ語学研修、高校ではイギリス語学研修を希望者のために設けています。

大学進学に向けては、長期の計画に基づいて中3より進路指導を行います。説明会や卒業生の体験談を聞く会なども設けています。こうした取り組みの結果、難関大学進学者が着実に増加し、卒業生の半数以上が現役で国公立大学や早稲田大学・慶應義塾大学・上智大学など難関私立大学へ進学しています。

⚜ SCHOOL DATA ⚜

- ▷ 東京都港区白金台2-26-5
- ▷ 都営浅草線「高輪台」徒歩1分、JR線・東急池上線「五反田」、地下鉄南北線・都営三田線「白金台」徒歩10分、JR線・京浜急行線「品川」徒歩12分
- ▷ 女子のみ639名
- ▷ 03-3441-2005
- ▷ http://www.shoei.ed.jp/

城西大学附属城西中学校

じょう さい だい がく ふ ぞく じょう さい

自由な校風のもと大切にする「報恩感謝」の心

さまざまな個性が共生する城西教育

城西大学附属城西中学校が所属する城西学園は、1918年、大正デモクラシーを背景とした自由主義教育の私学として誕生しました。そのため、創立当初からつづく自由な校風のもと「報恩感謝」を校訓とし、子どもたちの「豊かな人間性」「自主・自立の精神」の育成に努めてきました。

さまざまな個性が共生しあう環境が形成されるなかからすぐれた人間性を育むために、学校生活の基本となるホームルームを学力で分けることはしません。生徒たちは互いに学びあい、助けあうことで、ちがいを認め、自然と「共生」の感覚を身につけていきます。

カリキュラムは、中学では基礎基本の徹底と、先取り教育をあわせながら、学力差がでやすい数学と英語について習熟度別授業を実施し、個人の実力を養成していきます。高校では希望進路により、2年次より文理のクラ

ス分けがされ、3年次より志望学部に合わせた学部系統別のクラス分けとなります。

国際理解教育の新たな展開

新たな中高一貫教育プログラムとして「Josai Future Global Leader Program」がスタートしました。

「義務教育の終わりに親元を離れ、海外で生活できた自信をつける」ことをめざし、中学3年次には全員が2週間の海外研修に参加し、オーストラリアでホームステイしながら現地校のクラスで現地の中学生と同じ生活を体験します。

中学1年・中学2年次には、この海外研修に向けてさまざまな授業や行事に取り組み、学力を向上させるとともに精神的な自立をうながします。

高校では、各クラスに1名は海外からの留学生が在籍している環境で視野を広げ、中期、長期の留学に挑戦することもできます。

⚜ SCHOOL DATA ⚜

- ▷ 東京都豊島区千早1-10-26
- ▷ 地下鉄有楽町線・副都心線「要町」徒歩6分、西武池袋線「椎名町」徒歩7分
- ▷ 男子186名、女子107名
- ▷ 03-3973-6331
- ▷ https://josaigakuen.ac.jp/

聖徳学園中学校

東　京
武蔵野市
共学校

Global＋STEAM教育で高みをめざす

学校の特色

聖徳太子の「和」の教えを建学の精神に、生徒の「個性」「創造性」「国際性」を育てる教育を行う聖徳学園中学校。生徒と教師の距離が近く、アットホームな校風のもと、中1・中2では2名担任制できめ細かな指導を行います。

ICT教育には定評があり、中・高全生徒がひとり1台iPadを所有して学んでいます。聖徳学園が新しく取り組んでいる、21世紀型スキルを身につけるためのSTEAM教育では、教科を超えた多角的視点から問題を発見する力、論理的思考力で問題を解決する力、自らの意見を発信する力を養います。

グローバル教育では、グローバルリーダーの育成を目的とし、海外での研修はもちろん、国内でのプログラムもたくさん用意されています。中1のオータムキャンプでは新潟県で民泊や稲刈りを体験して日本の生活について学び、中2関西研修旅行では日本の歴史や文化を学んだのち、中3からは全員が海外研修旅行にでかけます。

高校ではJICA・大学・企業と連携し、開発途上国の問題を理解し、それを解決するにはどうしたよいかを考える課題解決型の国際協力プロジェクトにも取り組みます。語学教育においては、5名の英語のネイティブ教員が語学力向上をサポートするほか、留学制度も充実しています。

進学セミナーと進路指導

各学年に選抜クラスを設け、学習意欲の高い生徒には進度・深度に負荷をかけた授業を実施。高校では進学セミナーという放課後の課外授業を設け、大学進学に特化した講座を約45用意し、生徒のサポートをします。

また、超難関大学進学講座を別途設定し、東京大学を含む国公立大学や医学部などの進学をめざす生徒のサポートも充実しています。

SCHOOL DATA

- 東京都武蔵野市境南町2-11-8
- JR線・西武多摩川線「武蔵境」徒歩3分
- 男子221名、女子89名
- 0422-31-5121
- https://jsh.shotoku.ed.jp/

城北中学校

東　京
板橋区
男子校

教育目標を具現化し社会に有意な人間を育成

教育目標に「人間形成と大学進学」を掲げる城北中学校。規律正しい生活習慣や礼儀、厳しい態度で公正を守る「質実厳正」という創立者・深井鑑一郎先生の教えを受け継ぎ教育を行っています。

城北の考える人間形成とは、「社会に有為な人間を育成する」ということです。社会を支え導くリーダーを育てるために、クラブ活動や行事も大切に考え、コミュニケーション能力や問題発見・解決能力を育んでいます。

学習面では6年間を2年ずつに分け、生徒の発達・変化に応じた指導を行っています。中1・中2の「基礎期」は、基本的な生活習慣を身につけたうえで、各教科の基礎力を養います。中3・高1の「錬成期」は自立的・自主的な学習生活の確立をめざし、自分に合った進路を見つける期間です。高2・高3の「習熟期」は、より高い学力と豊かな教養を身につけ、進学への意識を高めます。成長に合わせた理想の「3期指導体制」により、毎年多くの生徒が難関大学へと進学しています。

ICTに特化した新たな教室が完成

ICT教育が積極的に展開されているのも特徴です。全教室に大型モニターが設置され、生徒用のiPadが360台導入されています。さらに、2017年にはICTに特化した特別教室「iRoom」が完成。「iRoom」の「i」には、「ICT（情報通信技術）・IDEA（アイデア）・INTEREST（興味関心）・INTERACTIVE（双方向の）・INQUIRE（探求する）」という5つの意味があります。iPad40台、プロジェクター2台、大型モニター2台が備えられるとともに、移動可能なミニホワイトボードといったグループワークに最適な設備も整えられています。「生徒には、情熱を持って仲間とともに新しいプロジェクトにチャレンジしてほしい」、そんな城北の想いがこめられたICT環境には「これを使ったらなにかが起こるかもしれない！」というワクワク感があります。

SCHOOL DATA

- 東京都板橋区東新町2-28-1
- 東武東上線「上板橋」徒歩10分、地下鉄有楽町線・副都心線「小竹向原」徒歩20分
- 男子のみ832名
- 03-3956-3157
- https://www.johoku.ac.jp/

東
京

神
奈
川

千
葉

埼
玉

茨
城

寮
制

あ行
か行
さ行
た行
な行
は行
ま行
や行
ら行
わ行

昭和女子大学附属昭和中学校

「世の光となろう」を目標としてグローバル社会で輝く

豊かな人間性としっかりとした学力を

創立者・人見圓吉、緑夫妻は、偉大な教育者でもあったロシアの文豪トルストイのヒューマニズムに満ちた教育観に共鳴し、1920年、学校を創立しました。その誠実で自立心に富み、自己実現をめざしながら社会に貢献できる人間を育成する姿勢は、学校目標「世の光となろう」という言葉にしめされています。

昭和女子大学附属昭和中学校は、知識だけでなく、知育・徳育・体育の面でバランスのとれた人間を育む全人教育を実践してきました。

そして2016年度からは2014年度にスーパーグローバルハイスクール（SGH）に指定されたことを受けて、思考力、プレゼンテーション能力など「知識や技能を活用する能力」とグローバルマインドをバランスよく磨き、チャレンジ精神旺盛で、人のために尽くせる

女性を育てる新しい中高一貫プログラムをスタートさせました。全コースで一歩進んだグローバル教育を実践し、充実した語学力と確かなグローバルマインドを身につけます。また高校での約10カ月の海外留学が必修となり、高度な語学力とコミュニケーション力を養うグローバル留学コースも設置されました。

6年間を縦割りにした年齢の異なる集団活動「朋友班」は、伝統的に継承され、レクリエーションや環境美化などに取り組みます。上級生が責任を持ってグループをまとめ、下級生は上級生を見習うなど、校内にはたくさんの「姉妹」が誕生しています。まるで家族のような雰囲気のなか、協調性や自主性を身につけ、生徒の個性と人間性を育みます。

昭和女子大学へは成績や人物などを総合的に判断し、学校長の推薦により進学します。この推薦を得ながら、他大学を受験することもできます。こうした制度で生徒の可能性への挑戦を応援しています。

SCHOOL DATA

- 東京都世田谷区太子堂1-7-57
- 東急田園都市線・世田谷線「三軒茶屋」徒歩7分
- 女子のみ647名
- 03-3411-5115
- https://jhs.swu.ac.jp/

女子学院中学校

自主性を尊重した明るく自由な校風

創立は1870年。150年という長い歴史に育まれた女子学院中学校は、キリスト教主義を教育理念として、独特の校風を培ってきました。学校の規則はほとんどなく、制服もありません。

こうした自由な雰囲気のなかで、生徒たちは自主性を持った生活をしています。ほんとうの意味で自立した女性の育成をめざす女子学院の教育は、多くの保護者や生徒たちから高い支持を集めています。

完全中高一貫教育で洗練された授業

多くの生徒が難関大学への入学をめざしていますが、学校の授業はとくに大学入試だけを目的にしたものではありません。じっくり考え、ものごとへの興味と関心を養う授業が基本となっています。

前後期の2期制で、授業は週5日・30時間で行われます。中高6年間の一貫教育の利点をいかし、教科間の重なりを整理した効率の

よいものになっています。科目によってはクラスを分割した授業も行われています。

また、実験・観察と考察、レポート、作文、作品制作なども多く、課題を着実にこなしながら学習の仕方を体得していきます。

独自の科目として、各学年に「聖書」の授業がおかれています。高校では「近現代史」、「キリスト教音楽」の授業があります。

また、高2までは文系と理系に分かれずに、基本的な学力の育成と心身のバランスのとれた成長をめざし、全科目を共通に学んでいます。高3では、一人ひとりの個性や可能性に応じた選択科目を用意しています。

総合的な学習の時間も6年間を見通した目標を立て、学校行事を中心にその準備活動やまとめを組みあわせて行うことで生徒の成長へとつなげています。

女子学院では、こうした教育体制により、自主的に勉強に向かう姿勢が養われ、高い大学合格実績につながっています。

SCHOOL DATA

- 東京都千代田区一番町22-10
- 地下鉄有楽町線「麹町」徒歩3分、地下鉄半蔵門線「半蔵門」徒歩6分、JR線・都営新宿線「市ヶ谷」徒歩8分
- 女子のみ690名
- 03-3263-1711
- http://www.joshigakuin.ed.jp/

女子聖学院中学校

Be a Messenger ～語ることばをもつ人を育てます～

英語教育と国際理解教育で世界に目を向ける

キリスト教教育を基盤とする女子聖学院中学校は1905年に設立されました。「神様から1人ひとりに与えられた良きもの（賜物）を見出し、その与えられたものを活かす教育」を長きにわたり実践してきた学校で、建学の精神には「神を仰ぎ　人に仕う～Love God and Serve His People～」、教育モットーには「Be a Messenger～語ることばをもつ人を育てます～」を掲げています。

毎朝の礼拝はチャペルで心静かに祈る大切な時間です。そのほか「人間教育プログラム」として、中1では「賜物」をテーマとし、プロジェクト・アドベンチャーを取り入れた「アドベンチャーキャンプ」を実施し、中2では、SDGsに関する学びで「社会の課題」に目を向け、中3では北海道修学旅行、ライフプランニングなどをとおして「社会の中の自分」を見つめます。こうした取り組みによっ

て、「自分のことば」を他者に伝えられる生徒を育成しています。

中学の英語授業はネイティブ教員とのチームティーチングを行い、参加型・発信型の授業で英語を楽しく学びながら4技能をバランスよく養います。

さらに週1時間、ネイティブ教員によるオールイングリッシュの英会話の授業があります。これは1クラスを習熟度別に2分割にした少人数制で行うのが特徴です。

国際理解教育としては世界の人々とともに生きる力を養うため、「Global 3day Program」（中1～高2対象）を用意しています。どれも少人数グループで楽しく英語に触れられる内容で、最後は全員が英語でプレゼンテーションを行います。

こうした取り組み以外にも、ホームステイやターム留学（希望者対象）、海外大学指定校推薦制度を整えるなど、海外へ羽ばたきたい生徒をさまざまな形で応援しています。

🔹 SCHOOL DATA 🔹

- ▼ 東京都北区中里3-12-2
- ▼ JR線「駒込」徒歩7分、地下鉄南北線「駒込」徒歩8分、JR線「上中里」徒歩10分
- ▼ 女子のみ368名
- ▼ 03-3917-5377
- ▼ https://www.joshiseigakuin.ed.jp/

女子美術大学付属中学校

美を柱とする教育で夢にあふれた人間を育成

創立100年以上の歴史を持つ女子美術大学付属中学校。母体の女子美術大学は、1900年に設立許可を受けた古い歴史を有する大学です。その歴史のなかで、片岡珠子、三岸節子、堀文子など多くの優秀な美術家を世に送りだしてきました。建学の精神「我が国の文化に貢献する有能な女性の育成」のもと、「智の美、芸の美、心の美」という3つの美を柱に、将来、美術分野のみならず幅広い分野で活躍できる人材を育成しています。

美術を軸としたカリキュラム

中学では、美術の授業を週4時間確保する分、朝学習と補習の機会を多く設けています。高校・大学への一貫性をふまえ、絵画・デザインのほかに彫刻・陶芸なども学び、美術の世界に触れる楽しさを理解することに重点をおいています。高校でも、普通科としての学習を重視しつつ、美術の授業を週7～10時間実施。高2からは「絵画コース」・「デ

ザインコース」・「工芸・立体コース」に進んでより専門的な技術を学び、高3では卒業制作に取り組みます。

各教科でも美術教育を取り入れた独自の授業を展開します。たとえば、中1の国語で故事成語カルタを、数学で独創性ある正多面体を作成。高1ではイラストを交えた元素カードや人体模型、科学おもちゃといった科学に親しめるものをつくったり、高3の英語では自分の美術作品を英語で紹介したりと、美術とのコラボレーション授業を行っています。

1年で一番盛りあがる女子美祭では、作品展示のほかクラブ・クラス出展のアトラクションも作製、校内が日常と異なる空間へと変貌します。さらに中国やアメリカの学校と美術をとおして友好を深め、フランスやイタリアでの美術研修旅行も実施。女子美術大学と連携したキャンパス見学会やアトリエ訪問、ワークショップ体験なども行い、美術が好きという気持ちを大切に夢の実現を支援します。

🔹 SCHOOL DATA 🔹

- ▼ 東京都杉並区和田1-49-8
- ▼ 地下鉄丸ノ内線「東高円寺」徒歩8分
- ▼ 女子のみ430名
- ▼ 03-5340-4541
- ▼ http://www.joshibi.ac.jp/fuzoku/

白梅学園清修中学校・中高一貫部

しらうめがくえんせいしゅう

生徒の夢を実現する「清修」の教育力

2006年開校の白梅学園清修中学校。校名の「清修」には「厳冬にあっても凛と咲く白梅のような清々しい姿で学び修め、気品とフロンティア精神を兼ね備えた女性に育てる」という思いがこめられています。

言語能力を伸ばし国際感覚も養う

白梅学園清修では、教科にかかわらず、「言語能力」を育てることに注力しています。たとえば、数学で数学者についてレポートを書いたり、社会で旅を企画しプレゼンテーションをしたりします。また、探究学習として、高1全員が5000字の論文を執筆します。そのため、中学生から「200字作文」を書くなどして論理的思考力と表現力を養成します。

さらに、国際感覚を養い、社会の一線で活躍できる女性を育てるため、英語授業の大半をネイティブスピーカーの教員がオールイングリッシュで行っており、全員参加の海外研修があるのも特徴です。

東京大学理科Ⅱ類への合格をはじめとして、開校以来10年連続国公立大学合格者を輩出するなど、その教育が生徒の自己実現にもつながっています。

授業はつねに少人数で行われるので、教員の目が全員に届き、それぞれがしっかりと考え意見を発表できる環境です。そして全教員が全生徒と向きあうことを大切にしているため、担任、そして担任以外の教員にも不安や悩みを相談できる関係が築かれています。

このほか、独自の取り組みである「エリアコラボレーション」も魅力的です。従来の部活動に代わるもので、鉄道模型、ダンス、テニス、弦楽器、茶道などが用意され、学校近隣で活躍する専門家を招いて指導してもらいます。複数の活動への参加も可能です。

一人ひとりの個性が尊重される校風のなかで、生徒たちは穏やかに学校生活を送っています。「ありのままの自分でいられる場所」、それが白梅学園清修です。

SCHOOL DATA

▼東京都小平市小川町1-830

▼西武国分寺線「鷹の台」徒歩13分、JR線「立川」、JR線・西武国分寺線「国分寺」バス20分

▼女子のみ87名

▼042-346-5129

▼http://seishu.shiraume.ac.jp/

白百合学園中学校

しらゆりがくえん

キリストの愛の教えに基づく全人教育

白百合学園中学校の設立母体は、17世紀に誕生したシャルトル聖パウロ修道女会です。1878年、函館に上陸した3人のフランス人修道女により日本での活動が始まりました。1881年に東京に学校が設立されて以来140年、誠実さと愛をもって社会に貢献できる女性の育成をめざし、「キリストの愛の教え」に基づく全人教育を行っています。

白百合学園では、一人ひとりに与えられた能力を豊かに開花させるためのきめ細やかな指導が行われています。宗教教育を基盤とする学園生活のあらゆる場面において、生徒たちは「愛と奉仕」の心を学び、成長していきます。

中学1～2年生は基礎的な学力・体力を養成し、ものごとへの意欲と豊かな感性を身につけることが目標です。中学3年生～高校1年生では基礎・基本の定着に重点をおき、自己の確立と個性の発見に努めます。

高校2～3年生は確立した基礎力の上に、

自己実現に向けた発展的な学力開発をめざす2年間です。高校2年生から進路（文・理・芸術）に合わせた科目を選択し、高校3年生では大学卒業後の将来像を見つめたうえで具体的な「進路」を決定します。将来自ら問題を発見し、答えを生みだし、さらには新たな価値観を創造できるような能力を発揮できることを目標としています。

中学からフランス語の学習

白百合学園の教育の大きな特色のひとつとして、外国語教育があげられます。中学3年間は英語とフランス語を並行して学びます。少人数クラスでコミュニケーション能力を養い、2カ国語を学ぶことで豊かな国際感覚の育成を目標としています。

高校では一方を第1外国語として集中的に学び、応用力と実践力を養います。スピーチや劇の発表など外国語で自己表現する機会も多く設けています。

SCHOOL DATA

▼東京都千代田区九段北2-4-1

▼JR線・地下鉄東西線・有楽町線・南北線・都営大江戸線「飯田橋」、地下鉄東西線・半蔵門線・都営新宿線「九段下」徒歩10分

▼女子のみ555名

▼03-3234-6661

▼http://www.shirayuri.ed.jp/

巣鴨中学校

東京
豊島区

男子校

最先端のグローバル教育を展開する伝統校

日々の努力が真のエリートを生む

巣鴨中学校では、先生や級友たちとの学校生活のなかで「がんばったからできた」「努力が実った」という達成感を味わうことを大切にしています。生徒は、そのような経験を積み重ね、自らの可能性を切り開いていきます。

巣鴨では、巣鴨でしかできないグローバル教育を確立し、刻々と変化しつづける社会で力強く活躍する「グローバル人材」の育成に努めています。そのために中1～中3ではスカイプを活用したオンライン英会話をはじめとするネイティブ教員による授業を実施し、そこで身につけた英語力をいかす機会を豊富に用意しています。

たとえば、第一線で活躍するトップエリートのイギリス人を講師に招き、さまざまなレッスンやアクティビティーを行う5泊6日の「巣鴨サマースクール」は、中2～高1の希望者が参加できます。

高1・高2の希望者対象の「イートン校サマースクール」は、イギリスの伝統校イートンカレッジに3週間滞在し、イギリスの歴史や文化を体感する人気のプログラムです。約3カ月、カナダやイギリスなどでホームステイをしながら現地校の授業を受ける「ターム留学」制度もあります。

また、イギリスの名門クライストカレッジとの「Friendship Agreement」により長期留学も可能です。2020年は世界のトップ校のみ在籍できる国際組織「WLSA」に日本の学校として初めて加盟を認められました。各国の加盟校とオンラインで交流する国際教育プログラムも始まっており、伝統校だからこそできるグローバル教育が展開されています。

そのほか、アカデミックフェスティバル・百人一首歌留多大会・合唱コンクールや早朝寒稽古といった多彩な学校行事があり、それぞれの行事で一人ひとりの生徒が個性を発揮しています。

SCHOOL DATA

- 東京都豊島区上池袋1-21-1
- JR線「大塚」徒歩10分、JR線・私鉄各線・地下鉄丸ノ内線「池袋」徒歩15分ほか
- 男子のみ702名
- 03-3918-5311
- https://sugamo.ed.jp/

駿台学園中学校

東京
北区

共学校

駿台学園なら、「自分らしい」学校生活が見つかる！

楽しくないと学力も伸びない

21世紀の国際社会で活躍するために必要となる「総合力」。多くの生徒は、詰めこみ式の試験対策だけでは、学力も総合力も身につきません。駿台学園中学校では、学校が生徒に合っていて、そしてなにより楽しくないと、学力も総合力もつかないと考えます。

駿台学園が大切にすることはふたつ。第1に、学校は楽しくなくてはならないということ。学校が楽しくないと、学力もそのほかも伸びません。駿台学園では、授業、校内行事、校外で得るさまざまな体験、そして部活動、これらを楽しむことで、13歳の生徒たちが成長していきます。

第2に、学校はどの生徒にも居心地のよい場所であること。どんな生徒にも居場所や打ちこめるものがあり、それを見守る人がいる環境が大切です。駿台学園には勉強でも部活動でも経験豊富な指導者がいるので、生徒は自分らしい学校生活を見つけることができます。

こうした教育方針のもと、教職員が生徒といっしょに走るように熱心にサポートを行っている点も駿台学園の魅力です。個性を育み、ともに目標に近づき成果をあげ、達成感を持たせることは生徒の将来の宝となります。

駿台学園の教育

めざす教育の実現のために駿台学園が行っていることを具体的にあげると・公立校を上回る豊富な授業時間数の設定・検定ずみ教科書以外の多彩な教材の利用・無理のない先取り授業・放課後チューター（校内家庭教師）・4技能系指導も実践する最先端の英語教育・外国人講師や海外語学研修による国際性の育成・美術や音楽などによる豊かな情操教育・圧倒的な部活動・視野を広げる2度の教育旅行・ほかにスキー教室や英語祭などの楽しい行事があります。全生徒iPadを持ちオンライン授業も可能です。

SCHOOL DATA

- 東京都北区王子6-1-10
- 地下鉄南北線「王子神谷」徒歩7分、地下鉄南北線「王子」徒歩8分、JR線「王子」・都電荒川線「王子駅前」徒歩10分
- 男子152名、女子44名
- 03-3913-5735
- http://www.sundaigakuen.ac.jp/

聖学院中学校

未来につなぐOnly One for Others教育

聖学院中学校はプロテスタントに属するキリスト教の学校です。一人ひとりが神さまからかけがえのない賜物（たまもの）を与えられているという考えから、その賜物を見つけ、自分だけでなく他者のためにいかす「Only One for Others」の教育理念を体現しています。そして、多彩なグローバル教育や、豊富な探究・PBL型教育、国内外で行われる体験学習をとおして、自分たちの力で課題を発見し、その解決に向けて仲間と協働しながら議論と探究を重ねる学びを大切にしています。そうした学びのなかで、生徒は自分を変えるチャンスにめぐりあい、他者を受け入れる冷静さを養い、世界と共生する知恵と勇気を獲得するのです。

「Student」から「Learner」へ！

聖学院は、カナダ・クイーンズ大学のヤング博士が提唱する「ICEモデル」を採用し、「問い」を大切にする授業を展開しています。ICEモデルとは、主体的な学びを実践する学習法で、「Ideas（基礎知識）」「Connection（つながり）」「Extensions（課題解決）」の頭文字をとった名称です。聖学院では、「知識」は、他者や世界に貢献するために身につけるべき重要なものだと考えられており、生徒たちは授業をとおして、「知識」を応用していく手法を学んでいきます。

また、2020年度から、生徒はひとり1台のデバイス（iPad推奨）を所有し、学内外での学習に活用しています。デバイスの導入によって、より効果的に、充実した授業を実践できる環境が整いました。デバイスについては、学校は使用状況の監視や制限は行いません。家庭の協力を得ながら生徒自身で端末の使い方やルールについて考え、行動していくことを重視しているのです。こうした主体性や自立性をうながす教育によって、生徒は「Student」から、積極的に自ら学ぶ「Learner」に進化し、激変する時代のなかでもたくましく生きるスキルを獲得していきます。

SCHOOL DATA

- 東京都北区中里3-12-1
- JR線「駒込」徒歩5分、地下鉄南北線「駒込」徒歩7分
- 男子のみ474名
- 03-3917-1121
- https://www.seig-boys.org/

成蹊中学校

学校全体に根づく建学の精神

成蹊中学校の前身は1912年に設立された成蹊実務学校です。「個性の尊重」「品性の陶冶（とうや）」「勤労の実践」という建学の精神に基づき、知性や品性をバランスよく備え、主体性と社会性に富んだ人格の育成をめざしています。小学校から大学までが集うキャンパスで、成蹊小学校からの進学生、海外からの帰国生など、多様な背景を持つ生徒がともに学ぶなかで、偏らないものの見方、他者を理解し尊重する姿勢を身につけます。

多彩な進路を支える教育システム

中学でのカリキュラムは全員共通履修で、高2で文系・理系に分かれ、高3で18種類のコースから各自で選択します。卒業生の約70％は他大学へ、約30％は成蹊大学へ進学するため、その両方に対応できるようなカリキュラムを編成しているのです。加えて、卒業生の協力を得ての進路ガイダンス、ワンキャンパスの利点を活かした大学教員による講演会や模擬授業などを行います。これらの取り組みが医歯薬、芸術分野を含む多彩な進路の実現へとつながっています。

行事も大切にしており、中学では自然観察などを行う「夏の学校」、各教科で事前学習した内容を現地で実体験する「修学旅行」、高校では「学習旅行」（高2）を実施します。「学習旅行」は一般的な修学旅行とは異なり、教員や生徒が自主的に行程を計画するのが特徴で、国内外問わず約8つのコースを設定し、長期休暇中に希望者が参加します。ほかにも生徒主体でつくりあげる「蹊祭（こうちさい）」「体育祭」など魅力的な行事が多数あります。

国際交流もさかんで、1949年開始のアメリカ・セントポールズ校との交換留学をはじめ、45年以上前から交流をつづけるオーストラリア・カウラ高校での短期留学、ケンブリッジ大学との提携プログラムなど、多様な留学機会を用意しており、国際社会で活躍するバランスのとれた人材を育成しています。

SCHOOL DATA

- 東京都武蔵野市吉祥寺北町3-10-13
- 西武新宿線「武蔵関」徒歩20分またはバス、JR線ほか「吉祥寺」・西武池袋線「保谷」・「大泉学園」・西武新宿線「西武柳沢」バス
- 男子427名、女子394名
- 0422-37-3818
- https://www.seikei.ac.jp/jsh/

成城中学校

次代を逞しく生きるリーダーを育成

2020年に創立135周年を迎えた成城中学校は、林間学校・臨海学校を全国にさきがけて開設した教育界の草分け的学校です。

伝統ある校章は「知・仁・勇」を表す三光星。賢明な知性を持ち、チームワークを得意とする、チャレンジ精神旺盛な次代を生きるリーダーの姿を象徴しています。

文武両道の実践を可能にする校舎

成城の校舎は都営大江戸線「牛込柳町駅」西口から徒歩1分の場所に位置し、繁華街や大通りがなく安全に通学できる立地が魅力です。近県からのアクセスもよく、教育・研究機関にかこまれています。

こうした最高の校地に、体育館（バレーコート4面）、温水プール、図書館（蔵書3万5000冊）、人工芝のグラウンド、地下体育室、自修館（18時半まで開館のチューター常駐自習室）、カフェテリアなど、さまざまな施設が充実しており、都心にある学校ながら、生徒は伸びやかに活動しています。

文武両道主義のもと、やり抜く力を育てる

成城では、成城版グローバル教育として「エンパワーメント・プログラム」を展開しています。カリフォルニア大学の学生を招き、議論・企画・発表をすべて英語で行う学校独自の内容です。このプログラムを経験することにより、初日は消極的だった生徒も、最終日には自分の意見を物怖じせずに発表できるようになります。こうした主体性こそがグローバル・リーダーに求められる姿勢です。

また、成城は、先生と生徒の距離がとても近い学校です。自ら課題を発見し、解決策が見つかるまで考え抜く、多少失敗してもへこたれずに挑戦しつづける生徒を育てます。

成城は、2021年度より完全中高一貫校となりました。勉強も部活動もがんばって、最高の6年間を過ごしたいという欲張りな男子にうってつけの学校です。

⌑ SCHOOL DATA ⌑

- 東京都新宿区原町3-87
- 都営大江戸線「牛込柳町」徒歩1分
- 男子のみ816名
- 03-3341-6141
- http://www.seijogakko.ed.jp/

成城学園中学校

100年の歴史に引き継がれる理念

閑静な成城の住宅街が広がる「成城学園前駅」のすぐ近くに、成城学園中学校はあります。

運営する成城学園は、幼稚園から大学・大学院までを擁する総合学園です。教育理念として掲げている「個性尊重の教育」「自然と親しむ教育」「心情の教育」「科学的研究を基とする教育」の4項目は、全学園に一貫して受け継がれています。

中高だけでなく同じ敷地内にすべての学校があります。大学生と中高生が混じりあって歩いている姿はとても自然であり、キャンパスで学園生活を送る中高生は、身近に大学生の存在を感じることで、将来像を具体的に描くことができるようになります。

生きる力を育む6年間

成城学園は、中高6年間を2年ずつ3つの段階に分けています。中1・中2は学習面での基礎基本の充実をはかるとともに、海・山の学校という自然体験をとおして人格形成も行います。中3・高1では応用的な内容を学習し、また選択授業や課外教室等自分のやりたいことを選択する経験も持ちます。高2・高3はそれぞれの進路に合わせたコース別のクラス編成となります。

成城大学への内部推薦生の他大学併願は、全学部で自由化されており、浪人への不安を抱えることなく、希望する進路に向けて果敢にチャレンジすることが可能になっています。毎年、他大学併願の制度を利用したうえで大学受験に挑戦する生徒が多数います。

高2からのコース設定により、生徒の希望進路に対応した授業環境と指導体制が整えられており、しっかりとしたサポートを受けることができます。現在、成城大学へは50〜60%の生徒が推薦で進学しています。

創立100周年を記念して建設された新校舎のもとで、新たな歴史がスタートしている成城学園です。

⌑ SCHOOL DATA ⌑

- 東京都世田谷区成城6-1-20
- 小田急線「成城学園前」徒歩8分
- 男子363名、女子361名
- 03-3482-2104
- https://www.seijogakuen.ed.jp/chukou/

聖心女子学院中等科 〈帰国生入試のみ〉

多様に、グローバルに、よりよく生き抜く

聖心女子学院中等科では、学業をはじめとするすべての教育活動をとおして、ものごとを深く味わい、他者と共感できる豊かな心を養います。創造性に富む堅実な思考力と正しい判断力を育て、神の愛を受けた存在としての心の豊かさと、責任ある行動力を培います。

社会に役立つ人間の育成をめざしたカリキュラムの重点は、思考力と判断力の養成におかれています。聖心女子学院の特色ある一貫教育の流れのなかで、発達段階に応じて学習効果を高める工夫をしています。

英語教育では、世界に貢献することをめざして、4技能のバランスがとれた実践的な英語力を身につけることに主眼をおいています。中1から高3まで、少人数制のクラス編成で、生きた英語に触れ、自分の考えを的確に表現できる力を養うことをめざします。外国人教員による授業やイングリッシュデーなどの行事も実施しています。また、オーストラリア、アメリカ（3校）、カナダ、アイルランド、台湾への短期・長期留学（高等科）では、語学力の向上や異文化体験、姉妹校生徒との交流が経験できます。さらに、スピーチや英作文コンテストなどのコンクールにも積極的に参加し、多くの成果をあげています。

人間性を育てる情報教育

21世紀のグローバル社会に生きる生徒たちに求められる新しい学力の育成には、ICTを活用した授業展開が不可欠です。

聖心女子学院では小1からタブレットを、中3からノートPCを活用した学習を進めるなかで、情報化社会と正しくかかわる能力を育成します。そして、総合的な学習の時間などをとおして、被害者や加害者にならないよう、変容する情報化社会を生き抜く素養や判断力を育てます。

時代の要請に基づく「社会に貢献する賢明な女性」となるために、その基盤となる人間性を育てることを大切にしています。

🏫 SCHOOL DATA 🏫

- 東京都港区白金4-11-1
- 地下鉄南北線・都営三田線「白金台」徒歩10分
- 女子のみ375名
- 03-3444-7671
- http://www.tky-sacred-heart.ed.jp/

成立学園中学校

6年間で養う「見える学力」と「見えない学力」

「礼節・勤倹・建設」を校訓に、国際社会および地域社会が求める「グローバル」な人材を育てる成立学園中学校。未来を生き抜くには、「見える学力」（知識習得型の学び＝進学目標達成に必要な学力）と「見えない学力」（好奇心に基づく自己探究型の学び＝幅広い教養と発信力）の両方が重要だとして、これらをバランスよく伸ばしています。

「見える学力」を効果的に養成するために重視しているのは中1の初年度教育です。ノートの取り方からていねいに指導するとともに、iPadやオリジナルプリントの活用などで独自の学力向上システムを整えています。また、英語力をきたえる場として、ALTが常駐する「SGC（Seiritsu Global Center）」では、好きなだけ英語を話すことができるので、英検のスピーキング対策にも取り組むことができます。加えて、すべての教員がコーチングの研修を受けており、定期試験ごとの個別面談で的確なアドバイスを行っています。

見えない学力を養う自然と親しむプログラム

「見えない学力」は、さまざまな体験学習をつうじて育てます。たとえば、学校所有の田んぼで田植えから稲刈りまですべてにかかわる水田学習（中1～中3）、富士山でのチャレンジキャンプ（中1）、房総半島での海のフィールドワーク（中2）、屋久島と種子島宇宙センターでのアース・ツアー（中3）など、教科書では学べない感動を共有する多彩なプログラムを用意しています。

また、『ナショナル ジオグラフィック日本版』という雑誌を使った教育プログラム「ナショジオ学習」も特徴的です。日本で唯一のナショナル ジオグラフィック教育実験校として、同誌を読んで見つけた課題について、分析・調査、討論、プレゼンテーションなどを行うことで教養や発信力を養っていきます。こうした取り組みをとおして、「生きる力」につながる「学力」を育てています。

🏫 SCHOOL DATA 🏫

- 東京都北区東十条6-9-13
- JR線「赤羽」「東十条」徒歩8分、地下鉄南北線・埼玉高速鉄道「赤羽岩淵」徒歩14分
- 男子88名、女子41名
- 03-3902-5494
- https://www.seiritsu.ac.jp/

青稜中学校

東京
品川区　共学校

週6日制を堅持したていねいな指導

週6日制を堅持し、ていねいな指導を追求しつづける青稜中学校。校舎は「下神明」「大井町」「西大井」のいずれの駅からも徒歩10分圏内という、交通至便の地にあります。

教育の根底にあるものは「人間教育」です。どのような社会でも自ら幸せを築いていける人づくりを志し、心の教育を重視しており、教育目標には「意志の教育」「情操の教育」「自己啓発の教育」を掲げています。

困難にくじけない強い意志、他人の痛みを思いやる心や感謝する気持ち、美しいものに素直に感動する豊かな心、そして個性と能力を磨きつづけようという前向きな姿勢、このような心の力を育てることを教育の根幹に据えています。

英語学習への取り組み

こうした人間教育のもと、進学校として学力形成に全力をそそぎ、中高6年一貫体制を整えています。通常の授業だけではなく、生徒がじっくり向きあうことのできるさまざまな取り組みが目を引きます。

たとえば自学自習システムや「長期休暇講習」があります。講習は国語・数学・英語のみですが、高校では受験に向けて、もうひとつの学校と呼べるほど多彩な講座を設けています。

また、中1の夏休みには学校外にて3泊4日の英会話中心の「語学セミナー」が、中2・中3の夏休みには3週間の「セブ島研修」が実施されます。高校では「ニュージーランド英語研修」「海外短期留学」を実施しています。そのほか中学では「英語早朝学習」「English Fun Program」もあり、さまざまな角度からの英語学習への取り組みを実施しています。

高校では、国公立・理系大学への進学の対応を強化し、最も効率的に学べるように受験指導体制を整えています。この結果、進学実績が着実に向上し、さらなる伸びが期待されています。

SCHOOL DATA

- 東京都品川区二葉1-6-6
- 東急大井町線「下神明」徒歩1分、JR線・りんかい線「大井町」徒歩7分、JR線「西大井」徒歩10分
- 男子321名、女子223名
- 03-3782-1502
- https://www.seiryo-js.ed.jp/

世田谷学園中学校

東京
世田谷区　男子校

Think & Share の精神で教育を実践

「Think & Share」の教育理念を掲げ、優秀な人材を輩出する世田谷学園中学校。

仏教の禅の教えをもとにした人間教育を行うとともに、進学校として独自の教育を展開しています。

世田谷学園の「Think & Share」とは、釈尊の言葉「天上天下唯我独尊」を英訳したものです。「この世界で、私には、私だけが持っているかけがえのない価値がある。それと同じように、私だけではなくすべての人びとにその人だけが持っているかけがえのない価値がある」ことを表します。

この言葉の「Think」とは考える力を極限まで高め、自己の確立をはかるとともに進むべき道を見つけることで、「Share」とはまわりの人びとの意見に耳を傾け、お互いに助け尊重しあう大きな心を育てることです。こうして、生徒の学力向上だけではなく、人間的な魅力と社会性を磨いていくことに力をそそいでいます。

志望大学合格のための体系的授業

6年間を前・中・後期の3期に分け、志望大学合格のための進路別・学力別のカリキュラムを組む世田谷学園。2021年度から本科コース、理数コースの2コース制となりました。本科コースはじっくりと幅広く学び、高2で文理選択をするコース、理数コースは中学入学段階から理系学部進学を決めている生徒が対象で、理系プログラムが充実しています。

なお、本科コースでは、中3より、東京大学をめざす特進クラス1クラスと、学力均等の3クラスの計4クラスを編成しています。特進クラスは固定的ではなく、1年間の成績により、必要に応じて編成替えが行われます。

綿密な教育システムにより、2021年度は東京大学5名、京都大学2名、東京工業大学5名、一橋大学3名、北海道大学2名、早稲田大学69名、慶應義塾大学51名、上智大学24名と多くの難関大学合格者を輩出しています。

SCHOOL DATA

- 東京都世田谷区三宿1-16-31
- 東急田園都市線・世田谷線「三軒茶屋」徒歩10分、京王井の頭線「池ノ上」徒歩20分、小田急線・京王井の頭線「下北沢」徒歩25分
- 男子のみ670名
- 03-3411-8661
- https://www.setagayagakuen.ac.jp/

高輪中学校

東 京
港 区
男子校

高く・大きく・豊かに・深く

1885年創立の高輪中学校は、教育理念に「見えるものの奥にある　見えないものを見つめよう」を掲げ、「何事も表面を見るだけでなく、その奥にある本質を探究することが大切である」という精神を学び、さらに本質から得たものを、表現・伝達する方法・手段を身につけることをめざしています。教育方針は「高く・大きく・豊かに・深く」、教育目標は「大学へ進学させるための指導」と「人を育てる指導」です。

「大学へ進学させるための指導」は、学習指導・進路指導のことです。6年間を3期に分け、希望の大学に合格できる力を養っていきます。中1・中2の「基礎学力徹底期」は、国語・数学・英語の授業にじゅうぶんな時間をあてて基礎学力を定着させ、中3・高1の「進路決定・学力伸長発展期」で学力をさらに伸ばしていきます。さらに中3からは6クラスのうち2クラスを発展的な内容を扱う「選抜クラス」として設置します。高2・高3は「総仕上げ・進路達成期」で、高3の前半までに中高のカリキュラムをすべて学び終え、その後は演習に力を入れていきます。

宿泊行事でさまざまな経験を積む

「人を育てる指導」は生徒指導のことで、日々の生活や行事などをとおして、社会で活躍し、だれからも信頼される次代を担うリーダーを育てることを目標にしています。

行事は高学祭（文化祭）や体育祭などのほかに、ユニークな宿泊行事もあります。中1の「自然体験学習」は飯ごう炊さんや農場体験、工芸体験など盛りだくさんの内容で、中2の「農工芸体験学習」はグループごとに各農家に分かれての農作業体験や、伝統工芸の体験などをとおして日本の伝統や文化などを体験します。そのほか中3では「西日本探訪」、高2では「海外学校交流」を体験します。

このように学力の伸長と人格の育成の両方を大切にしている高輪です。

SCHOOL DATA

- 東京都港区高輪2-1-32
- 都営浅草線・京浜急行線「泉岳寺」徒歩3分、地下鉄南北線・都営三田線「白金高輪」徒歩5分、JR線「高輪ゲートウェイ」徒歩6分
- 男子のみ722名
- 03-3441-7201
- https://www.takanawa.ed.jp/

東京
神奈川
千葉
埼玉
茨城
寮制

玉川学園中学部

東 京
町田市
共学校

中学1年生から始まる大学教育への準備

61万㎡の敷地に大学・大学院、研究施設までが集う玉川学園。「世界標準の教育」「探究型学習」「全人教育」を柱とする主体的・対話的で深い学びにより、大学の学修に必要な資質・能力を育てます。①スーパーサイエンスハイスクール（SSH）指定校（14年目、3期指定期間2018～2022年度）、②IBワールドスクール（MYP・DP）認定校、③国際規模の私立学校連盟ラウンドスクエアの日本で初めての正式メンバー校でもあります。

玉川学園中学部の授業は、専任教員が常駐し関連教材が置かれた専門教室で行われます。

一般クラスの数学・英語では「習熟度別授業」を実施。英語は個に応じて外国人教師による授業割合を変え、高い表現力・コミュニケーション能力の獲得をめざします。ほかの教科では、特性に応じ知識やスキルを効果的に得る多様な授業が展開されています。また、IBワールドスクール認定校としての指導方法や評価法も取り入れられています。

国際交流もさかんで、2019年度は中高合計で年間204名を海外に派遣、中2の75％が海外研修に参加、海外生徒135名を受け入れるなど、国際感覚が磨かれる環境です。また、高大連携プログラムとして、玉川大学への内部進学希望者が高3より大学の授業を履修でき、入学後単位認定される制度があります。

STEAM教育を取り入れた探究型学習

STEAM教育とは、Science（科学）、Technology（技術）、Engineering（工学）、Art（芸術）、Mathematics（数学）の5領域に力を入れる教育方針で、科学技術の理解を深めると同時に、それらを利用して新しいものを生みだす力を養います。玉川学園では、理科教育の拠点「サイテックセンター」や探究型学習の拠点「マルチメディアリソースセンター」など充実した施設設備を活用し、ロボット研究やサンゴ研究などさまざまな分野の研究がさかんに行われています。

SCHOOL DATA

- 東京都町田市玉川学園6-1-1
- 小田急線「玉川学園前」徒歩15分、東急田園都市線「青葉台」バス17分
- 男子266名、女子275名
- 042-739-8931
- https://www.tamagawa.jp/academy/

あ行
か行
さ行
た行
な行
は行
ま行
や行
ら行
わ行

玉川聖学院中等部

世界をつなげる心を育てる女子教育

自分と他者を生かす心の教育

　玉川聖学院中等部における一人ひとりのすばらしい価値と可能性を信じるという教育理念は、「すべての人は神によって造られて神に愛されている」という聖書の言葉に立脚しています。自分の存在のすばらしさを知ることは、他の人の価値を同じように認める心の豊かさの土台になります。授業や校外活動には国内外の異文化の人びととであう機会が多く、他者を理解する心とともに、世界に目が開かれることで学習意欲が向上します。

体験を経験につなげる学習

　授業では、楽しく学ぶための参加型体験学習を重視。課題やミニテストの繰り返しによって基礎学力の定着をはかるとともに、中1から少人数制の授業を取り入れることできめ細やかなサポートをし、実力を伸ばします。弱点克服のため卒業生による個別補習も土曜

日に実施され、英語教育においてはネイティブ教師が中1から授業を行い、昼休みや放課後に開放されるEnglish Loungeではネイティブ教師と好きなだけ会話ができます。中3ではInternational Dayで10カ国以上の人びととの英会話体験をし、オーストラリア修学旅行では肌で感じる異文化をとおして国際感覚を身につけます。

　独自の6カ年の総合学習は、知識の蓄積とICT技術習得に加えて自分の問題意識を深める探究力を養います。中3で取り組む修了論文では大学レベルの論文技術を学び、高等部ではiPadを文具として使いこなす一方で、総合科人間学におけるグループ発表やディスカッションにより、幅広い発想力と表現力を身につけます。テーマ別に自由に参加できる校内・校外体験学習、TAP（玉聖アクティブプログラム）は進路選択につながるポートフォリオとして、体験を経験へと言語化する機会になります。

🏫 SCHOOL DATA

- ▼ 東京都世田谷区奥沢7-11-22
- ▼ 東急大井町線「九品仏」徒歩3分、東急東横線・東急大井町線「自由が丘」徒歩6分
- ▼ 女子のみ345名
- ▼ 03-3702-4141
- ▼ https://www.tamasei.ed.jp/

多摩大学附属聖ヶ丘中学校

丘の上の学舎で、基礎学力に裏打ちされた「考える力」を育てる

　「自主研鑽・敬愛奉仕・健康明朗」が教育目標。「少人数できめ細かい指導・本物から本質に迫る教育・主体性と協働性の育成」を3つの教育の柱として、時代の変化に対応したリーダーシップの養成と同時に、相互に支えあう心温かい精神を持ち、平和で平等な社会の実現をめざす人材の育成に努めています。キャンパスは緑豊かな丘の上にあり、室内温水プールや天体観測室などの設備も整い、生徒は充実した学園生活を送っています。

3段階で基礎学力をつける中高一貫教育

　中1〜中2を基礎・基本を習得する段階、中3〜高1を個性と進路適性発見の段階、高2〜高3を応用力をつけ、伸ばす段階と3つのブロックに分けて指導しています。

　英語ではデジタル教材を用いながら基本構文の理解と定着をはかると同時に、4技能を確実に伸ばすようプログラムされています。外国人教師によって英会話力やライティング

力も強化し、イングリッシュ・キャンプを導入して、中3でのニュージーランド修学旅行に結びつけています。数学は、すべての学年で授業→小テスト→「直しノート」（→再テスト）というサイクルで基礎学力の定着を徹底。国語は、中1から古典に親しみ、暗唱をとおして古語の美しいリズムを身体で覚えます。論理力や思考力を伸ばすために「言語能力の育成」に力を入れて指導しています。理科では中学3年間で100を超えるテーマを設け、恵まれた環境をいかして自然観察や実験を行っています。社会科では中1で年6回の社会科見学、夏季講習での現地フィールドワーク（希望制）を行い、論理力や思考力の育成に力点を置いています。

　そのほか、入学直後のオリエンテーション合宿、体育祭、文化祭（聖祭）、芸術鑑賞会などを実施しています。「本質へと迫る教育」により「学ぶ楽しさ」を感じながら学校生活を送れる多摩大学附属聖ヶ丘中学校です。

🏫 SCHOOL DATA

- ▼ 東京都多摩市聖ヶ丘4-1-1
- ▼ 小田急線・京王線「永山」バス12分またはスクールバス10分、京王線「聖蹟桜ヶ丘」バス16分またはスクールバス15分
- ▼ 男子223名、女子143名
- ▼ 042-372-9393
- ▼ https://www.hijirigaoka.ed.jp/

多摩大学目黒中学校

東京 目黒区 共学校

夢の実現に向けて妥協のない学校生活

夢の実現のために進化しつづける

多摩大学目黒中学校では、生徒一人ひとりが自分の特性に気づき、個性に合った進路希望を可能なかぎり高いレベルで実現できるように、学力増進のための独自のカリキュラムを編成しています。

中学校では独自教材を使用し、反復練習によって基礎基本を徹底して身につけます。また、週3日の朝テストや、毎日2時間分の宿題がでるので、自然と家庭学習の習慣を身につけることができます。そして高校では、中学時代に養った基礎を土台に、大学受験に即した授業を展開することで、大学合格に結びつく学力を身につけていきます。高2からは理系・文系に分かれ、希望進路に沿った柔軟な選択科目が用意されています。

目黒キャンパスからバスで約50分の場所に、あざみ野セミナーハウスがあります。ここは緑豊かな住宅地にあり、広大な人工芝の

グラウンド、冷暖房完備の教室、多目的体育館、テニスコート、宿泊設備などが整っています。クラブ活動での使用はもちろんですが、中学の間は、毎週1日あざみ野セミナーハウスで授業が行われます。いつもとはちがう自然豊かな環境で、心身ともにリフレッシュしながら学ぶことができるのです。

クラブ活動もさかんです。全国に名をとどろかせているサッカー部はもちろん、ダンス部や囲碁部など運動系・文化系にかかわらず、一流の指導者による指導と最高の環境がそろっています。

勉強も、クラブ活動も、大学進学も妥協しないのが多摩大目黒です。中学生のうちからしっかりとした進学指導が行われることで、多くの生徒が自分の進路目標を定め、希望の大学に合格していきます。近年では難関大学への合格者数も上昇し、国公立大学・早慶上理・G-MARCHの現役合格は86名を達成しました。今後への期待も高まっています。

SCHOOL DATA

- 東京都目黒区下目黒4-10-24
- JR線・東急目黒線・地下鉄南北線・都営三田線「目黒」徒歩12分、東急東横線・地下鉄日比谷線「中目黒」スクールバス
- 男子270名、女子100名
- 03-3714-2661
- https://www.tmh.ac.jp/

中央大学附属中学校

東京 小金井市 共学校

自分で考え、行動する力を身につける3年間

中央大学附属中学校は2010年、100年以上の歴史を持つ附属高校のもとに開校した比較的新しい学校です。また、中央大学は実学の探究、質実剛健という伝統を持つ大学です。実学とは理論を先行させるのではなく、実社会に役立つ学問を意味します。この伝統は附属中高においても継承され、いかされています。中高大の一貫教育によって、受験勉強にとらわれない学力の充実が可能です。さまざまな活動に積極的に参加できるため、伸びのびとした6年間を送ることができます。

そうした伸びやかさのなかで、知的好奇心を喚起する授業の数々を行っています。クラスは基本的に少人数で、一人ひとりの生徒に対してきめ細かな指導を行い、基礎学力の定着と発展をはかります。たとえば、「Project in English」ではネイティブ・スピーカーの指導のもと、身のまわりのさまざまなことがらについて、グループ調査や英語でのプレゼンテーションを行います。また、中3では学

校開設科目として「教養総合基礎」を設置しています。現在高校で実施されている「教養総合」(教科・分野横断型学習)へと連動する講座です。中3では確かな基礎学力の養成に加えて、探求型学習への対応力を磨きます。さらに、スクールランチと呼ばれる食育の時間では、実際に日本や世界の郷土料理を食べます。この食育も実学の象徴で、気候や風土などと合わせ、郷土料理が誕生した背景を五感で学ぶことになります。

中央大学との強い連携

スーパーサイエンスハイスクール(SSH)にふさわしく、理系、文系問わず、さまざまな授業で大学との連携がとられています。

大学生の授業に参加したり、大学の単位を先取りしたりすることもできます。大学の先生が高校に来て授業をすることもあります。

早いうちから大学を知ることで、将来の目標に沿った進路を選ぶことができます。

SCHOOL DATA

- 東京都小金井市貫井北町3-22-1
- JR線「武蔵小金井」徒歩18分またはバス、西武新宿線「小平」バス
- 男子229名、女子288名
- 042-381-5413
- https://chu-fu.ed.jp/

東京 神奈川 千葉 埼玉 茨城 寮制

あ行 か行 さ行 た行 な行 は行 ま行 や行 ら行 わ行

千代田国際中学校
<ruby>千<rt>ち</rt></ruby><ruby>代<rt>よ</rt></ruby><ruby>田<rt>だ</rt></ruby><ruby>国<rt>こく</rt></ruby><ruby>際<rt>さい</rt></ruby>中学校

〈2022年度より中学募集再開、校名変更予定〉

東京
千代田区

共学校

未来の世界に貢献する勇者を育てる学校に

2022年4月、武蔵野大学附属千代田高等学院が中学募集を再開、新たに校名も千代田国際中学校（予定）と改めます。千代田国際では、これまでの日本の教育の枠組みにはなかったまったく新しい価値を生みだし、未来の社会を変えていく学校モデルを、教員と生徒が全員でつくりあげていくことをめざしています。

そのために必要なものは、なにごとも他人事にしない「オーナーシップ」です。自己・他者・社会、すべての幸せを追求し、10年後、20年後の将来、世界を変えることのできる「チェンジメーカー」を育てていきます。

「CHIPS」をベースとした学校教育

「CHIPS」とはChiyoda International Purpose Spiralのこと。学びのPurpose（目的）を大切にしながら、日本で古来から大切にされてきた「守破離」の精神を、6年間で何度も繰り返すことで身につけていきます。本物の自由とは、基本の型があるからこそ生まれるものです。なにごともまずは基本となるパターンを繰り返し練習し、身につけることがスタートとなります。その後、そこに自分らしさを加えることで、自分なりの型へと昇華していきます。

理論と実践を交えた新しい時間割

時間割もこれまでの概念を覆すような、新たなかたちのものを作成します。午前の授業はおもに講義型で、必要な知識を体系的に、効率よく学んでいきます。いわゆる、知識やスキルをインプットする時間です。

一方で、午後は、午前に得た知識を使う時間として、さまざまなプロジェクト型の課題に取り組み、学びを深めていきます。

こうした科目学習とプロジェクト学習が、教育の両輪であると千代田国際は考え、その両方がバランスよく実践できるようなカリキュラムの整備を進めています。

⚑ SCHOOL DATA ⚑

- ▼ 東京都千代田区四番町11
- ▼ 地下鉄半蔵門線「半蔵門」・地下鉄有楽町線「麹町」徒歩5分、JR線ほか「市ヶ谷」「四ツ谷」徒歩7分
- ▼ 募集予定男女100名
- ▼ 03-3263-6551
- ▼ https://www.chiyoda-international.jp

筑波大学附属中学校
<ruby>筑<rt>つく</rt></ruby><ruby>波<rt>ば</rt></ruby><ruby>大<rt>だい</rt></ruby><ruby>学<rt>がく</rt></ruby><ruby>附<rt>ふ</rt></ruby><ruby>属<rt>ぞく</rt></ruby>中学校

東京
文京区

共学校

智育、徳育、体育のバランスのとれた生徒をめざす

伝統が生んだ独自のカリキュラム

筑波大学附属中学校の歴史は古く、首都圏の大学附属校のなかで最も伝統ある学校のひとつです。筑波大学附属では、中等普通教育を行うとともに、筑波大学における生徒の教育に関する研究に協力し、学生の教育実習の実施にあたる使命を持っています。

「強く、正しく、朗らかに」の校訓のもと、魅力的な授業と、多種多彩な活動をとおして、確かな知性と自主自律の精神の育成をめざしています。

日本の教育の中枢を担ってきた東京高等師範学校、東京教育大学の歴史と伝統を引き継ぎながら、全人教育をめざし、どの授業も基礎・基本をふまえつつ、より高度で魅力的な学習内容となっており、自分の頭で考え、心で感じ、全身で表現する学習が繰り広げられています。

生徒の自主性と独創性を育てる学校行事もさかんで、運動会や学芸発表会などはおおいに盛りあがります。また、中1での富浦海浜生活、中2での黒姫高原生活と、自然のなかでの共同生活をとおして、「生き方」を学びます。

約80%が併設の高等学校へ

併設の筑波大学附属高等学校へは、およそ160名（約80%）の生徒が進学することができます。附属高校側の実施する試験を受け、その結果と中学在学中の成績との総合評価で進学が決定します。

多くの生徒が附属高校へ進学することから、受験勉強にあくせくすることなく、中学の3年間を使って将来へ向けて自分を見つめ直すことができます。

なお、高校入試での外部からの募集は男女約80名です。附属高校からは、毎年東京大学をはじめとする難関大学へ多くの合格者を輩出しています。

⚑ SCHOOL DATA ⚑

- ▼ 東京都文京区大塚1-9-1
- ▼ 地下鉄有楽町線「護国寺」徒歩8分、地下鉄丸ノ内線「茗荷谷」徒歩10分
- ▼ 男子305名、女子309名
- ▼ 03-3945-3231
- ▼ http://www.high-s.tsukuba.ac.jp/

筑波大学附属駒場中学校

抜群の大学合格実績を誇る進学校

筑波大学附属駒場中学校は、首都圏随一の進学校としてその名声は高く、例年附属高校の卒業生の半数近くが東京大学に合格しています。2021年度は東京大学に89名（現役70名）、国公立大学に128名（現役89名、東京大学含む）合格しています。

筑波大附属駒場は抜群の大学合格実績にもかかわらず、むしろ受験勉強にとらわれることなく、すぐれた資質を有する生徒たちの個性を伸ばそうとする教育姿勢を貫いています。「学業」「学校行事」「クラブ活動」の3つの教育機能を充実させ、心と身体の全面的な人格形成をめざしています。

中学・高校ともに制服はなく、ほとんど校則もない自由な校風のなか、生徒の自覚に基づき、自ら考えて行動することの大切さを体得できる教育を具現化しています。

さまざまなテーマで行う探究活動

筑波大附属駒場では、教科の学習とは別に、総合学習として、より大きなテーマを設定し、さまざまな角度から学んでいきます。

「水田学習」は同校の前身である駒場農学校時代から伝承されてきた「学校田」で行われます。中1では田植え、稲刈り、脱穀など、米づくりの一連の流れを体験し、そのお米で餅つきをしたり、新入生や卒業生に赤飯として配ります。

また、「地域研究」として、中2では東京地区、中3で東北地方について、それぞれの地域の歴史、文化、産業、経済、自然などからテーマを設定し、文献にあたって事前調査し、現場でのフィールドワークを行い、レポートにまとめます。さらに中3では、高度で専門的な内容を学ぶ「テーマ学習」が用意されています。

原則的に全員が進学する附属高校ではスーパーサイエンスハイスクール（SSH）の認定を受け、理科系分野の高度な研究活動が行われています。

SCHOOL DATA
- 東京都世田谷区池尻4-7-1
- 京王井の頭線「駒場東大前」徒歩7分、東急田園都市線「池尻大橋」徒歩15分
- 男子のみ368名
- 03-3411-8521
- https://www.komaba-s.tsukuba.ac.jp/

帝京中学校

「一貫特進コース」充実躍進

創立者の遺訓「力むれば必ず達す」を基本に、知・徳・体のバランスの取れた、健全で責任感のある人材の育成をめざす帝京中学校。中2までに中学課程を終える先取り教育となっていますが、週6日制でじゅうぶんな授業数を確保しているため、無理なく学習とクラブ活動を両立させることが可能です。

中学からの入学生は完全一貫制で、6年間という長い時間を使い、揺るぎない基礎の土台の上に「主体性・思考力・表現力」を育成し、広い視野を育てていきます。

帝京には「一貫進学コース」、「一貫特進コース」のふたつのコースがあります。

「一貫進学コース」はさまざまな体験をとおして、知識を身につけ多様な進路目標に対応した教育をめざすのに対して、「一貫特進コース」は目的を明確化し難関大学進学をめざします。このコースでは長期休暇中の授業をはじめ、授業・家庭学習・確認テスト・補習・個別指導のサイクルのなかで、「わかるまで、できるまで」サポートしながら学力向上をはかっています。6年後に全員が一般入試で国公立大学を含めた難関大学に現役合格することを目標に掲げています。

特待生制度は「一貫進学コース」、「一貫特進コース」の両方で設けています。

なお、系列大学への進学は医療系を含め3割程度です。

充実した学習支援

「一貫進学コース」では、夏期・冬期の長期休暇の講座が充実しています。5教科を中心とした多くの講座が開かれ、さらに5教科以外の科目や防災探究など、日常の授業では体験できない内容も盛りこまれています。

先生と生徒の距離が近いのも特徴のひとつです。放課後や昼休み、生徒たちは当たり前のように職員室を訪ね、コミュニケーションがはかられ、生徒からの質問があれば、いつでもその場で補習授業が行われています。

SCHOOL DATA
- 東京都板橋区稲荷台27-1
- 都営三田線「板橋本町」徒歩8分、JR線「十条」徒歩12分
- 男子200名、女子106名
- 03-3963-6383
- https://www.teikyo.ed.jp/

帝京大学中学校

チャレンジを応援する進学校

東京
八王子市
共学校

　緑豊かな多摩丘陵の一角にある帝京大学中学校。「努力をすべての基とし、偏見を排し、幅広い知識を身につけ、国際的視野に立って判断ができ、実学を通して創造力および人間味豊かな専門性ある人材の養成を目的とする」という建学の精神に則り、心身ともに健やかで責任感に富む公人を育てることをめざしています。

　生徒一人ひとりの夢の実現をめざす帝京大中は、生徒に多くの選択肢を持ってもらいたいと考えています。そのため、その中高一貫教育システムは、帝京大学の附属校でありながら大学受験を目標においた、志望大学への進学を実現させるものとなっているのです。

確実にステップアップする6年間

　授業は週6日制で、クラスは約30名で編成されています。中1・中2では基礎学力の充実を目標に、学力均等クラス編成のもと、数学と英語で習熟度別授業が行われています。中3より、難関大学進学をめざし応用力を磨くⅠ類、基礎学力を固めて弱点を克服するⅡ類に分かれます。そして、高2からは少人数による進学指導を行います。5教科必修型カリキュラムを組む「東大・難関国立コース」と志望に応じて科目を選択する「国公立・早慶コース」「私大コース」に分かれ、さらにコース間でも文系と理系ごとのカリキュラムを用意しています。高3で行われる演習の授業では、志望大学に合わせたオリジナル教材による添削指導と個別指導により、難関大学受験で要求される記述力、表現力を育てていきます。

　熱意ある教員とそれに応える生徒たちの研鑽の結果、卒業生は笑顔で卒業していきます。中3沖縄修学旅行やグローバル教育のさきがけとして、高1ニュージーランド語学研修、高2でのアジア地域への修学旅行も生徒の学ぶ意欲を高めてきました。卒業後に花開く生徒を育てるために生徒とともに進化しつづける帝京大中です。

SCHOOL DATA
- 東京都八王子市越野322
- 小田急線・京王線・多摩都市モノレール「多摩センター」、JR線「豊田」、京王線「平山城址公園」スクールバス
- 男子167名、女子203名
- 042-676-9511
- https://www.teikyo-u.ed.jp/

田園調布学園中等部

豊かな人生を歩める人になるために

東京
世田谷区
女子校

　建学の精神「捨我精進」（わがままを抑え、目標に向かって努力精進する、いまの自分を乗り越えていく）のもと、体験を重視した教育活動を展開している田園調布学園中等部。

　卒業時には、より高い目標を定めて学びつづけることができる人、他者と協同しながら主体的に行動できる人、よりよい社会の実現に向けて探求し実践できる人となれるよう、生徒たちを育てています。

チャレンジをつづける6年間

　田園調布学園では、協同探求型授業・土曜プログラム・行事・クラブ活動など体験を重視した教育活動を展開。生徒が学内での活動にとどまらず、外の世界へも積極的にふみだしていくようあと押しします。

　独自の協同探求型授業は、アクティブラーニングを導入し、主体性や協同性を持って課題解決にのぞむ授業です。個で考える時間を確保しつつ、ペアワークやグループワークも取り入れ、課題を発見・解決していく授業を各教科で展開します。ひとり1台ノートパソコンを持ち、授業や行事などの成果をクラウド上に集積。自分自身の取り組みを見直し、つぎの学びへつなげています。英語の授業に加えて、希望者が自宅で好きな時間にできるオンライン英会話レッスンも導入しました。

　また、「土曜プログラム」はワークショップやディスカッションなどの体験重視型の講座をとおして思考を深め、表現力を養う「コアプログラム」と、一人ひとりが好きな講座を選択し、興味・関心を高め、視野を広げる「マイプログラム」の2種類があります。

　「学習体験旅行」・「体験学習」に加え、中3対象の「ホームステイ」、高校生対象の「ニュージーランドターム留学」・「エンパワーメントプログラム」といった海外研修や語学研修も充実。多くの体験を積み重ね、他者や社会、世界へと視野を広げ、どう生きるかを自分自身に問いかけるきっかけとなります。

SCHOOL DATA
- 東京都世田谷区東玉川2-21-8
- 東急東横線・東急目黒線「田園調布」徒歩8分、東急池上線「雪が谷大塚」徒歩10分
- 女子のみ628名
- 03-3727-6121
- https://www.chofu.ed.jp/

東海大学菅生高等学校中等部

スローガンは「Dream ALL」

「Dream ALL」とスローガンを掲げる東海大学菅生高等学校中等部。この言葉には、生徒が自発的に行動し、熱意や探究心を持って努力するためには「Dream（夢）」、将来の目標がなければならないとの思いがこめられています。ALLとは「Act（活動）・Learn（学び）・Live together（共生）」を意味し、これら３つをキーワードに日々の教育が行われています。

ALLのA、「活動」とは、クラブ活動や国際交流をさします。クラブ活動では、全国制覇を４度果たしたテニスクラブ、全国大会ベスト８のバスケットボールクラブ、首都圏私立中学校サッカーチャンピオンズカップで４度の優勝に輝いたサッカークラブなど、どのクラブも活発に活動しています。

国際交流としては、国内でヨコタミドルスクールと交流するとともに、オーストラリア語学研修を実施しています。また、ふだんの学校生活でもネイティブスピーカーの教員と触れあう機会が多く設けられています。

そして、東海大菅生では2021年４月、医学・難関大コース（６年一貫）をスタートしました。６年間の学びで、東海大学医学部をはじめ国公私立大学医学部および難関大学への現役合格をめざします。教育目標には「世界標準（Global Standards）世界に通用する人間作り」が掲げられています。

「共生」を学ぶ環境教育

東海大菅生では、広大な敷地と、キャンパスのまわりに広がる自然を存分に活用した環境教育が日常的に行われています。校内には畑もあり、野外体験学習や自然体験学習など、教室を飛びだした授業が多く取り入れられています。こうした教育をつうじて、生徒は自然と「共生」していくことを学ぶのです。

人間性にあふれた知性と感性を磨き、自らの力で生きていくたくましさを身につけ、これからの21世紀を担う真の創造性を持つ生徒を育む東海大菅生です。

🏫 SCHOOL DATA 🏫

- 東京都あきる野市菅生1468
- JR線「秋川」「小作」、JR線・西武拝島線「拝島」バス、JR線「八王子」スクールバス
- 男子170名、女子57名
- 042-559-2411
- https://www.tokaisugao-jhs.ed.jp/

東海大学付属高輪台高等学校中等部

中高大10年間の一貫教育

2007年、伝統ある東海大学付属高輪台高等学校を母体に、中等部が開校。学内・学外からの「中高大10年間の一貫教育制度を整えてほしい」という強い要望から誕生しました。

東海大学の付属校としての特性をフルにいかした、受験勉強だけでは得られない「深い学び」を実践しています。

余裕のある学校生活が、工夫を凝らした主体的・対話的・協働的な学びを可能にします。

文理融合のハイレベルな教育

中高一貫教育のもと、６年間を有効に使い学習します。受験のための「先取り学習」は行いません。それにかわり、自ら問題を発見・解決する力、自主的に学びつづける態度の育成をめざした授業を行っています。全教室にアクティブボードが設置され、2019年度新入生より、それぞれがタブレットPCを持参するBYOD※、学校にある650台のICT機器を活用し、アクティブラーニングを取り入れ

た密度の濃い授業を行っています。

また、英語教育にも力を入れています。１年はネイティブスピーカーとバスで東京見学（Tokyo Sightseeing Tour）、２年はネイティブスピーカーとの国内宿泊研修（English Summer Camp）、そして３年はホームステイをともなうオーストラリア海外研修を行います。ふだんの授業も含め、英語に触れる体験を多く取り入れ、日常に必要な語学力を養います。

母体となる東海大高輪台高校は、文部科学省からスーパーサイエンスハイスクール（SSH）に継続指定されています。こうした環境をいかし、中等部においてはSSHクラスの高校生が中等部生の理科実験で高度な内容を指導する特別授業も設けています。

東海大高輪台は、英語教育だけ、理数教育だけではなく、どちらも高いレベルでの「文理融合」と、学習と部活動の両立をめざす教育を行っています。

※個人所有のIT機器を活用すること

🏫 SCHOOL DATA 🏫

- 東京都港区高輪2-2-16
- 地下鉄南北線・都営三田線「白金高輪」徒歩6分、都営浅草線「泉岳寺」徒歩7分、JR線「高輪ゲートウェイ」徒歩9分
- 男子58名、女子27名
- 03-3448-4011
- https://www.takanawadai.tokai.ed.jp/

東京家政大学附属女子中学校

<small>とうきょうかせいだいがくふぞくじょし</small>

東京 板橋区 　女子校

KASEIからSEKAIへ　自主自律の精神を6年間の教育で

「愛情・勤勉・聡明」を生活の要として掲げ、確かな基礎学力や英語力、つねに学びつづけ、探究しつづける力を育成している東京家政大学附属女子中学校。創立以来140年にわたり、生徒の個性を引き出す女子教育を実践し、社会に有為な人材を輩出してきました。

都内にありながら広大で緑豊かな東京家政大学構内に校舎をかまえ、安心して学べる環境を整えています。

特進クラスを設置し、国公立大学や早慶など難関私立大学への進学をめざす一貫教育を行い、同時に人間として豊かな成長を遂げるためのプログラムを展開。2020年度よりIB（国際バカロレア）教育・MYP候補校として、教育のいっそうの充実をはかるとともに、自主自律の精神を育んでいます。

キーワードは「豊かな言葉」

東京家政大附属では「豊かな言葉」を持ち、学びつづける女性の育成をめざしています。

学習においては、共同学習（アクティブ・ラーニング）で多様な課題に主体的に向きあい、説明する力や聴く力を身につけます。

英語教育では、英検準2級を目標とした受験指導や、Oxford Big Read Contestへの参加、中2以降はLE（ラーニングインイングリッシュ）週1時間、レシテーション、ALTによるプライベートレッスン、高円宮杯全日本中学校英語弁論大会への参加など、さまざまなプログラムに積極的に取り組んでいます。希望者はオンライン英会話の受講や海外短期研修（中3）への参加も可能です。

キャリア教育では「ヴァンサンカン・プラン」として、25歳の自分を思い描き、東京家政大学の学部・学科研究や体験授業、OG講演会の実施などをとおして夢の実現をめざします。総合探究の時間には、教科の枠を越えて身近な疑問から問いを立て、情報収集、ポスターセッションなどで探究力を高めるとともに、考えつづける姿勢を涵養します。

SCHOOL DATA

- 東京都板橋区加賀1-18-1
- JR線「十条」徒歩5分、都営三田線「新板橋」徒歩12分、JR線「東十条」徒歩13分
- 女子のみ188名
- 03-3961-0748
- https://www.tokyo-kasei.ed.jp/

東京純心女子中学校

<small>とうきょうじゅんしんじょし</small>

東京 八王子市 　女子校

自ら学び、ともに考え、未来を切り拓く人へ

東京純心女子中学校のキャンパスは、四季折りおりの花々が咲き誇り、風そよぐ自然豊かな環境です。その教育は、「泉のように湧き出る子どもたちの無限の可能性を引き出し、その叡智を人のために用いてほしい。そして炬火のように周りを明るく照らし、世界で活躍する世の光となるような女性に育ってほしい」という願いのもと行われています。

生徒の「学び」と「こころ」を育てる

教育の柱は「叡智」「真心」「貢献」の3つ。創立以来の「全人教育」です。

「叡智」として特徴的なのは、図書館司書教諭と教科担当教員が連携して行う「探究型学習」（全学年）です。たとえば、中3の公民では、時事問題をひとつ採りあげ、そこから問いを立て、図書館で情報を集めて考えます。そして最終的にクラスで10分間スピーチをするという取り組みが行われています。

「探究型学習」以外にも、国語は問題点と解決策を考えるクリティカル・シンキングが行われています。また、美術では本の感想を絵で表現したり、音楽では合唱コンクールの練習計画を立てたりするなど、受け身ではなく生徒たち自身が考え、発信する授業が多数実施されています。

「真心」と「貢献」では、校内の畑で農作物などを育て、自然とのかかわり方や生命の尊さを学ぶ「労作」を行ったり、「宗教」の時間にはキリスト教の教えから他の人々と協働する大切さを身につけたり、ボランティア活動で自分や他者をいかしていく心を育んでいます。また、個々の生徒に親身に寄り添い、個性を伸ばします。こうした教育により、生徒は自分と他者をかけがえのない存在だと考えられるようになり、「いかなるところでもなくてはならぬ人に」という創立以来受け継がれている精神を身につけていくのです。学びあい、切り拓く人として、世界に貢献できる人間を育成する東京純心女子です。

SCHOOL DATA

- 東京都八王子市滝山町2-600
- JR線「八王子」・京王線「京王八王子」バス10分
- 女子のみ110名
- 042-691-1345
- https://www.t-junshin.ac.jp/jhs/

東京女学館中学校

133年の伝統と新たな時代への革新

東京女学館中学校は、1888年、「諸外国の人々と対等に交際できる、豊かな国際性と知性にあふれた気品のある女性の育成」を目標に設立されました。この建学の精神は、現在の教育目標である「高い品性を備え、人と社会に貢献できる女性の育成」に受け継がれています。中1は「スクール・アイデンティティ」という授業で、学校の歴史や伝統を学ぶとともに、20年以上前の卒業生から当時の学校や生徒のようすについて話を聞きます。こうした学びをつうじて東京女学館の一員としての意識を高め、女学館生としての誇りを胸に、自分自身やともに過ごす仲間を大切に思う気持ちを育んでいきます。

充実した英語教育と多彩な教育活動

創立以来、英語教育に力を入れています。全学年の授業で習熟度別授業や少人数の分割授業が実施されていて、英語による発表やスピーチの機会も数多く、生徒が主体的に学ぶきめ細かい指導が行われています。中2で実施している全員参加のイングリッシュ・キャンプは、3日間英語漬けの日々を過ごすなかで、実践的なコミュニケーションを経験し、英語がわかる、話せるという達成感を味わうことで学習意欲も高まっていきます。ほかにも多くの国際交流や英語学習のプログラムが用意されていて、6年間で英語の4技能をバランスよく伸ばすことができます。

ICT教育も進んでおり、生徒にはひとり1台タブレット端末が貸与され、各教科で積極的に活用されて、学習効果を高めています。

伝統的な自国文化も重視しており、中1では茶道、中2では華道の体験授業があり、おもてなしの心や日本独自の美意識を学び、自国文化への関心を高め、理解を深めています。

生徒一人ひとりが、中高の6年間をとおして品性を高め、国際性を身につけ、それぞれの個性をいかした進路に向けて羽ばたいていけるように全力で支援しています。

SCHOOL DATA

- 東京都渋谷区広尾3-7-16
- 地下鉄日比谷線「広尾」徒歩12分、JR線ほか「恵比寿」バス8分、JR線ほか「渋谷」バス10分
- 女子のみ746名
- 03-3400-0867
- https://www.tjk.jp/mh/

東京女子学園中学校

世界を舞台に活躍する「世界とつながる女性（ひと）」の育成

東京女子学園中学校では「人の中なる人となれ」を教育理念に掲げ、これからの時代にふさわしい能力と見識を持つ女性を育んでいくため、生徒一人ひとりを主人公とし、それぞれの志を高め、建学の精神である「教養と行動を兼ね備えた女性（ひと）の育成」をめざしています。教科学習・学校行事・探究学習を重視し、楽しく学ぶことにより、未来を生き抜く力、いわゆる地頭をきたえていきます。そのため、独自に設定した5つのスキル『Data Science』、『Design , Arts』、『Global Vision』、『Creative Thinking』、『Basis』を身につけ、未来を創造できる力を育みます。日本だけでなく、世界を舞台に活躍する「世界とつながる女性（ひと）」として成長できるような教育活動を実践しています。

ワクワクする探究型学習

中学ではまず、基礎基本の徹底・学習習慣の定着をはかるべく、その後の学習に必要な基礎事項（本の読み方、文章の書き方など）や小学校、前学年の復習などを盛りこんだTSP（東京女子学園スタートアッププログラム）を毎年4月の初めに全学年で実施しています。高度な思考力と学習技能を獲得するための学びの準備期間です。

また、ひとり1台iPadを持ち、いつでも、どこでも、だれとでも学びの幅を広げられるようさまざまな場面でICT機器を利活用しています。各教科の授業では学習アプリを積極的に取り入れ、繰り返し学ぶことで学習内容を定着させています。そして座学だけでなくフィールドワークや実験・実習、体験型学習によって探究心を育んでいきます。東京女子学園独自のDSDA（データサイエンス、デザイン、アーツ）プログラムや、中学1年から高校2年までいっしょに学ぶ探究ゼミをとおして、自分が生きていく未来を見据え、自分にできることを実践していく行動力のある女性（ひと）を育成します。

SCHOOL DATA

- 東京都港区芝4-1-30
- 都営浅草線・三田線「三田」徒歩2分、JR線「田町」徒歩5分、都営大江戸線「赤羽橋」徒歩10分
- 女子のみ43名
- 03-3451-0912
- https://www.tokyo-joshi.ac.jp

東京成徳大学中学校
とう きょう せい とく だい がく

東京
北区　共学校

６年後に広がる多様な可能性

東京成徳大学中学校は、2025年に創立100年目を迎える共学の一貫校で、世界が目まぐるしく変化している今日のなかで、日々進化している学校です。正解がひとつではないといわれるいま、一人ひとりが自分の人生を充実させるためには、自分自身で考えられる人間に成長することが重要だと東京成徳大中では考えられています。そのため、未来を見据え、現代を生き抜いていくために求められる力の育成を実現しています。

生徒は学力・豊かな人間性・心身の健康・創造性・グローバルマインド・対応力といった要素を6年間で主体的に獲得し、自分の可能性に気づいていくことで、自ら学ぶべき道に向かって自走していきます。東京成徳大中ではそうした力の獲得をあと押しするスタイルが確立されています。

未来を見据え、世界を知る、自分を拓く

完全6年一貫教育体制で、6年間の時間を有効的に活用し、各教科で基礎学力の構築にとどまらない実践的なコミュニケーション力や表現力など、社会で活用できる力を養っています。

3期・週6日制を基本に、数学と英語は中2より習熟度別の少人数授業を実施。英語は週8時間のうち3時間が外国人講師による授業となっており、中学では年間10時間以上のオンライン英会話も取り入れています。

また、校外学習などを含む探究活動の機会も豊富で、生徒それぞれが自発的な学びを行っています。そこではICT機器を積極的に活用し、より深い学習をめざしています。自己のなかにインプットした体験をプレゼンテーションや動画作成を通じて表現するなど、主体的な学びが可能となっているのです。

2022年度より始まる新課程のなかでは、上記のような社会的なスキルの構築を目的としたオリジナルプログラムへの取り組みをさらに強化していきます。

SCHOOL DATA

▶東京都北区豊島8-26-9
▶地下鉄南北線「王子神谷」徒歩5分、JR線「東十条」徒歩15分
▶男子145名、女子106名
▶03-3911-7109
▶https://www.tokyoseitoku.jp/js/

東京電機大学中学校
とう きょう でん き だい がく

東京
小金井市　共学校

校訓「人間らしく生きる」にこめられた思い

東京電機大学中学校の校訓は「人間らしく生きる」。この言葉には「人間だけが夢を見ることができ、人間だけが夢を実現する意志をもっている、夢の実現に向かって努力していこう」という熱い思いがこめられています。

3つの教育と体験学習プログラム

教育の柱となるのは、基本的な文書作成方法からプログラミングまで学べる「情報教育」、充実した施設を使い楽しみながら自然科学への関心を高める「理科教育」、モーニングレッスンやクラスを2分割してそれぞれにネイティブがつく英会話の授業等をつうじて実践的な英語力を養う「英語教育」です。この3本の柱により、探求心と表現力を養い、グローバルに活躍する人材を育んでいます。

生徒一人ひとりが「自分が見守られている」と安心感を感じながら学べるように、教員が個々の学習状況を把握できる30名程度でのクラスが編成されている点も特徴です。また、中3からは習熟度別のクラスとなり、応用力養成クラスと基礎力充実クラスに分かれた指導が展開されます。生徒の学習到達度は、年5回の定期考査や模擬試験、年2回の到達度確認テストにより確認されます。さらに、各試験終了後に配布される試験内容の分析シートや成績一覧表をもとに講習・補習が行われるので、生徒が目標達成するための学力をしっかりと身につけることができます。

ていねいな学習指導体制に加え、理科・社会科見学会・総合学習など、多彩なプログラムが用意されています。「人間らしく生きる」とは、自分の責任において生きる道を決めていくことです。そのための5つの力「視野の広さ」「向上心」「冒険心」「共感力」「専門性」を身につけていきます。

着実に学力を伸ばしていくことができる環境と、経験を重視する体験学習プログラムにより、生徒が夢を実現するための力を育む東京電機大中です。

SCHOOL DATA

▶東京都小金井市梶野町4-8-1
▶JR線「東小金井」徒歩5分
▶男子331名、女子139名
▶0422-37-6441
▶https://www.dendai.ed.jp/

東京都市大学等々力中学校

ノブレス・オブリージュとグローバルリーダーの育成

　2009年、東横学園中学校から東京都市大学等々力中学校へと校名変更し、2010年には共学部がスタート。いま、時代に合わせてどんどんステップアップしている学校です。東京都市大等々力が理想とする教育像は「ノブレス・オブリージュ」です。これは、誇り高く高潔な人間には、それにふさわしい重い責任と義務があるとする考え方のことです。この言葉に基づいた道徳教育・情操教育で、将来国際社会で活躍できるグローバルリーダーを育成することをめざしています。

独自の4つの学習支援システム

　東京都市大等々力では、独自の学習支援システムにより、基礎基本の修復から難関大学現役合格対策、自学自習力の育成から問題解決思考の育成まで、生徒にとって必要不可欠な力を具体的なプログラムで着実に実行しています。それが「システムＺ（ゼータ）」、「システムLiP」、「英語・国際教育プログラム」、「理数教育プログラム」というシステムです。

　「システムＺ（システム４Ａの発展形）＝TQ＋AI」は、AIが生徒の学力に応じて学習プログラムを作成し、生徒に提示するシステムです。

　「システムLiP」はLiteracy（読み取り能力）とPresentation（意思伝達能力）を組みあわせた造語で、文章を正しく読み解く能力と、人を「その気にさせる」説明力を養う独自のシステムです。

　「英語・国際教育プログラム」は、多読や速読を重視した読解重視の英語力を育成するものです。

　そして、「理数教育プログラム」は工学系の大学である東京都市大学グループのメリットをいかした高大連携プログラムを展開しています。

　こうしたさまざまな取り組みにより、東京都市大等々力では、生徒たちの高い進路目標の実現と高潔な人生を保証しています。

🏫 SCHOOL DATA 🏫

- ▼ 東京都世田谷区等々力8-10-1
- ▼ 東急大井町線「等々力」徒歩10分
- ▼ 男子292名、女子319名
- ▼ 03-5962-0104
- ▼ https://www.tcu-todoroki.ed.jp/

東京都市大学付属中学校

FLYING TO THE WORLD　勉強も部活も100：100

　東京都市大学付属中学校は、中高一貫の男子校です。「明るく元気な進学校」として、難関大学合格を目標とした教育プログラムで大学合格実績を伸ばしており、受験生からも注目を集めています。

　校訓である「誠実・遵法・自主・協調」の４つの言葉には、豊かな知性を身につけるとともに、人格を磨き、自己の実現が社会の発展と人類の幸福に貢献できる人間に育ってほしいという願いがこめられています。

コース制で、新たな学習システム

　東京都市大付属では、中高の6年間を前期・中期・後期に分け、発達段階に応じた教育を行っています。前期（中１・中２）の2年間では、基本的な生活習慣と学習習慣を身につけることに重点がおかれています。

　中期の中3からはⅠ類の数学・英語の一部で習熟度別授業を実施します。職業研修や4000字以上の中期修了論文、学部学科ガイ

ダンスなどが行われ、卒業後の進路を考えていきます。また、実験レポートの作成や情報科のプレゼンテーション、論文の執筆などをとおした主体的な学びを早くから導入し、新しい大学入試制度が求める「思考力・判断力・表現力」を育てます。後期では、高2での文理選択をベースに自己の進路目標を達成できるような指導体制となっています。理系では理科の授業を増やし、実験も充実、文系は国公立大学への受験も見据え、数学と理科を全員必修としています。

　Ⅱ類（最難関国公立大コース）とⅠ類（難関国公立私大コース）のコース制により、早い段階から目標が明確になるほか、レベルに応じた授業が展開されることが生徒の理解度アップにつながり、さらなる大学合格実績の向上が期待されています。

　また、帰国生入試や英語を入試科目とするグローバル入試を実施し、英語力の高い生徒には週4時間の取り出し授業を行っています。

🏫 SCHOOL DATA 🏫

- ▼ 東京都世田谷区成城1-13-1
- ▼ 小田急線「成城学園前」徒歩10分、東急田園都市線・東急大井町線「二子玉川」バス20分
- ▼ 男子のみ772名
- ▼ 03-3415-0104
- ▼ https://www.tcu-jsh.ed.jp/

東京
神奈川
千葉
埼玉
茨城
寮制

東京農業大学第一高等学校中等部

東京
世田谷区
共学校

知を耕し夢をかなえる力を育む

「実学で知を耕し、深めていこう」という意味の「知耕実学」を教育理念とする東京農業大学第一高等学校中等部。実学主義を掲げ、実験や体験を多数行うことで、確かな学力とともに、問題発見・解決能力を育んでいます。

実験・体験・授業をバランスよく配置

東農大一の最も特徴的な学習は「稲から学ぶ」をテーマとする総合学習です。

中1は稲作実習に取り組みます。「実験・観察」の基礎を習得しながら、その過程ででた疑問の答えを生徒たち自身が探すことで問題発見・解決能力も養います。また東京農業大学と連携した「お米の科学」というプログラムが実施されます。大学教授の指導を受けながら、大学の設備を使ってデンプンのかたちを調べたり、炊いたごはんの味を比べたりする魅力的な取り組みです。さらに中3では味噌づくりに挑戦します。

総合学習により、興味、関心の芽が育まれ、生徒たちは学びのおもしろさを感じるとともに、知的充実感も得られるようになるのです。

こうした実験・体験を重視する一方、学習のサポート体制も万全です。中等部では国語・数学・英語の時間数が多く設定され、基礎学力をしっかりと養成していきます。そして、高校ではオリジナルプリントを数多く使用することで、苦手科目にも興味を持てるように工夫されています。そのほか、終礼前の小テストや主要教科の単元ごとの確認テストなど、学んだことを確実に定着させるためのプログラムも用意されています。

大学進学では、併設の東京農業大学への進学も可能ですが、他大学を受験する生徒も多く、国公立大学や難関私立大学受験にも対応できる体制が整えられています。

東農大一は、実験・体験・授業をバランスよく配置することで、生徒が「より高く、より意欲的な夢の実現」をめざせる力を育てています。

SCHOOL DATA

- 東京都世田谷区桜3-33-1
- 小田急線「経堂」・東急世田谷線「上町」徒歩15分、東急田園都市線「用賀」バス10分
- 男子237名、女子338名
- 03-3425-4481
- https://www.nodai-1-h.ed.jp/

あ行
か行
さ行
た行
な行
は行
ま行
や行
ら行
わ行

東京立正中学校

東京
杉並区
共学校

自分の幸せに「周りの人の幸せ」も含む生徒を育てる

持続可能な社会を見据えた課題解決型学習

東京立正中学校ではSDGsを共通の取り組みとして、カナダ・カンボジア・オーストラリアなど海外との交流を行います。事前学習をし、英語4技能を高めつつ、自らを表現する力を養います。また、多種多様な民族や文化と接するため、ホームステイや体験型校外学習などで多様な価値観を受け入れられる人間力を育みます。国境を越えて全地球的な規模で活躍しようとするとき、英語力は必須です。ツールとして使いこなせるよう“コミュニケーション能力”を養います。また、世界を受け入れるには、なによりもまず“日本人としてのアイデンティティ”を確立し、自分を見つめることが重要と考え、異文化理解と多様な価値観を受け入れる生徒を育てます。

生徒を幸せにする5つの目標

・「文部両道の極み」を希求し、授業がおもしろくて部活動が楽しい学校です。どちらにも一生懸命で、まっすぐな心の軸を持ち、数値でははかれない力を持った人材を育てます。

・「全員レギュラー」で補欠はひとりもいない学校として、生徒がいる場所がちゃんとあり、それぞれのちがいを認めあう自己肯定感と他者肯定感が育ち、仲間をひとりも諦めません。

・「挑戦と失敗」を応援する学校です。生徒が積極的な行動を起こし、失敗をし、そこから学び、つぎの挑戦をしていく学校です。

・「なぜ」を追求する学校です。テレビや雑誌、インターネットから流れる情報を、それが正しいとのみにしてはいけません。

・「教室から世界を変える」と挑戦する学校です。仮に教室が世界の縮小であるなら、教室からでも世界をいい方向に変える一歩が生まれると考えます。

東京立正は幸せな人生が送れるようみなさんをサポートします。

SCHOOL DATA

- 東京都杉並区堀ノ内2-41-15
- 地下鉄丸ノ内線「新高円寺」徒歩8分
- 男子21名、女子61名
- 03-3312-1111
- https://www.tokyorissho.ed.jp/

桐朋中学校

時代を貫く自主の精神を育む

　毎年、難関大学合格者を数多く輩出している桐朋中学校のキャンパスには、「みや林」と呼ばれる雑木林をはじめ、豊かな自然が広がっています。そのなかに2016年に誕生した新校舎は、約6万5000冊の図書や500本以上のDVDを備えた図書館、英語4技能の習得に力を発揮するCALL教室、壁3面に黒板のある教室など、桐朋が日々の授業で大切にする「本質的な学び」を追求するのにふさわしいつくりです。

　なかでも注目は理科に関する施設で、物理・化学・生物の各分野に特化した6つの実験室、口径40cmの反射式望遠鏡を設置した天文ドーム、本格的なデジタルプラネタリウム、太陽を安全に観測できる太陽観測所などがそろっています。桐朋ではこうした環境をいかして、教員作成の自主教材を積極的に取り入れながら、「豊かな教養と高い知性」を養うための授業を展開しています。それらは大学入試はもちろん、変化の激しい現代社会を生き抜くうえでも役立つものです。

個性を尊重する自由な校風が魅力

　開校以来、生徒の個性を尊重し、自主性を育む教育を実践してきたことも特筆すべき点です。自由な校風で知られ、生徒を規制するような校則はほとんどありません。そんな雰囲気のなかで、「自由だからこそ自分で判断することの大切さを自覚する」と、生徒は自由本来のあり方を体得しています。

　そのため、行事や部活動は生徒主体で行われています。行事は各行事ごとに結成された実行委員を中心に企画・運営がなされ、部活動は同好会を含め、39の部が活発に活動しています。全国レベルで活躍する部もあるなか、サイクリング部や交通研究部、パズル部などのユニークな部もあります。

　充実した教育環境のもと、さまざまなことに全力投球しながら「時代を貫く主体性」を身につけられる桐朋です。

SCHOOL DATA

▼ 東京都国立市中3-1-10
▼ JR線「国立」「谷保」徒歩15分またはバス
▼ 男子のみ802名
▼ 042-577-2171
▼ https://www.toho.ed.jp/

桐朋女子中学校

創造性にあふれた人間の育成をめざす

　桐朋女子中学校の教育理念は「こころの健康　からだの健康」です。心身ともに健やかに成長することが教育のすべてに優先すると考えており、生徒一人ひとりの生きる希望や意欲を引き出すことを大切にしています。

　「自分と他者とは違っているのが前提であり、そこにこそ人の存在する価値を見出せなければならない」との指導が、学校生活をとおして行われます。自分にはない他人の考え方や感性に耳を傾け、理解しようと努力するとき、ほんとうの理解力が生まれ、真の成長へとつながります。それをひと言で表せば、豊かな感性とそれを支える高い知性の双方をバランスよく身につけた、創造性にあふれた人間の育成をめざす教育実践だと言えます。

「ことば」の力を創造力に

　「ことば」は、思考と表現のための道具（ツール）です。桐朋女子では、この「ことば」の力がすべての活動の土台になると考え、さまざまな活動を行っています。授業では、見学、実習、実験、制作などを数多く取り入れています。ほんものに触れ、自ら考えたことをレポートにまとめたり、スピーチやディベートをとおして考えを共有し互いに高めあったりするなかで、「思考力」「発想力」「表現力」などを伝統的に育んできました。

　また桐朋女子には、ホームルームや生徒会、クラブ活動、文化祭や体育祭など、生徒が主体的に取り組み、活躍できる場が多くあります。生徒たちは学校生活のなかに自身の居場所を持ち、はたすべき役割を見出します。

　こうした学校生活をとおして、自ら生き方を創造し切り拓いていく人材を育成します。実際に国公立大学や難関私立大学、芸術系大学、海外大学など進学先は多様で、さらにその後の多岐にわたる道へとつながっています。

　なお、桐朋女子は長きにわたり積極的に帰国生を受け入れており、その存在は、学校生活全般において大きな刺激となっています。

SCHOOL DATA

▼ 東京都調布市若葉町1-41-1
▼ 京王線「仙川」徒歩5分
▼ 女子のみ488名
▼ 03-3300-2111
▼ https://www.toho.ac.jp/

東洋英和女学院中学部

女子校

キリスト教に基づく教育

「神から愛されて存在する私達だからこそ、神を敬い、互いに愛し合い、隣人のためにつくさねばならない」

聖書のこの教えは、初代校長マーサ・J・カートメルが1884年に東洋英和女学院中学部を創立して以来、一貫して受け継がれてきた建学の精神です。

この教えを柱に心と知性を養い、自分の将来の夢を実現し、他者のために自分をいかす女性を育てることを目標としています。

伝統ある英語教育

少人数制で、聞き、話し、読み、書く。中1ではネイティブの教師による英会話の授業が週2時間。受験用の英語力の習得にとどまらず、英語圏の行事や文化を学び、生きた英語を身につけることをめざしています。

英語で発信する力を培う特別プログラムも充実。中1はクリスマス英語劇、短い詩の暗唱、中2は自分の夢や尊敬する人物について原稿を書いて発表するスピーチコンテスト、中3は演説や詩の暗唱をするレシテーションコンテストと500ワード以上のスピーチを実施。英語を用いて自分で表現、発信する機会が豊富に用意されています。

カナダミッションによって築かれた英語教育は、いまも新しい創意工夫を加えて継承されています。

希望進路に合わせた時間割を自分自身でつくる

高1から選択科目の履修が始まり、高2からは、希望進路に合わせた時間割を自分でつくります。ホームルームは、理系・文系などのコース別ではなく、毎朝の礼拝後は各々が選択した授業に分かれ、終礼時に再びクラスに集まります。

このように進学希望先の異なる生徒が多様な価値観のなかで高校生活を送ることはよい刺激となり、かつ卒業後の幅広い友人関係を築くことにもつながります。

⊞ SCHOOL DATA ⊞

▶ 東京都港区六本木5-14-40
▶ 都営大江戸線「麻布十番」徒歩5分、地下鉄日比谷線「六本木」・地下鉄南北線「麻布十番」徒歩7分
▶ 女子のみ599名
▶ 03-3583-0696
▶ https://www.toyoeiwa.ac.jp

東洋大学京北中学校

共学校

本当の教養を身につけた国際人を育てる

充実した進学指導

東洋大学の附属校である東洋大学京北中学校。そのメリットをいかしつつ、高校では国公立大学の受験にも対応したカリキュラムを導入し、他大学進学のためのサポート体制も整えています。放課後には、講習・補習を行う「ASP(After School Program)」を設定。また自習室も完備し、集中して自主学習に取り組むことができます。自習室には大学生のチューターが5人常駐しているので、いつでも質問が可能です。さらに学校のPC教室や自宅では、予習・復習、発展学習など自分のペースで学習することができるWeb学習システム（スタディサプリ）で学習を深めます。

テーマは「より良く生きる」

建学の精神である「諸学の基礎は哲学にあり」の言葉を胸に「より良く生きる」ことを学校生活のテーマとします。自ら考え、論じあうことで、自問自答する力「哲学的に考える力」を養います。古今東西の「名著精読」、さまざまな分野で活躍する専門家による「生き方講演会」、また、実体験の学びとして「刑事裁判傍聴学習会」や「哲学ゼミ」などのプログラムを実践します。多様な価値観を理解するとともに自己の人生観、世界観を築き、社会に有用な人材を育てます。

東洋大学との中高大連携の学び

東洋大学に通う外国人留学生と英語でコミュニケーションをはかる「Let's Chat in English！」では、年齢が近いからゆえの親近感や身近な話題に花が咲き、英会話に対する照れや尻ごみの気持ちを克服させるのに大きな効果をもたらしています。さらに、食環境科学部との連携による「未来の科学者育成プロジェクト」では教授や学生たちといっしょにさまざまな理科実験に取り組み、科学への関心を高めています。

⊞ SCHOOL DATA ⊞

▶ 東京都文京区白山2-36-5
▶ 都営三田線「白山」徒歩6分、地下鉄南北線「本駒込」徒歩10分、地下鉄丸ノ内線「茗荷谷」徒歩17分、地下鉄千代田線「千駄木」徒歩19分
▶ 男子181名、女子190名
▶ 03-3816-6211
▶ https://www.toyo.ac.jp/toyodaikeihoku/

トキワ松学園中学校

東 京 / 目黒区 / 女子校

世界を視野に未来を創造する「探究女子」を育てる

　創立から105年を迎えたトキワ松学園中学校は、建学の精神に「鋼鉄に一輪のすみれの花を添えて」という言葉を掲げます。これには創立者である三角錫子先生が生徒たちに贈った言葉「芯の強さと人を思いやる優しさをもち、バランス感覚のよいしなやかな女性であれ」という思いがつまっています。

「探究女子」を育てる3つの教育

　トキワ松学園は「世界を視野に未来の社会を創造する"探究女子"を育てる」という教育目標を掲げています。高校からは文理探究コース（英語アドバンス・英語スタンダード）と美術デザインコースに分かれ、生徒一人ひとりに合ったコースで、夢の実現をめざしています。

　「思考力教育・国際力教育・美の教育」の3つを教育の柱とし、その中心となる「思考力教育」では、これまでトキワ松学園が図書室を中心に行ってきた調べ・考え・発表する授業を深化させた独自の教科「思考と表現」で思考力の土台を築いています。

　「国際力教育」では、全学年でネイティブスピーカーの教員が担当する英語の授業があり、聞く力と話す力を育てています。また、トキワ松学園では「英語を使って世界を知る」ことを大切にしており、高校では世界情勢を英語で学ぶ授業「グローバル・スタディーズ」を受け、大学で国際関係を学んだり、海外大学へ進学する生徒が増えています。

　また、「美の教育」としては中学で美術の授業が週2時間ずつあり、2021年度からは放課後の美術教室「トキ美」をスタートしています。高校からは美術デザインコースに進むことができ、さらに併設の横浜美術大学へ希望者全員が進学できる特別推薦制度もあります。美術デザインコースに進まない生徒にとっても、ものを見る力や発想力、美しさを感じ取る力がきたえられ、心身のバランスのとれた女性へと成長できる学校です。

🎓 SCHOOL DATA 🎓

- ▼ 東京都目黒区碑文谷4-17-16
- ▼ 東急東横線「都立大学」徒歩8分、東急東横線「学芸大学」徒歩12分
- ▼ 女子のみ189名
- ▼ 03-3713-8161
- ▼ https://tokiwamatsu.ac.jp/

豊島岡女子学園中学校

東 京 / 豊島区 / 女子校

「未来を創る女性」の育成をめざして

　豊島岡女子学園中学校では、毎朝授業前に全校に静寂のときが訪れます。1mの白布に赤糸でひたすら針を進める「運針」です。1日の始まりを心静かに迎える「5分間の禅」ともいえるこの時間は、集中力を養う心の鍛錬の時間です。

　クラブ活動や学校行事もさかんです。クラブには生徒全員が所属します。文化部・運動部合わせて47もあり、桃李連という阿波踊りの部もあります。

磨かれる個性と学力向上は隣りあわせ

　生徒も先生もすべての授業に全力投球でのぞむ姿勢があり、多様な進路選択を可能にします。授業の密度が濃く内容もハイレベルであるため、授業をじゅうぶんに活用することで志望大学に合格できます。個々の志望に沿ったサポート体制も整えており、合格実績においては理学・工学系統が最も多く、次いで経済・経営・商学系統、医学系統、法学系統が

つづきます。医学系統は総数約180名です。

　中高時代は、協調性や企画力、行動力、リーダーシップといった『人間力』を養うことも大切です。豊島岡女子学園では、さまざまな場面で、互いに刺激しあいながら高めあっていける環境があります。

　豊島岡女子学園では、未来を生きる生徒たちが、自ら道を切り拓くたくましい人になることを願い、課外活動として、多種多様な取り組みを行っています。たとえば、教科の枠を越えた課題を探究するAcademic Dayやモノづくりプロジェクト、グローバルな視点を育む海外研修や模擬国連活動などです。こうした独自の教育と生徒たちの活動の成果が認められ、2018年度から文部科学省指定のスーパーサイエンスハイスクール（SSH）となりました。科学的思考力と主体的な課題解決能力、および国際性など、生徒自身が未来を創っていく力を育てるために、学園全体で探究活動によりいっそう力を入れています。

🎓 SCHOOL DATA 🎓

- ▼ 東京都豊島区東池袋1-25-22
- ▼ 地下鉄有楽町線「東池袋」徒歩2分、JR線ほか「池袋」徒歩7分
- ▼ 女子のみ795名
- ▼ 03-3983-8261
- ▼ https://www.toshimagaoka.ed.jp/

東京 / 神奈川 / 千葉 / 埼玉 / 茨城 / 寮制

あ行 / か行 / さ行 / た行 / な行 / は行 / ま行 / や行 / ら行 / わ行

獨協中学校
（どっきょう）

東京
文京区
男子校

自信と誇りを身につけ社会貢献できる人間へ

1883年、獨逸学協会によって設立された獨逸学協会学校を始まりとする獨協中学校では、ていねいな指導のもと、生徒の可能性を伸ばし、社会貢献のできる人材を育てています。一人ひとりが自身の成長を感じ、6年後に自信と誇りを身につけられるように生徒を導いていきます。

発達段階に合わせた教育プログラム

獨協教育の特徴は、6年間を2年ずつの3ブロックに分け、第1ブロックを基礎学力養成期、第2を学力伸長期、第3を学力完成期と位置づけて、生徒の発達段階に合わせた教育活動を行っていることです。

第1ブロックから毎日の予定や学習時間の管理を生徒自身が行い、自立の心を育てます。第2ブロックからは、深く学ぶ選抜クラスとじっくり学ぶ一般クラスに分かれ、論理的思考力の育成をめざし、中3では「研究論文」に取り組みます。そして、第3ブロックでは、将来を見据え、それまでに身につけた学力や思考力を統合していき、高2から文系・理系、高3では「国公立」・「難関私大」・「医学部」・「私大」コースに分かれて学習を行います。

各ブロックには、多彩で充実した内容の行事がバランスよく配置されているので、生徒はさまざまな課題に取り組み、多くの刺激を受けながら多面的な成長を遂げることが可能です。また進路指導では、有名大学見学会、進路ガイダンス、OB体験談など、学年ごとに豊富なプログラムが用意されています。その結果、国公立大学や難関私立大学、医学部に多くの合格者を輩出しつづけています。

獨協は、完全中高一貫制で行う質の高いカリキュラムと、人間として成長できるさまざまな機会を用意することで、己の力を自分以外のだれかのために発揮し、みんなの未来を切り拓くことができる「社会の優等生」を育てていきます。

⚜ SCHOOL DATA ⚜

- 東京都文京区関口3-8-1
- 地下鉄有楽町線「護国寺」徒歩8分、地下鉄有楽町線「江戸川橋」徒歩10分、地下鉄副都心線「雑司が谷」徒歩16分
- 男子のみ648名
- 03-3943-3651
- https://www.dokkyo.ed.jp/

ドルトン東京学園中等部
（とうきょうがくえん）

東京
調布市
共学校

世界に広がる教育メソッド「ドルトンプラン」を実践

2021年4月、ドルトン東京学園中等部は開校3年目を迎えました。

校名の由来となった「ドルトンプラン」とは、約100年前にアメリカの教育家ヘレン・パーカスト女史が、詰めこみ型の教育への問題意識から提唱した学習者中心の教育メソッドのことです。世界各地で実践され高い評価を得ています。

生徒が主体的に学びを創出

「自由」と「協働」のふたつの原理に基づく「ハウス」「アサインメント」「ラボラトリー」を3本の柱にして、生徒一人ひとりの知的な興味や旺盛な探究心を育て、個人の能力を最大限に引き出すことを大きな特徴としています。

「ハウス」とは、異学年混成でつくられるホームルームと考えればわかりやすいでしょう。生徒同士のさまざまな交流のなかで視野を広げ、協力して学校行事をつくりあげる過程で社会性や協調性、リーダーシップを身につけます。

「アサインメント」とは、教科ごと・単元ごとにつくられた「学びの設計図」です。生徒はこれをもとに「いつ・なにを・どのように学ぶか」を決め、学びを設計する力を培います。学びへの意欲を引き出し、計画性と責任感を養います。

「ラボラトリー」とは、教員と1対1、また少人数のグループで自分の学びを追究する時間です。知的好奇心や思考力・創造力を最大限に引き出します。

これらドルトン東京学園の学びを実践するために設計されたのが、あちこちに「多様な学びや交流が生まれる仕掛け」がある校舎です。図書館と協働学習スペースが一体化したラーニングコモンズ、学校中どこでも個人端末がつながる全館無線LAN、上質な研究設備や芸術空間。ドルトン東京学園には、学ぶ楽しさがあふれています。

⚜ SCHOOL DATA ⚜

- 東京都調布市入間町2-28-20
- 小田急線「成城学園前」・京王線「つつじヶ丘」バス
- 男子211名、女子132名
- 03-5787-7945
- https://www.daltontokyo.ed.jp/

中村中学校

社会で必携の「非認知型"智力"」を育成

1909年に創立された中村中学校の建学の精神は「機に応じて活動できる女性の育成」です。112年前、すでに21世紀に求められる力を予見し、女子教育に邁進してきました。現在も中高一貫の女子校として、社会にでてから必要となる数値化できない非認知型"智力"をつけるべく、それを5つの「チカラ」と整理して、その育成に努めています。

非認知型の5つの「チカラ」を身につける

具体的には、①「地球規模で考え、足元から行動を起こすチカラ」②「人と上手な関係を構築するチカラ」③「思考・判断し文字化するチカラ」④「考えて行動するチカラ」⑤「自らサイクルを回し続けるチカラ」の5つです。さらに5つの「チカラ」を身につけていくなかで、視覚や交友の幅、思考や表現の幅、そして行動や評価の幅を広げていきます。

正解のない問いに満ちたこれからの時代、従来の枠組みや価値観にとらわれない柔軟な対応力が求められます。中村の卒業生は6年間のなかで培ったこれら5つの「チカラ」を土台に「人生の幅」を広げ、社会にでてからも建学の精神である「機に応じて活動できる」ことをめざします。

もちろん学力も身につける

数値化できる「認知型学力」の育成にも力をそそいでおり、すべての学問の土台となる日本語力と、世界で必要となる「意思疎通のための英語力」を磨いているのも特徴です。

読書指導やクリティカル・シンキング、あるいは「100本表現」をつうじて日本語力を高める一方で、日常の授業はもちろんのこと、国内・海外サマースクールやEnglish Day、また高校国際コースの1年留学など生きた英語に触れる機会を数多く設けています。その結果、中3終了時にはTOEFLでCEFRのA2（英検準2級レベル）に到達している生徒が80%を超えています。

SCHOOL DATA

▼ 東京都江東区清澄2-3-15
▼ 地下鉄半蔵門線・都営大江戸線「清澄白河」徒歩3分
▼ 女子のみ153名
▼ 03-3642-8041
▼ https://www.nakamura.ed.jp/

日本工業大学駒場中学校

「日駒教育構想」を展開

日本工業大学駒場中学校では、100年以上の歴史のなかで大切にしてきた教育理念をいかしながら、変化の激しい時代に生きる若い人たちの成長をさらに応援するため「日駒教育構想」を展開しています。大学進学実績のさらなる伸長をめざすとともに、①国語教育と言語技術を教育の中核に据えること、②英語教育と海外留学の充実化、③日本工業大学駒場らしい新たな理数教育の開発、④新しいコミュニケーション教育とキャリア教育の展開、⑤ものを創る感動体験の追求、の5つを基本骨格としてさらなる躍進をめざします。

高校普通科は3コース

基礎基本に重点をおいた中学3年間を送ったあと、高校進学時には担任や保護者との面談を重ねて3つのコースに分かれます。

「特進コース」は国公立大学や難関私立大学をめざすカリキュラムが組まれたコースです。学習支援も充実しており、校内の講習はもちろん、国公立大学や最難関私立大学合格をめざすための日本工業大学駒場付属の学習塾・「光風塾」の運営も魅力のひとつです。

「進学コース」は私立大学への進学をめざすコースです。高2から、文系、理系に分かれます。放課後は部活動や委員会など、挑戦したいことに思いきり打ちこめる環境が整っています。

「理数コース」は工学基礎力を高校のうちに身につけ、難関大学理工系学部の現役合格をめざすコースです。入試科目の数学・英語・理科を3年間で徹底的にきたえ、入試に備えます。

英語の学習環境としては、専任ネイティブ教員が4名おり、中学では週2回、クラスを2分割して英会話を行っています。身につけた英語力は、中3全員が参加する台湾研修旅行においても発揮されています。

生徒全員の夢をかなえるよう、教員一丸となって応援する日本工業大学駒場です。

SCHOOL DATA

▼ 東京都目黒区駒場1-35-32
▼ 京王井の頭線「駒場東大前」徒歩3分、東急田園都市線「池尻大橋」徒歩15分
▼ 男子335名、女子46名
▼ 03-3467-2130
▼ https://www.nit-komaba.ed.jp/j/

日本学園中学校

人は得意な道で成長すればよい

日本学園中学校では日々の学習習慣を身につける「デイリーレッスンノート」や放課後の自学自習の時間「にちがく講座」で基礎的・基本的な学力と主体的な学習態度を身につけます。オリジナルプログラム「創発学」では「体験」を核に新たな"好奇心"と、学びつづけるための原動力である"動機"を生みだします。そのうえでALTを交えた合科型の授業やICT、グループワークやディベートを用いた問題解決型授業を導入し、思考力・判断力・表現力を磨きます。

新たな「気づき」を生む創発学

創発学は、「自ら創造・発信できる力」を伸ばすための日本学園のオリジナルプログラムです。第一次産業（林業・農業・漁業）の現場で〈体験・取材〉して〈まとめ→発表〉します。一連の学習過程をとおして、創造的な思考力を伸ばし、プレゼンテーション能力を向上させます。中3では「15年後の自分」をテーマにして、職業人にインタビューし研究論文を作成・発表します。また、全員で「オーストラリア語学研修」（ホームステイ）に行きます。創発学は、日本語と英語を駆使し、両輪で育てる21世紀型教育プログラムです。

高い倫理観を持つ真の国際人育成

英語教育では、英会話でのALTのみの授業、ふだんの授業のなかに、ALTとのチーム・ティーチングを取り入れるほか、中1では東京英語村、中2ではブリティッシュヒルズで実際に英語を使う機会を設けて中3でのオーストラリア語学研修へつなげていきます。創発学で育む高い日本語力の土台の上に英語力を伸ばすことを目標としています。

1885年、東京英語学校として創立した日本学園は日本人として主体性を確立し、さらにグローバルな人材を育成することを目標としてきました。「人は得意な道で成長すればよい」は創立者杉浦重剛の言葉です。

⊞ SCHOOL DATA ⊞

▶ 東京都世田谷区松原2-7-34
▶ 京王線・京王井の頭線「明大前」徒歩5分、京王線・東急世田谷線「下高井戸」徒歩10分、小田急線「豪徳寺」・東急世田谷線「山下」徒歩15分
▶ 男子のみ75名
▶ 03-3322-6331
▶ https://www.nihongakuen.ed.jp/

日本大学第一中学校

中高一貫教育をいかした充実の教育環境

2022年に創立110年を迎える日本大学第一中学校は、校訓である「真（知識を求め、真理を探究する）・健（心身健康で鍛錬に耐える力を持つ）・和（思いやり、協調の心を培う）」のもと、「絆を重んじ、良き生活習慣をもった次世代人の育成」を行う伝統ある学校です。

中学では、充実した教育環境のなか、豊かな知識と人間性の基礎を育てることを目標として、「基礎学力の向上」「個性を伸ばす教育」「健全な人間性を育む」の3つに重点をおいた教育が行われています。また、さまざまな行事を行い、そのなかで豊かな人間性を育んでいます。

高校受験の必要がない中高一貫教育の利点をいかし、習熟クラスを編成し、効率のよい授業を進めていきます。これにより、数学・英語では苦手の克服と得意の深化を並行し、基礎学力の充実と向上に重点をおくことができます。

高校3年間で進路実現への力をつける

高校に入ると、生徒一人ひとりの将来の夢や適性をふまえ個性に合った進路を見つけ、その進路実現へ向けた指導が行われます。高校での教育の特色は4項目あります。「確かな力を身につける」「総合大学付属のメリットを活かす」「自主性・責任感を育む」「思いやりを大切にする」の4つで、中学3年間で培ってきた学力や人間的な力をさらに発展させていくことに主眼がおかれています。

高2から文系・理系それぞれで日本大学進学クラスと難関大学進学クラスに分かれますが、そこからもわかるように、日本大学の付属校でありながら、難関大学進学クラスがおかれることで、生徒の進路選択の幅を広げているのは大きな特徴といえるでしょう。

日本大学第一では、100年を超える伝統を持つ校風のなか、ゆとりある充実した教育が行われています。

⊞ SCHOOL DATA ⊞

▶ 東京都墨田区横網1-5-2
▶ 都営大江戸線「両国」徒歩1分、JR線「両国」徒歩5分
▶ 男子404名、女子236名
▶ 03-3625-0026
▶ https://www.nichidai-1.ed.jp/

日本大学第二中学校
にほんだいがくだいに

確かな学力と社会人基礎力を育む

　静かな住宅街の緑豊かで広大な敷地内には、杉並区百景にも選ばれた銀杏並木があり、四季折りおりの美しい姿が見られる日本大学第二中学校。卒業生は4万4000余名を数え、実業・研究・スポーツ・芸能などの各界に多彩な人材を数多く輩出。日本大学の建学の精神「自主創造」の精神を重んじ、生徒自ら将来の進路を切り開けるよう、学園一体となった支援を展開しています。おおらかで明るいという校風のもと、6年間をかけて、さまざまな人とのであいや多様な経験の繰り返しを経て、温かみと思いやりあふれるひとりの人間として大きく成長していきます。

基礎・基本の徹底、底力を養う

　中学の授業は、全教科にわたって基礎・基本の徹底に重点をおき、とくに授業進度が速いということはありません。むしろ、あわてず急がずに「授業に集中すること」・「家庭学習の習慣つけること」の2本柱を軸に立て、じっくりと基礎学力の定着をはかり、確かな学力を身につけさせます。なかでも英語と数学については、週2時間を「演習」の分割授業にあて、現在の理解に合わせた授業を行うとともに、放課後も週ごとに「学習点検の時間」(補習)が設けられ、学習の遅れが取り戻せるような配慮がとられています。

付属校随一の進学実績

　併設高校へは、ほぼ全員が進学。高校生活は、新たに入学してきた仲間との混在クラスでスタート。高校からは併設の日本大学への推薦制度があり、2年次春・3年次春・秋の3回に分けて行われる基礎学力到達度テストや在学中の成績によって推薦が決まります。

　付属校ながら進路選択先は多彩で、理系選択者が多いのが特徴です。例年、日本大学へ進学する生徒は約30%、難関私立大学への指定校・公募推薦での進学も約30%、合わせて約60%の生徒が推薦で進路決定をしています。

SCHOOL DATA

- 東京都杉並区天沼1-45-33
- JR線・地下鉄丸ノ内線・地下鉄東西線「荻窪」徒歩15分
- 男子364名、女子354名
- 03-3391-5739
- https://www.nichidai2.ac.jp/

日本大学第三中学校
にほんだいがくだいさん

明確に正義を貫く強い意志を育む

　日本大学第三中学校では、建学の精神「明・正・強」を「明確に正義を貫く強い意志」ととらえ、その意志を持った生徒の育成をめざしています。キャンパスは緑豊かな多摩丘陵にあり、東京ドーム3個分もの広さを有する恵まれた学習環境となっています。

　郊外の丘陵地ですが、Wi-Fi環境は最高レベル。GIGAスクール構想にも対応できています。iPadは生徒全員に貸与されており、新型コロナウイルス感染防止対策による休校時にも双方向のオンライン授業によって、生徒の学習環境を守ることができました。

　また、英語では中2から、数学では中1から、複数の教員によるチームティーチングが行われています。国語では、読書に親しんでもらおうと課題図書の内容を問う「読書課題テスト」を行ったり、中学3年間で4万2195ページを読破する「読書マラソン」にも取り組むようにしています。

　総合的な学習の時間を利用して、大学卒業後の職業意識を早めに持つよう指導しています。「明確な目標」を持った生徒たちは、それに向かって自ら強い意志で進んでいきます。

幅広い選択肢から希望の大学へ進む

　高校3年間の学業成績・人物評価などによる内申と日本大学付属生約1万人と同時に受ける基礎学力到達度テストの成績によって、日本大学への推薦資格を得ることができます。

　さらに、模擬試験などにも数多く取り組むことで、生徒の実力を多角的に分析し、理数系国公立大学・医科歯科系大学への入試にも対応できるような指導体制を整えています。そのため、近年は他大学への進学者も増えており、その割合は日本大学への進学者(約40%)を超えるほど(約60%)になっています。このように、生徒一人ひとりに合った適切な進学指導を行う日本大学第三は、これからも多くの生徒の希望に応える教育を展開していくことでしょう。

SCHOOL DATA

- 東京都町田市図師町11-2375
- JR線・小田急線「町田」、京王相模原線ほか「多摩センター」、JR線「淵野辺」バス
- 男子493名、女子345名
- 042-789-5535
- https://www.nichidai3.ed.jp/

日本大学豊山中学校

校訓は「強く　正しく　大らかに」

日本大学豊山中学校は、日本大学付属校唯一の男子校として「強く　正しく　大らかに」を校訓に掲げ、校訓のとおり「大らか」で多彩な生徒が生活しています。日本大学の設置する学校となり67年を迎え、伝統にさらに磨きをかけるとともに、いっそうの発展をめざします。2015年度完成の校舎は、地下2階から地上1階までが広々としたアリーナで、最上階の11階には10コースを備える温水プールも設置されています。また、教員や生徒のタブレット端末と、全教室に完備された電子黒板を学習に活用しています。地下鉄有楽町線「護国寺」駅から徒歩すぐ。護国寺の森の落ちついた雰囲気のなか進学に備えます。

伝統と新しさが同居する教育システム

教育システムでは「伝統ある日大豊山」と、「新しい日大豊山」が同居するのが大きな特徴。「伝統」の部分は、『知育・徳育・体育』のバランスがとれた全人教育を行い、凛とした青少年の育成」、「部活動の推進と、礼儀正しい健やかな生徒の育成を目指す」、「日大との高大連携教育体制の一層の推進」などです。

「新しい」部分としては、生徒の夢の実現のためにPDCAサイクルを取り入れ、「中3の後半から高校の内容を学ぶ先取り教育」、「カリキュラムや多彩な授業のさらなる充実」、「ホームページからダウンロードできる英語の日大豊山オリジナルプリントシステム」などがあげられます。

また、キャリア教育も充実しており、早い段階から実施されます。中2は職場訪問でさまざまな職業について、そして働くことの楽しさを学びます。中3には将来の学部選択の重要性を知る機会として日本大学学部見学を用意。日本大学へは毎年70〜80%が進学し、国公立・難関私立大学への進学も15%程度と、多様な進路への道が切り開かれています。このように、大学進学のさきを見据えて将来設計を行うことができます。

🏫 SCHOOL DATA 🏫

- 東京都文京区大塚5-40-10
- 地下鉄有楽町線「護国寺」徒歩1分
- 男子のみ728名
- 03-3943-2161
- https://www.buzan.hs.nihon-u.ac.jp/

日本大学豊山女子中学校

多様性の未来へ　充実した国際交流・キャリア教育

生徒の多様な未来に向けて、高1から3つのクラスが用意されています。国公立大学・難関私立大学をめざす「A特進クラス」、日本大学への進学を中心とした「N進学クラス」、理数分野のスペシャリストを育成する「理数Sクラス」です。また、中学では基礎学力の定着をはかる授業を大切にすることはもちろん、教育の2本の柱として「国際交流教育」と「キャリア教育」が整備されています。可能性に満ちた生徒たちの未来が花開くよう教育環境だけでなく、全教員が全力でフォローする体制が整えられています。

国際交流教育

日本大学豊山女子中学校では、急速にグローバル化する21世紀を生きていくうえで必要となる国際的な視野を身につけるためのプログラムが数多く用意されています。学年行事では、中1はネイティブと楽しむ林間学校、中2はBritish Hills英語研修、中3はネイティブと交流する沖縄修学旅行、そして中1・中2の3月にニュージーランド英語研修、高校では夏休みにカナダ英語研修があります。また、「英語に親しむ」「英語を感じる」空間として校内にEnglish Roomがつくられ、多様なイベントをとおして自由に英会話を楽しみ、英語を身近に感じることができます。英語力向上を目的としたプログラムとしては、全員参加スピーチコンテスト、英検対策講座、英語クッキング教室など学びも多彩です。

キャリア教育

年5回実施されている校外学習は、付属校のメリットをいかした学部見学、浅草や鎌倉を班別研修する巡検型、外部講師を招いてのキャリアデザイン講演会、職場体験学習など、各学年の学習・発達段階に合わせた内容です。体験的な学習が多く取り入れられ、主体的に学び、「思考力」「判断力」「表現力」を楽しみながら習得することができます。

🏫 SCHOOL DATA 🏫

- 東京都板橋区中台3-15-1
- 東武東上線「上板橋」・都営三田線「志村三丁目」徒歩15分、JR線「赤羽」・西武池袋線ほか「練馬」スクールバス
- 女子のみ393名
- 03-3934-2341
- https://www.buzan-joshi.hs.nihon-u.ac.jp/

八王子学園八王子中学校

21世紀型人材の育成をめざす

1928年に地元有志により設立された「多摩勤労中学」をルーツに持つ、八王子高等学校。そこに2012年、八王子学園八王子中学校が新たに併設され、2016年には「東大医進クラス」と「一貫特進クラス」が誕生しました。学園モットーである「人格を尊重しよう」・「平和を心につちかおう」を基盤として、難関大学への合格を実現させる確かな学力の養成と、広く社会で活躍できる人材となるための人間力の育成を掲げています。

生徒の主体的学びを支える取り組み

「東大医進クラス」では、戦略的語学教育に加え、反転学習なども積極的に取り入れ、グローバル社会が求める人材を育成します。また、医学部志望者には各種ガイダンスを実施しており、一人ひとりの進路実現を強力にサポートしています。「一貫特進クラス」では、経験豊富な教員による、きめ細やかなサポートで自主的に学ぶ力を育みます。進級時には「東大医進クラス」へ挑戦する機会も設けられています。

2015年よりスタートした「八学イノベーション」は、世界で活躍できる21世紀型人材の育成をめざすもので、アクティブラーニングを中心に据えています。教員が一方的に知識を伝えるではなく、生徒同士の学びあいとディスカッションをとおして、深い理解とともに思考力・判断力・表現力、そして協調性やリーダーシップが育まれていきます。全教室に電子黒板が導入され、ひとり1台のタブレットとともに主体的な学びを支えています。

大学のゼミナールをイメージした「探究ゼミ」も開設されています。生徒1人ひとりが自分の興味関心に基づき、自由に学ぶテーマを設定し、担当教員と相談しながら学びを進めていきます。探究ゼミ発表会では、毎年レベルの高いプレゼンテーションが繰り広げられています。伝統を大切にした自由な校風のもと、主体性を育む最先端の学びが行われ、希望の進路を実現させていきます。

SCHOOL DATA

- 東京都八王子市台町4-35-1
- JR線「西八王子」徒歩5分
- 男子156名、女子154名
- 042-623-3461
- https://www.hachioji.ed.jp/

八王子実践中学校

考える力を身につけ人間力を向上させる教育

1926年創立の八王子実践中学校は、建学の精神「自重・自愛・自制・自立」を教育の基本とし、他者を思いやる人材を実践的教育で育んでいます。

学習面では、大学入試改革に対応できるよう「思考力・判断力・表現力」「主体性・多様性・協働性」を育むアクティブラーニングを実践。タブレット端末を活用した学習支援システムも導入し、自学自習力を育成しています。また、充実したカリキュラムで個々の能力を引き出し、高校入試問題演習や課外活動など、キャリアノプランに合わせた個別指導を行っています。

外部進学も応援する体制が整う

英語の授業は週7時間を確保し、うち2時間はネイティブ教員とのティームティーチングによる英会話授業を行い、在学中の英検準2級の取得をめざしています。

卒業時には、内部進学・外部進学のどちらも選択可能で、内部進学にこだわらず、公立難関高校へのチャレンジも応援しているのも八王子実践の特徴です。

公立あるいはほかの私立高校など外部進学をめざす生徒は、八王子実践高校の優先入学制度によって入学を保証したうえで他校入試に挑むことができます。

さらに、放課後は生徒個々のレベルに対応するJ-Pieceを新たに開講。充実した進学サポート体制で各自のめざす進路の実現をあと押しします。八王子実践の教員は、生徒一人ひとりと親身に向きあい「いますべきこと」をアドバイスしています。放課後の自習や課外活動に関しても協力的で、生徒を助言し、支えていきます。

学校行事は、高校生と合同で行う文化祭と体育祭のほかにも、ニュージーランドでの修学旅行、合唱コンクール、百人一首大会、校外学習、English Word Contestなどを実施しています。

SCHOOL DATA

- 東京都八王子市台町1-6-15
- JR線「八王子」徒歩13分、京王線「京王片倉駅」徒歩15分
- 男子17名、女子44名
- 042-622-0654
- http://www.hachioji-jissen.ac.jp/

広尾学園中学校

東京
港区
共学校

自律と共生をめざす教育

首都圏でも有数の志願者を集めている広尾学園中学校。その原動力は、特色あるコース制と、高水準の授業プログラム、そして飛躍的に伸びてきている国公立大学をはじめとする難関大学への進学実績です。これは、広尾学園の教育の特色が、一人ひとりの夢を全面的にサポートしているからこそなのです。自ら課題を掘り起こし、解決に向かって、国籍や言語のちがいを越えて協調性を発揮できる「高い問題解決能力」を持つ人物の育成をめざし、きめ細かな指導を実施しています。

本科コース／医進・サイエンスコースは、東京大学・京都大学・一橋大学、各大学の医学部、早稲田大学・慶應義塾大学・上智大学をめざし、インターナショナルコースは、国内外一流大学進学を目標とします。

最強といわれる教育内容

広尾学園独自の学力アッププログラムには「P.L.T」(Personalized Learning Test) プログラムがあります。このプログラムは生徒たちの基礎学力を徹底してきたえ、「本当の学力」を身につけるプログラムです。それは年々進化し、広尾学園の教育の基礎を支えています。また、質の高い授業を実現するため年間3回の教師研修を実施しています。

さらに、グローバルなデジタル環境に対応できる人物の育成をにらみ、新入生全員にひとり1台の情報機器を導入、学園生活や学習に活用しています。

キャリア教育も充実しており、DNA鑑定講座や宇宙天文合宿、国内から一線級の研究者が結集するスーパーアカデミアに加えて、iPhoneアプリなどを制作するテックキャンプも用意されています。

学年を問わず、中学高校ともに定期試験には多数の大学入試問題が無理なく組みこまれており、日常の定期試験勉強がそのまま大学入試対策になっています。強力な教科指導力を備えた、最強の学習システムです。

SCHOOL DATA

- 東京都港区南麻布5-1-14
- 地下鉄日比谷線「広尾」徒歩1分
- 男子316名、女子469名
- 03-3444-7272
- https://www.hiroogakuen.ed.jp/

広尾学園小石川中学校

東京
文京区
共学校

小石川の地に新たな広尾学園が誕生

1909年に創立された村田女子高等学校。2018年より広尾学園中学校と教育連携を始め、2021年4月から、広尾学園小石川中学校・高等学校と校名変更、共学化し、中学段階の募集を開始しています。2024年度からは、高校募集を停止し、完全中高一貫校になる予定です。

ふたつのコースで生徒を伸ばす

広尾学園小石川では「本科コース」と「インターナショナルコース」のふたつのコースを用意。「本科コース」は、国公立大学や難関私立大学をめざし、先取り教育を取り入れながら、学力を高めていきます。一方、「インターナショナルコース」は、日本人教員と外国人教員がふたりで担任を務めるなど、日常的に異文化に触れられるコースです。おもに帰国子女や外国籍の生徒など、高い英語力を持った生徒と、日本の小学校を卒業した生徒がそれぞれの個性をいかしてともに学びます。

海外研修やICT機器を使った学びも

「インターナショナルコース」を設置していることからもわかるように、グローバル教育に力を入れる広尾学園小石川。オーストラリアのタスマニア州立高等学校と提携を結び、ホームステイをしながら現地の生徒とともに学ぶ海外研修の準備も進められています。さらに広尾学園で行われている海外研修にも参加できるようになります。

また、ICT教育に力を入れているのも特徴です。生徒一人ひとりがMacBookを持ち、授業だけでなく、定期試験の振り返りや予習復習にも使用します。

とくに数学では基本事項をあらかじめ家で学び、授業では応用的な学習に取り組む「反転授業」が実施されるため、自宅学習でも存分に活用していきます。

こうした教育により、世界をめざすことのできる人材を育成する広尾学園小石川です。

SCHOOL DATA

- 東京都文京区本駒込2-29-1
- 都営三田線「千石」徒歩2分、地下鉄南北線「駒込」徒歩12分、JR線・都営三田線「巣鴨」、JR線「駒込」徒歩13分
- 男子87名、女子111名
- 03-5940-4187
- https://hiroo-koishikawa.ed.jp

富士見中学校
（ふじみ）

「17の力」と「探究心」を育む

「社会に貢献できる自立した女性の育成」を教育目標に掲げ、創立80周年を迎えた富士見中学校。学年ごとにテーマを定めた探究学習と多彩な多文化交流をつうじて、グローバル社会での活躍へとつながる「17の力」を養っています。それらを実現するための学力と人間教育を軸とした6カ年一貫プログラムを実践しています。

豊かな人間性と総合力を身につける

富士見では、中学3年間それぞれでキーワードを決めています。中1は学びの基本である「問う」。身のまわりをよく観察し、問うこととの練習をします。夏休みには長野県で「生き物探究教室」を行います。中2は「調べる」。自ら課題を設定し、フィールドワークや文献調査をつうじて情報を活用する力を身につけます。中3は「伝える」。中学3年間の学びの集大成となる卒業研究を実施。文化祭で中間発表として研究をまとめた「本」を展示し、3学期は保護者・後輩に向けてポスターセッションを行います。

多文化交流もさかんで、海外研修は高1希望者を対象にアメリカ・オーストラリアで実施。留学は希望者を対象にニュージーランドの7つの学校でタームステイ。また1年の留学も実施。台湾の高校とは相互交流プログラムとなり、春は富士見の生徒が、夏は台湾の生徒が訪れてホームステイを行っています。

「17の力」で目標を達成する

2020年度入試において、東京大学に推薦入試で合格した生徒は、高3の5月に受験を決意し、何度も失敗を繰り返しながら、見事に目標を達成しました。日本生徒会活動支援協会主催のリーダー合宿にも招待されるなど、あくなき探究心と「17の力」を育む富士見の教育が認められた瞬間です。

富士見には、失敗してもかならず立ち上がりだれもが成長できる学びの土壌があります。

🎓 SCHOOL DATA 🎓

- 東京都練馬区中村北4-8-26
- 西武池袋線「中村橋」徒歩3分
- 女子のみ739名
- 03-3999-2136
- https://www.fujimi.ac.jp/

富士見丘中学校
（ふじみがおか）

SGHからWWLへと進化するグローバル教育

2020年に80周年を迎えた富士見丘中学校は、グローバル化の到来を見据え、早くから世界の多様な人びとと協働するために必要な英語力や国際感覚、そして自己表現力を高める教育を実践してきました。高大連携で開発したグローバル教育は高く評価され、2015年度からは文部科学省よりSGH（スーパーグローバルハイスクール）の指定を受け、さらに2020年度からはWWL（ワールドワイドラーニング）コンソーシアム構築支援事業のカリキュラム開発拠点校に選定されました。この3年間でロンドン大学キングスカレッジ、ブリティッシュコロンビア大学、クイーンズランド大学など海外大学に18名が合格し、進学面でもグローバル教育の成果がでています。

富士見丘のグローバル教育の特徴は6年をかけ思考力・判断力・表現力を育成することです。中1の「ICT学習」でICTリテラシーやグループ学習の方法を学び、中2では美術大学と展覧会を協働企画する探究学習をします。高校では、慶應義塾大学大学院メディアデザイン研究科の大学院生・留学生とともに学ぶ「グローバルワークショップ」、慶應義塾大学や上智大学の研究室と連携した「災害」「環境問題」「開発経済」についてのゼミ形式の授業や海外フィールドワーク（台湾・マレーシア・シンガポール）などがあります。

多種多様な海外研修プログラム

修学旅行は中学がオーストラリア、高校がアメリカで、姉妹校との交流が中心です。ほかにも希望制のイギリス短期留学や海外に6校ある姉妹校への3カ月留学などさまざまな海外研修制度が用意されています。さらに海外姉妹校から留学生が定期的に来日するので、校内における異文化交流もさかんに行われています。

このように多彩なプログラムを実践しながら「国際性豊かな若き淑女」を育成している学校こそが富士見丘なのです。

🎓 SCHOOL DATA 🎓

- 東京都渋谷区笹塚3-19-9
- 京王線・都営新宿線「笹塚」徒歩5分
- 女子のみ154名
- 03-3376-1481
- https://www.fujimigaoka.ac.jp/

藤村女子中学校
ふじ むら じょ し

～基礎学力・生きる力・個性の育成～

藤村女子中学校では、1日50分6時間、週6日制で多くの授業時間数を確保し、高校生が教えてくれるシスター制度などをとおして、一人ひとりの学力と目標に応じた、きめ細やかな指導を行っています。さらに2030年以降の大変革時代を生き抜く力の養成をめざし、通常科目のほかに「探求」に特化したオリジナルの学校設定科目を設けています。その1つ「自己探求」の授業では思考力を、また「自己表現」の授業では表現力や魅力的なプレゼンテーション能力を楽しみながら身つけていきます。

このオリジナル授業により、仲間と協力することの大切さを学び、学力と生きる力の両方を育てていきます。また、新大学入試の受験対策にもなるため、生徒一人ひとりの希望進路の実現にもつながると考えられています。さらに、「吉祥寺」という恵まれた環境をいかし、地域の方々とつながりながら学ぶ「ふじ活」（フィールドワーク）では、社会性も身につけることができ、「ワクワク」楽しく生き抜くための力を伸ばしていきます。

個性を発揮できる入試制度

藤村女子中学校は、2科・4科選択の教科型「一般入試」「プレミアム入試」以外にも、「ナゾ解き入試」や「自己表現入試」といった受験生が自信をもって挑むことのできるユニークな入試を行っています。とくに2021年度入試より導入した日本初の「ナゾ解き入試」は、教科型入試でははかれない、問題解決に取り組む個性の力をみる入試です。生徒の発信力や表現力をはかる「自己表現入試」とともに受験生にも好評で、2022年度入試においても実施予定です。また、教科型の「プレミアム入試」は合否判定と同時に奨学生の判定も行われるため、毎年、人気のある入試になっています。

藤村女子中学校は、生徒の個性を伸ばすことを目標に、さまざまな改革を進めていきます。

SCHOOL DATA

- 東京都武蔵野市吉祥寺本町2-16-3
- JR線・京王井の頭線・地下鉄東西線「吉祥寺」徒歩5分
- 女子のみ63名
- 0422-22-1266
- https://www.fujimura.ac.jp/

雙葉中学校
ふた ば

カトリック精神を貫く全人教育

雙葉中学校は、カトリック精神を基盤に健全な人格を育むことをねらいとした女子教育を実践しています。

校訓として「徳においては純真に、義務においては堅実に」を掲げています。これは神と人の前に素直で裏表なく爽やかな品性を備え、人間としてやるべきことを最後までやりとおす強さを持つということです。

校舎は地上7階・地下1階で、近代的ななかにも随所に木のぬくもりを持たせた構造となっています。教室はすべて南向き、床はフローリングで温かみを感じさせ、クロゼットや個人用ロッカーを備えるなど、きめ細かな配慮がなされています。また、2クラスごとにひとつずつ生徒ラウンジが設けられ、生徒たちの歓談の場となっています。

充実したカリキュラムときめ細やかな学習指導

雙葉では、国語、数学、英語の基礎的な部分で個別に面倒をみるなど、学習面での手助けがきちんと行われています。1875年に開設された女子語学学校を前身とするだけに、外国語教育は伝統的にさかんで、授業時間も多く設定され、外国人教師による少人数の授業はもとより、中3では全員がフランス語を学びます。

一貫校の利点をいかし、総合的にバランスのとれたカリキュラムを組み、中学でも高校の内容を必要に応じて取り入れています。進度も速く、レベルの高い授業が行われています。高校では選択科目が数多く設けられており、進路に沿った学習ができるようになっています。進路は、本人の意志を尊重して、指導がなされています。

中学・高校をとおして、各教科の教育はできるかぎり高い水準で、内容の濃いものになるよう努めるとともに、力のだしきれない生徒に対して個別指導を行い、きめ細かく対応しています。その結果としての高い進学実績なのです。

SCHOOL DATA

- 東京都千代田区六番町14-1
- JR線・地下鉄丸ノ内線・地下鉄南北線「四ツ谷」徒歩2分
- 女子のみ557名
- 03-3261-0821
- https://www.futabagakuen-jh.ed.jp/

普連土学園中学校

The Seed of God（神の種子）

普連土学園中学校の教育理念は、「万人に『神の種子―神からそれぞれにあたえられた素晴らしい可能性』が存在することを信じ、一人ひとりを大切に、全ての人を敬い、世の役に立つ女性を育成すること」です。

1887年の創立当初から少人数教育を実践し、個々の生徒にいきとどいた指導を行う、面倒見のよい学校として知られています。

こうした教育体制のもと、大学進学においては、多くの難関大学への進学とともに、現役合格率が大変高いことが特徴です。

さまざまなかたちで奉仕活動を行っているのも特徴で、奉仕活動についての基本的な知識を学び、体験するプログラムを組んでいます。中学では、視覚・聴覚・身体障害について学び、高校では知的障害や高齢者問題について学びます。

そして高3では、奉仕活動についてのまとめを行います。ここでは、これまでの活動を今後の生き方にどう位置づけるかなどを話しあっていきます。

グローバルな視野を育成する

「海外にむけて開かれた心」を育てている普連土学園では、異文化理解のための国際交流にとくに力を入れています。

英語の授業は、中学では週6時間をあて、外国人教師による少人数クラスの音声面を重視した授業を行っています。劇やゲームを取り入れ、身体全体を使って生きた英語を吸収できるように指導しているのが特色です。また、近年では理科系の課外活動で国際大会への出場がつづいています。電子工作やプログラミングに取り組むグループ「Friends Fab」は、レゴを使用した国際的なロボットコンテスト「FLL」において発足から4年間でデンマーク、トルコ、ブラジルでの国際大会へ出場を決め、理科部のロケット班も2019年にパリの国際ロケット大会に出場し、2020年ロンドン大会への出場権も獲得しています。

SCHOOL DATA

- 東京都港区三田4-14-16
- 都営浅草線・都営三田線「三田」徒歩7分、JR線「田町」徒歩8分、地下鉄南北線・都営三田線「白金高輪」徒歩10分
- 女子のみ405名
- 03-3451-4616
- https://www.friends.ac.jp/

文化学園大学杉並中学校

2018年度より共学化 東京・杉並の "海外校" へ

ハイレベルな国際教育が魅力

文化学園大学杉並中学校では、中学1年は均一クラスで、週9時間ある英語の授業のうち、7時間をネイティブ教員が主導する授業を受けることができます。

英語の授業はレベル別に展開しますが、英検2級以上の希望者の生徒に対しては「アドバンスト7」または「DD7」を設定しています。1年次からカナダブリティッシュコロンビア州（BC州）の教員が英語の授業を指導します。「DD7（1年次）」～「DD9（3年次）」では、理数科目7時間を含めた週17時間の英語の授業を展開し、高校ダブルディプロマコースへの接続を強化します。

中学2年からは、ダブルディプロマ準備コースか中高一貫コースのどちらかを選択します。

ダブルディプロマ準備コースは、早期からハイレベルのBC州教育メソッドで学び、英語力のアドバンテージをいかしながら高等学校の卒業スコアをより高くすることをめざします。

中高一貫コースは、高校の特進コース進学コースでの上位層を育てるべく幅広い学びを展開します。

高校は、進学コース、特進コース、ダブルディプロマコースの3コース制です。

進学コースは、文化学園系列や日東駒専レベル以上の大学進学をめざします。

特進コースは、バランスのよいカリキュラムで国公立大学や早慶上理、G-MARCHの大学をめざします。

ダブルディプロマコースは、日本とカナダのカリキュラムを同時並行で行い、卒業時には日本とカナダのふたつの卒業資格を取得することができる日本初のコースです。国内生としてだけでなく国外生としても出願ができ、さらにBC州の生徒として海外大学へダイレクトに出願ができます。

SCHOOL DATA

- 東京都杉並区阿佐谷南3-48-16
- JR線・地下鉄東西線「阿佐ヶ谷」、JR線ほか「荻窪」、地下鉄丸ノ内線「南阿佐ヶ谷」徒歩10分
- 男子127名、女子188名
- 03-3392-6636
- https://bunsugi.jp/

文京学院大学女子中学校

東京
文京区
女子校

創立100周年に向けて改革を進める伝統校

文京学院大学女子中学校は、1924年に島田依史子が「女性の自立」を願って開校し、今年で97年目を迎えました。通常授業として「茶道」や「華道」を行うほか、「ペン習字（年間600枚以上提出）」「運針」にも取り組むなど伝統を受け継ぐ教育が魅力のひとつ。食育の一環として給食が提供されているのも特徴です。

学習においては、グローバル社会から必要とされる人材の育成をめざし、ネイティブ教員による放課後講座「国際塾」を開設。英語運用能力と国際感覚を身につけさせることを目標に運営されています。

また、各学年に配属されたネイティブ教員が、「学級日誌」や「毎日の記録（担任と生徒の間で交わされる日記）」にコメントを書き入れるなど、自然と英語に触れられる環境も整えています。英語や英会話以外の授業（2021年度では情報など）でもネイティブ教員がそれぞれの特性をいかしたコラボ授業を行っています。

加えて、2021年4月、自立した学習者となるためのサポートをする放課後学習教室「まなトモ」も開室しました。生徒個々のニーズに合わせた対応をすることで、学力の向上をはかっています。

インターナショナルスクールと教育提携

国際バカロレア認定校であるアオバジャパン・インターナショナルスクール（A-JIS）との教育提携が2021年から本格的に始動し、生徒は日常的に「海外の文化」に触れ、多様な価値観のなかで生活することができるようになりました。

両校はオンライン交流をするだけでなく、Hip Hop Danceの合同チームをつくり、A-JISのカーニバル（文化祭）にも参加。コロナ禍であっても活発に交流が行われており、今後さらに連携を深めていくことが計画されています。

SCHOOL DATA

- 東京都文京区本駒込6-18-3
- JR線・地下鉄南北線「駒込」、JR線・都営三田線「巣鴨」徒歩5分
- 女子のみ295名
- 03-3946-5301
- http://www.hs.bgu.ac.jp/

文教大学付属中学校

東京
品川区
共学校

みらいをつくる、学びがある。

着実に実を結ぶ学校改革

文教大学付属中学校では、変化の激しい社会において、生徒自らが時代をつくる存在として活躍できるように、学校改革をつうじてさまざまな施策を実施しています。

たとえば、学習塾と提携した放課後の学習支援システム「文教ステーション」の開設や、文教キャリアプロジェクト「NEWTON」の実施などです。また、ひとり1台のタブレットPCを活用した「主体的な学び」にも取り組んでいます。

その結果のひとつとして、大学進学実績も着実に向上し、国公立・早慶上理・G-MARCHの合格者数は学校改革前と比較すると、飛躍的に増加しました。

PORTから世界へ

2016年の秋には、新校舎が完成しています。新校舎には、全教室電子黒板が完備された普通教室をはじめ、格納式ロールバックチェアを備えた「LOTUS HALL（講堂）」、約150名を収容できる食堂「ボンヴォヤージュ」、約4万2000点の資料を所蔵する図書室、それぞれ2教室ずつ設置された理科実験室・音楽室・PC教室、約150名収容の大講義室、人工芝グラウンドなどの充実した設備が備わっています。

なお、新体育館は2009年に完成。冷暖房完備でバレーコート3面ぶんのアリーナや、25m×5コースの室内温水プールなどを備えています。

文教大学付属では、校舎のことを「PORT（港）」と呼んでいます。

港では船を点検し、荷物を積んだり燃料を補充したりして、大海原への長い航海に向けた準備をします。

それは中学校・高等学校の6年間もいっしょです。学習に励み、心身をきたえ、進路を見定め、長い人生に向け念入りに準備をします。

SCHOOL DATA

- 東京都品川区旗の台3-2-17
- 東急大井町線・東急池上線「旗の台」・東急大井町線「荏原町」徒歩3分、都営浅草線「中延」徒歩8分
- 男子312名、女子203名
- 03-3783-5511
- https://www.bunkyo.ac.jp/jsh/

法政大学中学校

自由と進歩のもと、自主自律を育てる

1936年に創立された法政中学校を前身とし、1948年より法政大学第一中学校として男子校の歴史を歩んできました。

2007年4月、三鷹市に校舎を移転するとともに、法政大学中学校と校名を変更し、男女共学となり、校舎や制服なども一新されました。法政大学としては初の男女共学校です。

法政大学の建学の精神である「自由と進歩」、中高の「自主・自律」の校風のもと、確かな学力と、概念にとらわれない自由な発想で考え、新しい問題に積極的にチャレンジする自立した人間を、中高大の一貫教育のなかで育てます。

多彩な英語プログラム

確かな学力と習慣を着実に身につけさせるためのカリキュラムを、中高それぞれの段階に応じて設けています。

中学では国数英に力を入れ、基礎的な学力と学習習慣を育成します。高校では大学進学や将来を見据え、文系・理系にとらわれない教養の育成と、自分の進路に応じた選択学習、論文作成や英語力の向上などに力をそそぎます。教科によっては、習熟度別や少人数による授業もあります。

また、とくに英語教育に力を入れています。英語の文章を読み取り、それに関する批評を英語でプレゼンテーションすることをめざして学習に励んでいます。海外語学研修や留学プログラムも充実しています。

卒業生の多くが法政大学へ

卒業生はこれまで約85％以上が推薦で法政大学に進学しています。推薦資格を得るためには、学内での総合成績で一定の成績基準をクリアすることと、法政大学が定めるいくつかの基準をクリアすることが必要です。

また、法政大学の推薦権を保持したまま、他の国公私立大学の、どの学部・学科でも受験することが可能になっています。

SCHOOL DATA

- 東京都三鷹市牟礼4-3-1
- 京王井の頭線「井の頭公園」徒歩12分、JR線「吉祥寺」徒歩20分、JR線「三鷹」・京王井の頭線「久我山」・京王線「調布」バス
- 男子202名、女子218名
- 0422-79-6230
- https://www.hosei.ed.jp/

宝仙学園中学校共学部 理数インター

「知的で開放的な広場」でともに学ぶ

国公立大学37名、早慶上理61名合格

この春、160名の卒業生を送りだした宝仙学園中学校・高等学校共学部理数インター。東京大学をはじめとする国公立大学（大学校含む）への合格者は37（うち既卒3、以下同）名。そのなかには、京都大学、大阪大学、東北大学といった難関国立大学の現役合格者も含みます。さらに、早慶上理61（22）名、G-MARCH140（15）名、医学部医学科1（1）名の合格者をだしました。

宝仙学園を母体とし、21世紀の社会で活躍できる人材の育成をめざして2007年に設立された学校です。世界で通用するコミュニケーション能力と、ものごとを論理的に考え、相手に的確に伝えられる理数的思考力を兼ね備えた生徒を育成しています。

そして、中高6年間を「基礎定着期」、「意識改革期」、「自己実現期」の2年間ずつに分けた進路指導を行うことで、生徒は自らの夢へと着実に歩むことができます。

世界にも、理系にも強い理数インター

学力の向上・大学進学と同等に大切にしているのが「心の教育」です。部活動や学校行事をとおして学ぶコミュニケーション能力・プレゼンテーション能力の育成を大切にしています。

部活動は文武両道がはかれるように週3日のなかでそれぞれのクラブが工夫をしています。中学生は「明るく、楽しく、一生懸命」、高校生は「自己ベストの更新」をモットーに学校生活を過ごしています。

また、修学旅行では、中3でシンガポールを訪れ、高2ではアメリカ・サンフランシスコのスタンフォード大学での学術研修を行います。先輩のなかには、サンフランシスコの自主研修で大学病院を訪れ、自分の生涯の進路に大きく影響を受け、医者になる夢を実現させた人もいます。

SCHOOL DATA

- 東京都中野区中央2-28-3
- 地下鉄丸ノ内線・都営大江戸線「中野坂上」徒歩3分
- 男子352名、女子311名
- 03-3371-7109
- https://www.hosen.ed.jp/jhs/

本郷中学校

東京
豊島区

男子校

つねに芯のある男子教育を展開

「スマートであれ！ 紳士であれ！」をモットーにした本郷中学校。「自ら考え、自分で判断できる人材を育てる」という教育方針のもと、21世紀の社会に役立つリーダーを育むためになにが必要かをつねに模索しています。あるべき男子教育の姿を「時代が変わっても変わらないものがある」として推し進め、よい意味での「厳しさ」を教育のなかに体現しています。本郷は派手なPRはしませんが、ほんとうの知性と人格を磨く教育を行っているといっていいでしょう。

中高一貫校としての密度の濃さ

カリキュラム編成は6年を1サイクルとしてとらえているために、ムダを省き、ゆとりのある学習計画が可能になっています。

主要科目の国語・数学・英語などは、中2までに中3課程の内容を無理なく終わらせ、中3からは高1の内容に進みます。そして高3では、大学入試問題演習を中心に授業が展開されるので、受験にも余裕を持ってのぞむことができます。

この「先取り授業」システムは、たんに授業進度が速いというものではなく、教材や指導法において先生がたの長年の経験の積み重ねから最も効率的な内容を精選したことにより構築されています。そのため、進度の速さによって理解ができないということはないように工夫された授業が展開されています。

また、本数検や本単検といった学校独自の検定試験を学期ごとに行うことで、教育目標である「自学自習」をうながし、高校の夏期講習（中学は教養講座）では学年の枠を取り払い、希望すれば下級生が上級生といっしょに受講できる講座を数多く設けるなど、学習効果を高める工夫がなされています。

大学進学実績も、国公立大学などが年々伸び、近年は理系の大学・学部への進学希望者が多く、実際に毎年半数以上の生徒たちが理系に進学しているのが大きな特徴です。

🏫 SCHOOL DATA 🏫

- ▼ 東京都豊島区駒込4-11-1
- ▼ JR線・都営三田線「巣鴨」徒歩3分、JR線・地下鉄南北線「駒込」徒歩7分
- ▼ 男子のみ854名
- ▼ 03-3917-1456
- ▼ https://www.hongo.ed.jp/

三田国際学園中学校

東京
世田谷区

共学校

自由な発想があふれる「世界標準」の教育

1902年の創立時から「知好楽」の精神を受け継いできた戸板中学・女子高等学校が、2015年より校名変更・共学化し、三田国際学園中学校として生まれ変わりました。自らの考えを打ちだして道を切り開ける国際人の育成をめざし、「THINK&ACT」「INTERNATIONAL」「SCIENCE」をキーワードに"使える"英語と豊かな国際感覚、"教養"としての「サイエンス的思考力」を育む「世界標準」の教育を実践しています。

めざすのは「発想の自由人」の育成

さきの見えない時代を生き抜く力を育むために、全教科で相互通行型授業やSTEAM教育を展開。中1は「探究」の技法を習得する「サイエンスリテラシー」、中2・中3は「基礎ゼミナール」または「基礎研究α」で自分の興味に基づいて講座を選び、科学的アプローチを軸に研究活動を進めます。また、ネイティブスピーカーの常勤教員（27名）や多数の帰国生が在籍しており、海外大学進学を選択肢に入れられる環境が整っています。

2022年度からは新たなクラス・コース制度が始まります。インターナショナルクラス（IC）は帰国生を中心に主要教科を英語で学ぶAcademyと、中学から英語を本格的に学び始めるImmersionの2グループ編成で、後者も主要教科を段階的にオールイングリッシュで学ぶようになります。インターナショナルサイエンスクラス（ISC）は習熟度別英語授業を実施。理科分野への意欲が旺盛な生徒は、中2から始まるメディカルサイエンステクノロジークラス（MSTC）に在籍が可能で、基礎研究αで研究者としての素地を養えます。

高校になると、ICはDual Diploma Programで海外の高校卒業資格を取得して海外大学進学をめざし、ISCは海外研修と連携したPBL型授業「Liberal Arts」でキャリアの実現をめざします。MSTCは理系学部への進学を想定し、学外での研究発表にも積極的に挑戦します。

🏫 SCHOOL DATA 🏫

- ▼ 東京都世田谷区用賀2-16-1
- ▼ 東急田園都市線「用賀」徒歩5分
- ▼ 男子287名、女子445名
- ▼ 03-3707-5676
- ▼ http://www.mita-is.ed.jp

三輪田学園中学校
（みわだがくえん）

未来へつながる、未来をつなぐ、「徳才」兼備の女性へ

三輪田学園中学校が育てたい女性。それは、「誠実で、だれとでもつながることができ、自らの人生を切り拓いて生きる、徳才兼備の女性」です。千代田区九段にありながら、都心とは思えない静かな環境のもとで、創立以来、134年間変わらぬ教育理念を根幹にしています。また、多様化する現代社会に対応できるスキルを兼ね備えた女性を育成します。

Girls, be ambitious！挑戦する三輪田学園

三輪田は以下の教育を実践しています。
・「英語を伸ばす三輪田」へ
英語の授業は、Honors Class、Advanced Class、Standard Classの３つに分けて行うほか、English Camp（中２）、カナダホームステイ（中３）、イギリス語学研修（高１）、オーストラリア留学制度（高１・高２）といった海外研修や外部英語プログラムを用意。さらにイギリス・アメリカなどの協定大学が求める英語力と高校の成績で推薦進学が可能です。

・「理系を育てる三輪田」へ
理科実験を中学３年間で100回実施しています。その結果、卒業生の4割が理系に進学し、その半数が医歯薬看護系に進んでいます。
・「ICT先進校」へ
全校生徒がiPadを保有し、Office365 Pro Plusを導入。Python、Swift（プログラミング言語）を使用したプログラミングや、Webページ作成などクリエイター教育を実践しています。
・「読書教育の三輪田」をさらに進化
中１国語読書では、心の世界を広げて表現力を高め、中３社会科読書では、社会への視野を広げて考察力を高めます。さらに、中３全員が卒業論文に取り組みます。
・「MIWADA-HUB（探究ゼミ）」がスタート！
中２では、疑問に感じることや深めたいと思ったテーマを９つから前期・後期で１つずつ選び、探究活動を週２時間行います。自分なりの答えを探していくことで、変化が当たり前の世の中でも対応できる力を育てます。

SCHOOL DATA

- 東京都千代田区九段北3-3-15
- JR線ほか「市ケ谷」徒歩7分、JR線ほか「飯田橋」徒歩8分
- 女子のみ572名
- 03-3263-7801
- https://www.miwada.ac.jp/

武蔵中学校
（むさし）

「自調自考」を身につけるための６年間

武蔵中学校では、学問を学ぶ姿勢が重視され、安易に解答を得るよりも、徹底的に自分で調べて自分で考える「自調自考」の精神が尊重されています。授業内容も外部から「大学院のような」と言われる独自のものが多く、生徒の創造性の育成に努めています。

多くの卒業生がめざす大学に合格し、開成、麻布と男子難関３校のひとつと称されながらも、大学進学が目的ではなく学びを究めるための選択肢のひとつと泰然自若を貫きます。

「考える」ことを重視する授業を展開

自由な校風で知られていますが、それは「生徒の面倒を見ない」ということではありません。とくに学習習慣をしっかりと身につけるべき中１～中２の間は、生徒一人ひとりに教員が寄り添いながら手をかけています。そうして、学びや日々の生活の「型」をつくったうえで、そのレールを少しずつはずしていくことで、「自ら調べ自ら考える」力を培っ

ていきます。
授業においても、基礎基本をきちんと定着させ、それを基盤に、簡単に答えを求めるのではなく、そこにいたるプロセスを徹底的に考えさせることで、生徒は独創性を養い、個性の伸張と独立性を獲得していきます。

国外研修制度で充実した海外での学びへ

教室での第２外国語の学びを発展させ、外国をまるごと体験できるように、「国外研修制度」があります。

これは毎年、第２外国語上級選択者のなかから選考された10数名が、往復旅費などを支給され、短期の国外留学をすることができるという制度です。留学期間約２カ月のうち6週間は、ホームステイをしながら提携校に通学、その後２週間ほど個人旅行を行います。

また、提携校からも日本語を学んでいる生徒が毎年ほぼ同数来校し、生徒の家庭に滞在して通学します。

SCHOOL DATA

- 東京都練馬区豊玉上1-26-1
- 西武有楽町線「新桜台」徒歩5分、西武池袋線「江古田」徒歩6分、都営大江戸線「新江古田」徒歩7分、西武池袋線「桜台」徒歩8分
- 男子のみ527名
- 03-5984-3741
- https://www.musashi.ed.jp/

武蔵野中学校

武蔵野で学ぶ、かなえる。

武蔵野中学校には、100年以上変わらない「他者理解」という教育理念があります。「他者理解」とは、多様な文化、価値観のなかで、お互いに認めあい、他者のために行動すること、と武蔵野ではとらえられています。

グローバル化が進んでいる近年において、それらを実行するための力は重要であるとの考えから、日々の授業はもちろん、行事においてもしっかり伸ばすことで、世界で通用する人材育成をめざしています。

充実の英語教育・海外研修

現代のグローバル社会やデジタル社会で求められているのは、たんに知識だけを持った人間ではなく、それをいかすことのできる知恵と実践力を持つ人材であると武蔵野では考えられています。

そうした力を育むため、たとえば「LTE（Learning Through English）」では、ディスカッション、ディベート、プレゼンテーションを、いずれもiPadを活用しながらオールイングリッシュで週6時間行い、コミュニケーション力・実践的な英語力を高めます。

さらに、日常生活における英語力をはかるため、中3では「クロス・カルチュラル・プログラム」という沖縄での国内留学を実施。外国人ファミリーと過ごし、海外生活を疑似体験するなかで、英語を話す喜びを感じ、話せるようになりたいという気持ちを高めます。同時に、宮古島での民泊で沖縄の文化・伝統にも触れていきます。また、高1の1月には「ニュージーランド3ヶ月留学」を行い、ホームステイをしつつ編入先の高校で学びます。

こうした多様な活動のなかでかけがえのない経験を積み重ね、他者理解のためのスキルだけでなくグローバルな視野も身につけていくのです。一方で、日ごろの学習は教科担任がしっかりサポート。夜9時まで利用できる「進学情報センター」も併設し、自身のさらなるスキルアップをめざすことができます。

※「iPad」はApple Inc.の商標です。

▧ SCHOOL DATA ▧

▶ 東京都北区西ヶ原4-56-20

▶ 都電荒川線「西ヶ原四丁目」徒歩3分、都営三田線「西巣鴨」徒歩8分、地下鉄南北線「西ヶ原」・JR線「巣鴨」徒歩15分

▶ 男子40名、女子39名

▶ 03-3910-0151

▶ https://www.musashino.ac.jp/mjhs

武蔵野大学中学校

キーワードは「グローバル＆サイエンス」

武蔵野大学中学校は、「仏教精神に基づく、真の人間教育、人間成就の教育」を建学の精神とし、明るい知性と豊かな情操とを兼ね備えた聡明にして実行力のある人間の育成をめざしています。2020年度より高校が男女共学化しました。

キーワードは「グローバル＆サイエンス」。正解のない未来に向かって自らが主体的に考え、身のまわりだけでなく世界中の人と協力し、クリエイティブな発想を持つ中学生を育成します。

進学対象校は、「自由」＆「世界」

親身な指導で基礎をしっかり学んで土台を築き、学力をまんべんなく引きあげていきます。家庭学習の習慣を身につけ、高校の各コースへとつなげます。iPadを生徒全員が保有し、各教科や総合学習ではICTを駆使した授業を展開。英語は4技能をバランスよく習得する授業を実施。また英語科と国語科がコラボして行う『言語活動』の授業も実施しています。

高校は本科、PBLインターナショナル、ハイグレードの3コースを設置。

本科は大学受験を前提に、学習・クラブ活動・学校行事にバランスよく打ちこみたい人のコースです。併設の武蔵野大学には薬学部や看護学部など12学部20学科があり、基準を満たせば優先的に進学できる推薦制度を利用することもできます。

PBLインターナショナルではPBL（課題解決型学習）の手法も用いて、正解のない問いに対して、仲間と取り組み、主体的協働的な学びを実現します。また在学中の長期留学も可能です。進学については国際系学部や海外大学をめざします。

ハイグレードは国公立大学や難関私立大学への進学をめざすコースです。学年があがるタイミングで文理を選択。インタラクティブ（双方向型）な授業によって自ら学ぶ意欲を引き出します。

▧ SCHOOL DATA ▧

▶ 東京都西東京市新町1-1-20

▶ JR線・西武多摩川線「武蔵境」バス7分、西武新宿線「田無」徒歩15分またはバス10分、JR線・地下鉄東西線「三鷹」バス10分

▶ 男子168名、女子312名

▶ 042-468-3256

▶ https://www.musashino-u.ed.jp/

武蔵野東中学校

全員が高校受験をするユニークな中学校

併設の高校を持たず、しっかりとした進路指導によって、毎年難関高校に多くの合格者を輩出している武蔵野東中学校。独自の「生命科」や「探究科」の授業、自閉症の生徒と学校生活を送る「混合教育」でも知られています（自閉症児クラスは別入試・別課程）。

近年充実を見せるのは「探究科」の授業。生徒自らが設定した「問い」について深め、オリジナルの「答え」を追究します。また心を育てる「生命科」の授業は、自分や他者の存在の重さ、生命の尊さを主眼に、さまざまなテーマで考えを深めます。300人弱の少人数制の環境は、生徒7人に対して教員ひとりとなる手厚さ。明るく活発な校風です。

中1～中2の英・数、中3の5科と論文の授業は少人数制の習熟度別授業で、きめ細かい指導を実施。独自の「プランノート」により、自立した学習習慣を獲得していくことも特色です。行事の運営が生徒に任され、そして部活動もダンス、体操、陸上は全国レベルの実績があるなど、充実した学校生活です。

英語・理数教育に重点

カリキュラムでは英語、理数に重点がおかれ、英語は中3の7割が英検準2級以上を取得しています（3年間平均）。オンライン英会話やスピーチコンテスト、英文の添削など少人数制授業で4技能を伸ばしています。

理科に興味のある生徒には、授業内で年間80回の実験・観察があるほかにも、課外で「テクノロジー探検隊」「サイエンスラボ」など、興味・関心を喚起するイベントも豊富。

高校受験に向けては、中3全員を対象にして少人数制のゼミ形式で行う「特別進学学習」（週3回放課後2時間）があり、校内指導は万全。近年の合格校に、都立進学重点校の日比谷、国立、戸山、西、私立では早慶附属、国際基督教大高、国立では筑波大附属駒場、筑波大附属など難関高校の名も多くあがり、中3、60人での驚くべき実績となっています。

SCHOOL DATA

- 東京都小金井市緑町2-6-4
- JR線「東小金井」徒歩7分
- 男子173名、女子125名
- 042-384-4311
- https://www.musashino-higashi.org/chugaku/

明治学院中学校

キリスト教に基づく人格教育

キャンパスでひときわ目を引く洋館、「ライシャワー館」は、「東村山30景」にも選定された明治学院中学校のシンボル的な存在です。名前の由来は、元駐日大使であったライシャワー氏の父親が明治学院で教鞭をとりながら居住していたことによるものです。

学院創立150周年事業として行われた正門の改修、ビオトープの整備、約2万㎡あるグラウンドの全面人工芝化が完了し、生徒たちに好評です。

「道徳人」「実力人」「世界人」

明治学院が長い歴史のなかで掲げてきた教育目標が「道徳人」「実力人」「世界人」の育成です。

「道徳人」とは、「神さまが与えてくださった使命に気付き、権利と義務をわきまえ、規律を守って、神さまと人びとのために働くことのできる人」のことです。

「実力人」とは、自分の使命や目標に向かって、与えられている自分の能力を高め、学問と技術を身につけ、その力を必要に応じて発揮することのできる人のことです。

「世界人」とは、世界的視野と行動力とを持ち、世界の平和を祈念しつつ、世界を活動の場とする力を持つ人のことです。

そして、これらの教育目標にかなった人材を育成するために、明治学院では、①～⑤のような特色のある教育を行っています。①タブレット端末を全員に貸与したICT教育。②英語の授業を重視し、英語脳をつくり4技能を伸ばすカリキュラム。③中・高とも英語の授業の一部をネイティブ教師が担当。英検取得目標は中学卒業時準2級、高校卒業時2級。④東京歴史散歩（社会）、多摩動物公園、三浦半島または生田緑地（理科）、音楽鑑賞会（音楽）など校外授業が充実。⑤高2・高3は、A明治学院大学推薦進学、B文系受験進学、C理系受験進学の3コースに分かれて学習するなど、学力面も強くサポートしています。

SCHOOL DATA

- 東京都東村山市富士見町1-12-3
- 西武拝島線・西武国分寺線「小川」徒歩8分、JR武蔵野線「新小平」徒歩25分
- 男子211名、女子214名
- 042-391-2142
- http://www.meijigakuin-higashi.ed.jp/

明治大学付属中野中学校

男子校

「質実剛毅・協同自治・修学錬身」の校風

「質実剛毅・協同自治・修学錬身」を校訓とする男子中高一貫校の明治大学付属中野中学校は、大学付属校の長所を存分にいかし、受験勉強のみに力をそそぐことなく、興味や関心を抱いたことにもじっくりと取り組める学校です。

中学では5項目の実践目標

じゅうぶんな授業時間の確保と円滑な学校行事運営のため、従来から一貫して週6日制をとっています。

中学校での教育課程は、高等学校との中高一貫教育の関連を重視し、独自のプログラムを組んでいて、先取り学習などは行わず、確かな基礎学力をしっかり固めるためのさまざまな工夫がされています。

また、中学時代における大切な要素として、基本的な生活習慣の体得を掲げ①時間を大切にし遅刻をしない学級づくり②勉学に励む学級づくり③清潔できれいな学級づくり④決めごとを守る生徒づくり⑤挨拶のできる生徒づくりの5項目を実践目標としています。

高校では、中学校で養った基礎学力を維持し、さらなる伸長を目標に勉強を進めます。

高1では、高校からの入学者が加わり、混合の学級を編成。キャリアサポートが本格的にスタートします。2学期には「明大特別進学講座」が実施され、明治大学の各学部長から、学部の説明やアドバイスもなされます。

高2は、自己の能力や適性を見極める時期です。そのため、文科系・理科系のふたつのコースによる学級編成を採用しています。

高3では、選択・演習科目を数多く導入し、個々の進路志望に応じた専門的な学習に入っていきます。明治大学への推薦は、高校3年間の総合成績によって決定され、約80%が進学しています。さらに大きな特色でもある、明治大学の内部推薦の権利を保持して国公立大学を「併願」する制度を利用し、合格する生徒もいます。

SCHOOL DATA

- 東京都中野区東中野3-3-4
- JR線・都営大江戸線「東中野」徒歩5分、地下鉄東西線「落合」徒歩10分
- 男子のみ752名
- 03-3362-8704
- https://www.meinaka.jp

明治大学付属中野八王子中学校

共学校

未来につながる知力と人間力を育成

硬く強いけれどポキリと折れてしまう針金でもなく、しなるだけの鞭でもなく、しなやかさのなかにも強さがある竹のように、世の中の流行に流されずに、しっかりと根を張って成長していく。そして、周囲の人びとと支えあい、互いの考え方を尊重しあいながら、ものごとを成し遂げていく人材の育成をめざす明治大学付属中野八王子中学校。

キャンパスは7万坪を超える広大な自然のなかにあり、生徒一人ひとりが充実した学校生活を送りながら、建学の精神に掲げる「質実剛毅」「協同自治」をもって、どんな時代の、どんな社会状況にも対応できる能力を育んでいます。

きめ細やかな学習指導と進路指導

学習面では「基礎学力の獲得」を目標に、ていねいかつ中身の深い授業で教科書の内容を理解、習得し、高校卒業までに大学でもじゅうぶんに通用する学力を身につけます。特徴的なのは自分を表現するための能力を育てていることです。

各教科や学級活動において、作文やスピーチなど、自己表現をする機会を多く取り入れ、英語では少人数授業やネイティブ教員と日本人教員のティームティーチング授業を実施し、きめ細やかに指導しています。

そして、家庭学習の方法も綿密に指導し、個々の学習スタイルを確立させることで生徒を「自律／自立的学習者」へと導きます。また、学習指導と両輪をなす進路指導では、「いかに生きるか」という問いに向きあいながら、職業観や人生観に基づいた大学・学部探しを行います。大学卒業後の職業選択までを視野に入れた計画的かつ段階的な指導によって、早い時期から将来に対する興味や関心を喚起していきます。

明大中野八王子は生徒が自己実現できるよう「自ら伸びる力」を引き出し、未来につながる知力と人間力を育てます。

SCHOOL DATA

- 東京都八王子市戸吹町1100
- JR線「八王子」「秋川」・京王線「京王八王子」・JR線ほか「拝島」バス、スクールバス
- 男子245名、女子244名
- 042-691-0321
- https://www.mnh.ed.jp/

明治大学付属明治中学校

10年一貫教育で21世紀社会を担う人材を育成

1912年に旧制明治中学校として神田駿河台の明治大学構内に開校した明治大学付属明治中学校。明治大学唯一の直系付属校として、建学の精神「質実剛健」「独立自治」のもと、21世紀のグローバル社会を担う国際人として活躍するために必要な力を持った人材を育てています。

中学では、通常授業に加えて、数学と英語の補習講座を実施し、つまずきを解消しながら基礎をしっかりと固めます。そうして基礎を身につけたうえで、ものごとを深く分析し、問いの本質を見抜く力も伸ばしていきます。

付属校とはいえ、進級基準・進学基準などがあり、緊張感のある学びの場となっています。推薦基準を満たせば、ほぼすべての生徒が明治大学の第1希望の学部に進学できるという恵まれた推薦制度を有しており、これをいかして、生徒たちは受験勉強にとらわれず、自分を高めるために資格取得、部活動、学校行事などに励んでいます。

そして、教員からの生活指導や宿泊行事などもとおして、生徒たちは社会で活躍する力を育んでいます。

明治大学との連携教育で早くから大学を知る

明治大学との連携教育として、明治大学各学部の教員が直接授業をする「高大連携講座」（高2対象）や、明治大学の講義を受けて修得した単位を明治大学進学後に単位として認定する「プレカレッジプログラム」（高3対象）、長期休暇中に明治大学の校舎を使って行われる、司法試験や公認会計士試験への挑戦を支援する各種セミナーなどを用意するほか、進路決定をサポートするための取り組みとして、明治大学の各学部説明会や、現役の明治大学生や卒業生による進路相談会などを実施しているのも大きな魅力です。

明治大学付属明治は、中高大10年一貫教育によって創造性や個性を伸ばし、社会で活躍できる生徒を育成しています。

SCHOOL DATA

- 東京都調布市富士見町4-23-25
- 京王線「調布」「飛田給」・JR線「三鷹」「矢野口」スクールバス
- 男子268名、女子258名
- 042-444-9100
- https://www.meiji.ac.jp/ko_chu/

明星中学校

世界に羽ばたく、世界で輝く

「21世紀の社会で活躍する人材の育成」をめざす明星中学校の教育の根幹をなしているのは、「てしおの教育」と「体験教育」のふたつです。

「てしおの教育」とは、あいさつや身だしなみも含め、学校生活における生徒の活動をあらゆる側面からフォローアップすることです。部活動、学習活動など、さまざまな場面で指導を受けた生徒は、他者と生きるうえで必要な能力と社会性を身につけていきます。

「体験教育」とは、教室から離れた場で五感をつうじた経験によって学ぶことです。机上の学問だけではなく、広々とした敷地内での自然観察、地域の企業との交流などに加えて、将来的にはSDGsを念頭においた活動を行うことも予定しています。

また、グローバル社会で必須の能力をきたえるために英語教育にも力を入れています。日々の授業での成果を「English Camp」、「東京グローバルゲートウェイ（TGG）」などで

いかすことで、力の伸長をはかります。

中高一貫教育の取り組み

特別選抜クラスでは、早朝や放課後の授業時間外を活用して、質・量ともに充実した先取り授業を行います。教科書だけにとらわれることなく、「自ら学ぶ力」の向上に重きをおいて、難関大学の入試突破に向けて長期的な展望で生徒を育てます。さらに、オンライン英会話、アメリカの大学や企業で行われる研修といった、「本物の体験」をつうじてグローバルに活躍できる人材を育成します。

総合クラスでは、生徒一人ひとりの個性を重視し、その成長と向きあいながら、基礎学力をていねいに伸ばしていきます。段階的な学びによって着実に知識を定着させるとともに、社会活動に直結したSDGsワークショップやTGGでの学習、多岐にわたる進路に応じたプログラムを用意することで、生徒の可能性を広げています。

SCHOOL DATA

- 東京都府中市栄町1-1
- JR線「北府中」徒歩15分、京王線「府中」、JR線・西武線「国分寺」徒歩20分またはバス7分
- 男子225名、女子175名
- 042-368-5201
- https://www.meisei.ac.jp/hs/

明法中学校
めい ほう

希望は力　社会貢献できる人間の育成をめざす

少人数教育と本物に触れる教育

　明法中学校では、東京ドーム1.2倍の広大なキャンパスと充実の施設のなかで、教員1名あたり生徒13名という少人数制をとり、教師と生徒の人間的なつながりを深める教育が行われています。中学では「本物に触れる教育」が大切にされ、アドベンチャープログラムやフィールドワークなどの体験学習に加え、理科専門棟での理科授業も実験・観察が豊富で魅力的です。

　また、サイエンス教育での独自な取り組みとして「サイエンスGE」があり、ロボットを使ったプログラミング教育などで論理的思考力や問題解決能力・協働性を伸ばしています。この教育を受けた生徒からは、ロボットの国際大会出場者もでています。

　部活動も少人数ながら活発で、関東大会に連続出場しているソフトテニス部、伝統の棒術部のほか、サッカー部、バドミントン部などががんばって活動しています。

基礎基本を徹底

　中学では「起床時間」「就寝時間」「学習開始時間」を固定する「3点固定」により学習中心の生活リズムをつける指導を実施。さらに学力向上に向けて、1週間の学習サイクルをつくる「週末課題と週明けテスト」、学習内容を定着させる「定期考査の解き直し」をつうじて、基礎学力の徹底をはかっています。

難関大学への現役合格者数が大幅に増加

　ていねいな進学指導によって、2021年春は東北大学、北海道大学といった国公立大学やG-MARCH、東京理科大学などへの現役合格者数が昨年比300%以上になりました。そのほか中3での高度な理科実験授業、コロナ禍でも工夫を凝らして実施された国際教育プログラムなど、大学進学のさきまでをも見据えた、充実した教育が実践されています。

🏫 SCHOOL DATA

- 東京都東村山市富士見町2-4-12
- 西武国分寺線・拝島線「小川」徒歩18分、JR線「立川」・西武新宿線「久米川」・西武拝島線「東大和市」バス
- 男子のみ92名
- 042-393-5611
- https://www.meiho.ed.jp/

目黒学院中学校
め ぐろ がく いん

共学化しても変わらない魅力

　桜の名所として名高い目黒川をのぞみ、交通の便もいい地に立つ目黒学院中学校では、女子生徒を迎え、すでに9年が過ぎました。共学校となり、新たに「『実力派紳士淑女の育成』を目指して」という教育理念を掲げていますが、これまでの目黒学院の教育目標に大きな変化はありません。「明朗・勤勉・礼節」を校是として、自主的・積極的に学ぶ心と、生徒一人ひとりの個性を育むことを引きつづき目標としています。

　カリキュラムにおいては、幅広く教養を身につける姿勢を大切にしているため、高校2年までは文系、理系にコース分けすることはありません。高校2年までの5年間でさまざまな科目を学ぶことで、探求心を育み自らの進む道を見つけだしてもらいたいと考えているからです。

　また、早くから志望校を決定していたり、よりレベルの高い学習内容に取り組みたいという生徒のためには「発展学習」や「受験対策講習」などの課外学習も行うことで、個々の生徒の要望に応えています。

独創性、主体性、国際性を養う

　こうした教育システムと、特色ある学校行事によって、生徒の独創性、主体性、国際性を養い、個々の可能性を大きく開花させたいと目黒学院は考えています。

　特色ある学校行事の一例としては、自然のなかで過ごすことでふだんとはちがうことが学べる農林業体験、各クラスが一丸となって戦う体育祭、クラスやクラブ活動のグループなどで興味あるテーマを研究・発表する梧林祭（文化祭）、中3で行われるアメリカ・セミナーツアーなどがあげられます。とくにアメリカ・セミナーツアーでは、英語による理解力と表現力を高めながら、アメリカでの生活を体験することができます。

　これまでと変わらない魅力にあふれた目黒学院です。

🏫 SCHOOL DATA

- 東京都目黒区中目黒1-1-50
- 東急東横線・地下鉄日比谷線「中目黒」徒歩5分、JR線ほか「恵比寿」徒歩10分
- 男子23名、女子8名
- 03-3711-6556
- https://www.meguro.ac.jp/

目黒星美学園中学校
めぐろせいびがくえん

カトリック×21世紀型教育

「世界市民力」を養う

砧公園に隣接し、世田谷美術館などの文教施設にもほど近い目黒星美学園中学校。この地でカトリックの女子教育を半世紀にわたりつづけてきた目黒星美学園が、2023年度から校名をサレジアン国際学園世田谷中学校へと変更し、共学校として生まれ変わります。

目黒星美学園で2021年度から実践しているPBL型授業（課題解決型授業）を引きつづき全教科で実施していくことで、この時代に活躍できる「世界市民力」を身につけた人材を育成していきます。さらに2023年度からは、2コース制を導入します。

ひとつ目のインターナショナルコースは、グローバルな環境で英語力を飛躍的に向上させることをめざす新設のコースです。そのために、一部教科で、オールイングリッシュの授業を取り入れていきます。ふたつ目の本科コースでは、独自の社会探究プログラム「VCP（ボランティア・コミュニケーション・プログラム）」を2単位設定。SDGsや防災といった多様なテーマを取りあげ、それらについて他者と協働しながら探究を進めていくという、実践的な学びを展開していきます。

英語関連行事、ますます充実！

1年生ではイングリッシュキャンプ（2泊3日）、2年生ではブリティッシュヒルズ（2泊3日）に全員が参加します。3年生は夏休みにカナダで3週間のホームステイ、4年生（高1）、5年生（高2）ではオーストラリア姉妹校に交換留学、またはニュージーランドにターム留学を希望者に実施しています。

さらに発達段階に応じて自己の適性を見極め、未来像を描かせるプログラムも充実しています。「被災地ボランティア・フィリピンボランティア研修」などへの参加をきっかけに、社会とつながり、社会貢献についての考えを深めています。

SCHOOL DATA

- 東京都世田谷区大蔵2-8-1
- 小田急線「祖師ヶ谷大蔵」徒歩20分、小田急線「成城学園前」バス10分、東急田園都市線「二子玉川」スクールバス
- 女子のみ205名
- 03-3416-1150
- http://www.meguroseibi.ed.jp/

目黒日本大学中学校
めぐろにほんだいがく

夢の実現、確かな未来へ

開校110余年、次代を担うすぐれた人材を輩出してきた目黒の日出学園が、2019年4月、日本大学の付属校となりました。これまでの特色「オリジナリティ」と日本大学の持つ「総合性」をリンクさせ、教育システムやカリキュラムなどをバージョンアップさせる目黒日本大学中学校に注目が集まります。

進学指導の安定化と高い学力の醸成

中高一貫となる中学は第一にグローバル教育を掲げます。中学のうちでの英検2級取得を目標に、ネイティブ教員とのやりとりと、全員が持つタブレット端末によるオンライン会話でハイレベルな英語力を身につけます。

グローバル化といっても、日本の文化を理解していなければ海外でアイデンティティーを発揮することはできないと考え、目黒日大では「日本」をテーマにした授業、行事、課外活動など、さまざまな場面で日本の文化を知る体験を用意しています。そのうえで中3では、約1カ月間の短期留学を実施します。

学力の醸成には、タブレット端末や電子黒板を活用し、わかりやすく参加型のアクティブラーニングを展開。試験の電子化により成績や学習時間の管理を共有できる学習支援クラウド「classi」を導入した、生徒主体のICT教育も充実しています。さらに一人ひとりとしっかり向きあい、ていねいに支援する「オーダーメイド教育」を実践。全員に向かっていっせいに「授業を教える」のではなく、生徒同士の学びあいや教員と生徒のコミュニケーションを取り入れた「授業で教える」指導により、個性を伸ばします。こうすることで自己肯定感を高め、「自分はやればできる」という自己効力感につながるよう、導きます。高校では中高一貫生のみのクラス編成となり、国際教育・理数教育を推し進め、国公立大学や難関私立大学・医歯薬系学部への進学をめざします。日本大学へは、全付属校共通の「日大到達度テスト」を経て進学します。

SCHOOL DATA

- 東京都目黒区目黒1-6-15
- JR線・東急目黒線・地下鉄南北線・都営三田線「目黒」徒歩5分
- 男子118名、女子143名
- 03-3492-3492
- https://www.meguro-nichidai.ed.jp/

目白研心中学校

め じ ろ けん しん

東京
新宿区

共学校

グローバル社会で活躍する人材を育てます

「自己肯定感を持ち、他者に積極的に関わり、円滑なコミュニケーションが取れる。十分な情報収集・分析により問題を発見し解決できる人」。そんなグローバル社会で活躍する人材を目白研心中学校は育てています。

主体性のある人を育てる6年間

「自分の人生を自分で切り開ける人材を育てたい」との思いから2016年度より、3段階の選択ステージが用意されました。中1・中2の国数英は習熟度別授業を実施、中3で「第一の選択」として、「特進コース」「Super English Course」「総合コース」を生徒自身が選択します。そして、高1でコースを確定する「第二の選択」を、高2で文理の選択を中心とした「第三の選択」を実施し、進路希望の実現をめざしていきます。

「特進コース」は難関大学進学をめざすコース、「総合コース」はG-MARCHなどへの進学をめざすコースです。

「Super English Course」は、多様な価値観を認めあいながら、海外の生徒と対等に議論する能力を育てていきます。そのためには、相手の話を瞬時に理解し、自分の意見を論理立てて英語で述べることや会議の進行を管理するファシリテーション力、リーダーシップも必要です。そのスキルを身につけるために、目白研心の歴史ある英語教育プログラム（ACEプログラム—Active Communication in English Program）をさらにパワーアップさせ、より高いレベルで教育を行っていきます。

3つのコース制に加え、20校以上ある姉妹提携校から留学先を選べる豊富な留学プログラムや「学習支援センター」によるサポート体制も魅力です。「学習支援センター」では、学習を確実に理解させるためのプログラムや目的に応じた講座が用意されています。

このような充実した教育体制を整え、生徒が高い目標を掲げて、未来へ、世界へ、自らの意志で飛び立てるように導いていきます。

SCHOOL DATA

- 東京都新宿区中落合4-31-1
- 西武新宿線・都営大江戸線「中井」徒歩8分、都営大江戸線「落合南長崎」徒歩10分、地下鉄東西線「落合」徒歩12分
- 男子46名、女子81名
- 03-5996-3133
- https://mk.mejiro.ac.jp/

八雲学園中学校

や くも がく えん

東京
目黒区

共学校

次世代のグローバルリーダーを育てます！

グローバル教育に力を入れる八雲学園中学校は、中1で9時間、中2・中3で週10時間の英語授業を確保。ネイティブ教員による授業を多く設け、生きた英語を学びます。こうした授業とあわせて、英語劇や英語祭、スピーチコンテストなどの英語行事を行い、コミュニケーションツールとしての英語力を伸ばし、より高い目標に向けて英語習得への意欲を高めます。また、独自のeラーニングシステムを利用しながら、基礎から大学入試、英検、TOEFL対策を行い、CEFRのC1レベルをめざします。2017年、世界50カ国の私学200校所属のラウンドスクエアに加盟。加盟校との交流などの体験を重ねることで次世代のグローバルリーダーを育てます。

学習面と生活面の両面から支える

進路指導では、一人ひとりがタブレットを持ち、授業だけでなく進学合宿や放課後補習など、徹底したサポートを行います。また、

6年間を「基礎学力の蓄積」・「海外研修・留学プログラム体験」・「受験体制の確立」とそれぞれ3ステージに分け、国公立大学・難関大学への進学をめざします。

また、2020年、新たに海外協定大学推薦制度（UPAA）を導入しました。これは高校での成績・英語力を基準として、アメリカ・イギリスの協定大学の推薦入試を受けられる制度です。この制度を利用し、2021年にはマンチェスター大学などの海外大学に4名が合格しました。

そのほかの特色として「チューター（学習アドバイザー）」を採用しており、担任とは別に相談相手が生徒一人ひとりにつきます。3年間にわたり、学習面と生活面の両方でアドバイスを受けることができ、生徒が抱える不安や悩みを解決する体制が整います。

特色ある教育体制のもと、安心して各自の個性や能力を伸ばし、より高い目標に向かって意欲的に学校生活を送ることができます。

SCHOOL DATA

- 東京都目黒区八雲2-14-1
- 東急東横線「都立大学」徒歩7分
- 男子191名、女子250名
- 03-3717-1196
- https://www.yakumo.ac.jp/

安田学園中学校
やすだがくえん

ハイレベルな英語に充実の探究学習

安田学園中学校は、「自学創造〜21世紀のグローバル社会に貢献できる人材を育成する〜」を教育目標に掲げています。とくに英語教育については長年にわたり積みあげてきたノウハウをいかし、2013年にスタートした「先進コース」と「総合コース」の2つのコースで、中1から週7時間、英語4技能のバランスのとれた授業を行っています。その成果として、英検において中3時点の英検準2級以上の取得率が、先進コースでは92%（2021年3月現在）と非常に高い水準を誇っています。

また、先進コースは海外研修が充実しており、全員参加の中3カナダ語学研修や高2英国探究研修、希望制ですが高1ではニュージーランド・オーストラリアでの3カ月留学の機会などもあり、英語学習に対するモチベーションが非常に高くなっています。

2019年度からはフィリピンとのオンライン英会話を全学年に導入するなど、さらなる英語教育の充実に取り組んでいます。

論理的思考力を育成する「探究学習」

もうひとつ、安田学園が力を入れているのが探究学習です。「疑問・課題⇒仮説の設定⇒検証（調査・観察・実験）⇒新しい疑問や仮説・・・」の活動を繰り返すことで、論理的・批判的思考力をきたえていきます。

中1の上野動物園での動物の観察からスタートし、夏には東京海洋大学の館山ステーションで大学生からレクチャーを受けながら磯の生物を採集・観察します。

中2では、新潟県十日町で耕作放棄地の調査を行い、その再生に取り組みます。そして中3では京都・奈良を訪問し、情報収集法などを学ぶことによって、翌年に取り組む論文制作のための下準備をします。

教科と探究学習により、根拠をもって論理的に追究して考える、本質的な学びとなり、地球規模の問題を解決できるグローバルリーダーの資質を育てます。

SCHOOL DATA

- 東京都墨田区横網2-2-25
- 都営大江戸線「両国」徒歩3分、JR線「両国」徒歩6分、都営浅草線「蔵前」徒歩10分
- 男子318名、女子263名
- 03-3624-2666
- https://www.yasuda.ed.jp/

山脇学園中学校
やまわきがくえん

社会でいきいきと活躍するための礎を築く6年間

山脇学園中学校は、118年の女子教育の伝統を受け継ぎつつ、一人ひとりの「志」を育てる教育に力をそそいでいます。

国際社会で活躍する志と資質を育てる「イングリッシュアイランド（EI）」や、科学をとおして社会に貢献する志を育てる「サイエンスアイランド（SI）」、探究的な学びをとおし、言語技術を磨く「リベラルアーツアイランド（LI）」の施設では、課題解決型の実践的な学習を行っています。

志を育てる、多様な教育プログラム

山脇学園では、「志」を育てることが生徒の人生設計への根幹になると考えられています。中1・中2では自己知・社会知〔自分自身を理解し、自分を取り巻く社会を知る取り組み〕、中3・高1では進路設計〔自己知・社会知を土台として進路設計する取り組み〕、高2・高3では志の実現〔興味のある学問分野を掘り下げ、より具体的な進路を考える取

り組み〕という段階的な教育プログラムで、大学進学やその先の将来に向けた「志」を育成します。また、3つの施設（アイランド）を拠点として、多彩なフィールドワークを行う校外学習や、大学などの支援を受けて行う本格的な研究活動などを展開しています。

語学研修としては、中3での「イギリス語学研修」、高1・高2での「イギリス、アメリカ、カナダ、オーストラリア1年間留学」、「アメリカ大学留学体験プログラム」などがあります。また、中3〜高2対象の「アメリカの名門女子大学から学生を招いてのエンパワーメントプログラム」も実施しており、なりたい自分の姿を描き、それに近づく努力をする機会をたくさん用意しています。

生徒は多様な個性を学びのなかで伸びやかに発揮し、なにごとにも好奇心旺盛に取り組んでいます。現代社会に求められる創造的な学力を、豊かな教育環境でいきいきと学びながら身につけていくことができる学校です。

SCHOOL DATA

- 東京都港区赤坂4-10-36
- 地下鉄銀座線・丸ノ内線「赤坂見附」徒歩5分、地下鉄千代田線「赤坂」、地下鉄銀座線・半蔵門線・都営大江戸線「青山一丁目」徒歩7分ほか
- 女子のみ827名
- 03-3585-3911
- https://www.yamawaki.ed.jp/

立教池袋中学校
りっきょういけぶくろ

一人ひとりの能力を引き出し、人生のいしずえを築く

生き方にテーマのある主体的な人間の育成

立教池袋中学校の前身は1874年、ウィリアムズ主教が築地に建てた私塾です。キリスト教に基づく人間教育を基盤に、教育目標を「テーマをもって真理を探究する力を育てる」「共に生きる力を育てる」と定め、生き方にテーマのある主体的な人間を育成しています。中学校を含め小学校から大学という立教学院のなかで一貫連携教育を推進しており、一貫校だからこそできる大学との連携教育や、充実した国際交流プログラムも特色です。

興味を探究する選修教科・自由選択講座

中学校では必修教科に加えて、各教科の基礎を学ぶ「選科A」やより深い知識を身につけられる「選科B」などの選修教科を開講し、不得意な部分をフォローして興味のあることをさらに伸ばしていくための授業を展開しています。高校3年次には、毎日2時間ずつ受講する自由選択講座を設定し、合計44講座のなかから自分の興味や進路に合った講座を選択することができます。

将来を見据えたICTの活用

立教池袋では、2018年度から校内全域に無線LANを、中高全教室に大型プロジェクターを導入するなど、ICT教育を推進しています。

さらに、高校では生徒ひとりにつき1台ずつSurface Proを用意し、卒業研究論文や学校行事でもICT機器を活用することで情報リテラシーの向上にも役立てています。

一方、中学校では貸出用のタブレットをさまざまな場面で活用しており、将来的には高校と同様に、ひとり1台ずつ情報通信端末を導入することについて検討が進められています。2020年度のコロナ禍による休校期間中も中学校のオンライン授業数は約640回を数え、授業の形態に合わせてライブ・動画配信を行いました。

🏫 SCHOOL DATA 🏫
- 東京都豊島区西池袋5-16-5
- 地下鉄有楽町線・副都心線「要町」徒歩5分、JR線ほか「池袋」・西武池袋線「椎名町」徒歩10分
- 男子のみ451名
- 03-3985-2707
- https://ikebukuro.rikkyo.ac.jp/

立教女学院中学校
りっきょうじょがくいん

真の自由と豊かな人間性を求めて

立教女学院中学校の創立は、1877年。プロテスタントの宣教師・ウイリアムズ(Channing Moore Williams)によって設立されました。創立以来、キリスト教信仰を基盤に、「精神的、倫理的なものに価値をおき、他者に奉仕できる人間を育てる」こと、「グローバルな視野を持った知的に有能な人間に育てる」こと、「自由で自立した女性としての行動力ある調和の取れた人間を育てる」ことを目標とした教育が実践されてきました。そのめざす具体的な女性像は、「知的で、品格のある、凛とした女性」です。

立教女学院の1日は礼拝で始まります。礼拝では、授業前の20分間、自分の心を見つめます。人に仕える精神、平和への意志はここで生まれているのです。また、年間をつうじてさまざまなボランティア活動への参加を奨励しているのも、立教女学院の特徴です。

具体的な授業においては、国語、数学、英語、理科は中3で高校の先取り授業を行っています。中学・高校とも、英語は習熟度別クラス編成を行い、ホームルーム・クラスよりも少人数での授業を展開。国際社会において英語で意見を表明できる「発信型英語能力」の育成をめざしています。

特色ある「ARE学習」

独自の学習に「ARE学習」があります。自らテーマを求め(Ask)、調べ(Research)、言語化して発表する(Express)学習で、一般的な総合学習にあたります。中学では、学力を養い広く社会に貢献できる人間になることをめざし、高校では、この「ARE学習」をとおして卒業論文を作成します。

また、立教女学院では、創立者を同じくする立教大学への推薦制度があります。他大学を受験する生徒へのサポート体制も整っており、高2・高3では理系コース、文Ⅰコース、文Ⅱコースに分かれるコース制を導入しています。

🏫 SCHOOL DATA 🏫
- 東京都杉並区久我山4-29-60
- 京王井の頭線「三鷹台」徒歩1分
- 女子のみ593名
- 03-3334-5103
- https://hs.rikkyojogakuin.ac.jp/

立正大学付属立正中学校

りっしょうだいがくふぞくりっしょう

東京 大田区 共学校

自分の力を発揮する人を育てる。

中高の6年間は、自立をめざし、自分で考え、進んで学び、自分で道を選ぶ力を身につけるための時間です。立正大学付属立正中学校がめざす自立は、社会やチームのなかで、自分の力を最大限に発揮することです。ときには道を切り拓くリーダーとして、ときには仲間を支えるスタッフとして、理想や目標を実現するために力を尽くせる人が、自立した人だと立正大立正は考えます。そのためには自分を知ることが欠かせません。仲間の個性を認め、自分と異なる意見を受け入れ、自分の主張をしっかり伝えることも大切です。周囲から認めてもらえるように基本的な学力や人間力も必要です。授業や部活動、行事などの学校生活全体をつうじて、仲間とともに社会のために「自分の力を発揮する」生徒を育てる。それが、立正大立正の学びです。

R-プログラムの実践と学習効果

毎日の授業だけでなく、将来にわたって必要な力、Research（調べる力）、Read（読み取る力）、Report（伝える力）を蓄えるのが「R-プログラム」です。

毎朝のホームルーム（HR）で新聞や雑誌のコラムを読み、200字で意見や感想をまとめる。翌朝のHRでクラスの数名ずつが自分の意見を発表する。このルーティーンをつづけると、最初は書けなかった文章がかたちになり、人前に立つのが苦手だった生徒も徐々に慣れ、スピーチができるようになります。いままで自信を持てなかった生徒が自らの成長を体感し、授業にも好影響がでています。毎日読む記事やコラムをつうじ、「単純に知識が増えた」と感じた生徒が、「授業にしっかり取り組めば、もっといろいろなことがわかってくる」ことに気づき、「読解問題の文章は、確実に速く読めるようになった」と実感しています。立正大立正は、R-プログラムと授業の相乗効果で「自分の力を発揮できる能力」を育てています。

⚜ SCHOOL DATA ⚜

▧ 東京都大田区西馬込1-5-1
▧ 都営浅草線「西馬込」徒歩5分
▧ 男子319名、女子118名
▧ 03-6303-7683
▧ https://www.rissho-hs.ac.jp/

早稲田中学校

わせだ

東京 新宿区 男子校

「誠」を基本とする人格を養成

早稲田大学、早稲田キャンパスのすぐそばに校舎をかまえる早稲田中学校は、早稲田大学のおひざもとにある早稲田大学系属校のひとつです。創立は1895年と長い伝統を誇ります。

早稲田大学への進学ばかりではなく、他大学進学者も5割程度と、進学校としての趣が強い学校です。男子だけの中高一貫教育を行い、高校からの募集はありません。

教育目標として、「常に誠を基本とする人格の養成に努め、個性を伸張して、国家社会に貢献し得る、健康で民主的な人材を育成すること」を掲げています。

「誠」とは、人間の基本となるべき心の持ち方であり、言行の一致に基づく誠意・真剣さなどとして発現されます。この精神は坪内逍遙により校訓として掲げられ、早稲田中の人間教育の基本精神となっています。

「個性」の立つべき根幹を早稲田中では独立・自主・剛健においています。これは、大隈重信の人格の主要な一面でもありました。早稲田中では、こうした個性の発揚・伸長をうながすことに努めています。

推薦入学制度で早稲田大学へ

早稲田中は早稲田大学の系属校として、その歴史を刻んできました。

1981年度高校卒業生からは早稲田大学への推薦入学制度も発足し、学校所定の推薦基準により早稲田大学への進学の志のある生徒を各学部に推薦しています。

早稲田中では、生徒自身が進学したい大学・学部を決めるため、推薦枠をいっぱいに使わない厳しい選抜を行っていることが大きな特徴です。

このような方針のもと、日々の授業は密度が濃く高レベルになっています。ここで培われる確固たる基礎学力と柔軟な思考力が、早稲田大学および難関国公立・私立大学や医学部への進学を可能にしています。

⚜ SCHOOL DATA ⚜

▧ 東京都新宿区馬場下町62
▧ 地下鉄東西線「早稲田」徒歩1分、都電荒川線「早稲田」徒歩10分、地下鉄副都心線「西早稲田」徒歩15分
▧ 男子のみ955名
▧ 03-3202-7674
▧ https://www.waseda-h.ed.jp/

早稲田実業学校中等部

東京
国分寺市　共学校

2期制で充実したカリキュラム

早稲田実業学校中等部は早稲田大学の系属校であり、2020年度の卒業生435名のうち、他大学医学部進学者など12名をのぞく423名が早稲田大学に推薦入学しています。

教育課程は、中等部・高等部ともに2期・週6日制です。カリキュラムは、中学校として要請されている課程をふまえながら、バランス感覚を備えた人物を育成するため、基礎学力をしっかりと身につけられる内容です。また、生徒の旺盛な知的好奇心に応えるため、工夫を凝らした授業を行っています。

PC教室、CALL教室、各種実験室、芸術教室などの設備も充実し、外国人講師による指導なども取り入れています。さらに、高等部2〜3年次には、早稲田大学の講義も受講可能です。

各クラスはチームワークがよく、教室はいつも伸びやかな雰囲気で、活気にあふれています。中等部から高等部へは、一定の成績基準を満たせば進学でき、高等部からの入学生との混合クラスになります。

希望と自由に満ちた充実した早実ライフ

勉強にいそしみ、スポーツに打ちこみ、芸術に情熱を燃やす、みずみずしい感性を磨く中学時代。受験勉強に明け暮れることなく多感な10代をいきいきと過ごすことは、のちの人生を生きていくうえで、とても大切です。

一人ひとりが元気にスポーツを楽しむ体育祭と、機知に富んだ個性を発表する文化祭は、まさに文武両道を謳う伝統の校風そのもの。

さらに、貴重な学習をする総合学習・校外教室など、生徒の自主性と個性を尊重する早稲田実業ならではの多彩な学校行事をつうじて、友情やきずなが育まれていきます。

男女の仲がよく、互いに助けあいながら学校生活を送るなかで成長していく生徒たち。その明るくはじける笑顔が早稲田実業の学校文化を端的に表しているといっていいでしょう。

SCHOOL DATA
- 東京都国分寺市本町1-2-1
- JR線・西武線「国分寺」徒歩7分
- 男子451名、女子259名
- 042-300-2121
- https://www.wasedajg.ed.jp/

早稲田大学高等学院中学部

東京
練馬区　男子校

「学びの自由」が、次代を生き抜く力と探究力を育む

早稲田大学の中核となる人材を育成

早稲田大学は創立以来、「学問の独立」「進取の精神」といった建学理念のもと、時流に流されることなく、たくましい知性としなやかな感性を持った人材の育成をめざしています。早稲田大学高等学院は、1920年、この理念に基づき大学附属の旧制高校として発足しました。早稲田大学高等学院中学部は、その長い歴史と伝統を継承し、2010年に併設された早稲田大学で唯一の附属中学校です。生徒たちは、受験から解放された自由でアカデミックな校風のもと、早稲田大学建学理念に基づく10年間の一貫教育により、将来早稲田大学の中核となる人材へと成長することを期待されています。

各学年は120名（1クラス30名）という少人数で編成。生徒一人ひとりの個性を伸ばすことをめざし、自学自習の習慣を身につけながら、いまなにをすべきかを自分で考え、主体的に行動できる生徒へと育てることを目標としています。

つねに探究心を持つ生徒を望む

早稲田大学高等学院は「入学すれば早稲田大学に進学できるから安心だ」という学校ではありません。自分自身や社会・科学等について、深く広く考えることを求められます。

そのため、学問に対する探究心や好奇心を喚起する授業が展開されているほか、生徒の自主的な活動もさかんに行われています。

たとえば、「環境プロジェクト」「模擬裁判プロジェクト」といった、生徒が主体的に環境問題や法律・司法について考え、取り組んでいく活動もあります。

クラブ活動や行事もさかんで、高校では軟式野球部、アメリカンフットボール部、雄弁部、理科部などの活躍が光っています。中学部は奈良（1年生）、長野（2年生）、長崎・佐賀（3年生）の宿泊研修があります。

SCHOOL DATA
- 東京都練馬区上石神井3-31-1
- 西武新宿線「上石神井」徒歩7分、西武池袋線「大泉学園」「石神井公園」・JR線「西荻窪」バス
- 男子のみ366名
- 03-5991-4156
- https://www.waseda.jp/school/jhs/

和洋九段女子中学校

「この先100年の教育」がスタート

PBL型授業の徹底

創立120年以上の歴史を誇る和洋九段女子中学校では、21世紀の読み書きそろばんとして、「考える力」「英語」「ICT」「サイエンスリテラシー」「コミュニケーション力」に重点をおきながら、課題解決型の相互通行型授業（PBL型授業）を実践しています。

トリガークエスチョン→ワンマンブレインストーミング→グループブレインストーミング→解の選択→プレゼンテーション→検証を繰り返しながら、グローバル社会での多様な価値観を統合し、ものごとを論理的に思考する力と、他者への敬意を忘れない表現力を身につけていきます。

グローバルマインドを育成するためのホームステイやターム留学制度は、シドニーの姉妹校提携のもと20年以上の歴史があります。これに加え、アメリカ、カナダ、ニュージーランドへの留学プログラムなどにも参加可能です。

グローバルクラス

2017年度より、本科クラスに加えグローバルクラスが設置されました。このクラスは、英語の授業がオールイングリッシュで実施されるほか、朝礼やホームルームなどの学校生活が英語で運営され、インターナショナルスクールに近い学校生活を送ることができます。

将来的には海外大学への進学も視野に入れており、帰国生も在籍する活発なクラスになっています。ただし、英語の授業はアドバンストとインターメディエイトのレベル別になっており、英語ゼロベースの生徒も入学可能です。オールイングリッシュの授業が聞き取れるようになった時点で、アドバンストの授業に移行することができます。また、放課後の英会話サロンなどと合わせて、英語を話す場面を増やしています。

SCHOOL DATA

- 東京都千代田区九段北1-12-12
- 地下鉄東西線・半蔵門線・都営新宿線「九段下」徒歩3分、JR線・地下鉄有楽町線・南北線・都営大江戸線「飯田橋」徒歩8分
- 女子のみ231名
- 03-3262-4161
- https://www.wayokudan.ed.jp/

立教女学院
中学校・高等学校

ST. MARGARET'S
JUNIOR & SENIOR
HIGH SCHOOL

2021年度 立教女学院 中学校・高等学校 公開行事（予定）	● ミニ学校説明会 　5月12日（水） 　5月19日（水） 　6月19日（土） 　7月 7日（水） 　＊4回とも内容は同じです。	● 学校体験日 　〜St. Margaret's Learning Day〜 　7月3日（土） ● 生徒会による学校説明会 　7月17日（土）	● 帰国生対象学校説明会 　7月27日（火） ● 学校説明会　一般生・帰国生 　9月25日（土） ● マーガレット祭（文化祭） 　10月22日（金）・23日（土）	● 校内見学会 　10月30日（土）・11月6日（土） ● クリスマス礼拝 　12月11日（土） ● 高3卒業論文発表会 　2022年3月12日（土）

開催方法の変更や中止、対象学年・人数の制限をさせていただく場合があります。
すべて立教女学院中学校・高等学校ホームページからの予約制（1ヶ月前から）です。
立教女学院中学校・高等学校 〒168-8616 東京都杉並区久我山4-29-60 TEL:03-3334-5103

立教女学院中学校・高等学校 ホームページ
https://hs.rikkyojogakuin.ac.jp/

人は、人と、輝く。

これからを生きる子どもたちが社会から求められるもの、それは、世界の人々や人工知能とともに、未来を共創していく力と言えます。

グローバル化は、恐れるものではなく、大きな可能性の広がり。AI化は、敵対する対象ではなく、共生を目指すもの。

だからこそ八王子中学校は、人と人とのつながりを大切にし、さらには社会や世界へと、そのつながりを広げていける、そんな平和の心の育成を目指します。

Hachioji Junior High School

八王子学園
八王子中学校
Hachioji Junior High School

〒193-0931
東京都八王子市台町4-35-1
Tel.042-623-3461（代）
URL http://www.hachioji.ed.jp
E-mail info@hachioji.ed.jp

JR中央線「西八王子」から徒歩5分

男女共学

[東大・医進クラス] [一貫特進クラス]

■課題解決型授業の導入で実践的思考を育てます。

■少人数で行う探究ゼミ活動で知的好奇心を育てます。

■英会話能力を育て中2までに英検®3級、中3までに英検®準2級を取得。英語で発信できる力を育てます。

■アクティブ・ラーニングとタブレット活用でOut put能力を育てます。

■個性に応じた学びで高い進路目標を実現します。

学園祭開催予定 9/25（土）・9/26（日）

※説明会は本校公式サイトにて完全予約制です。　※詳しい学校紹介は公式サイトまたは学校案内をご覧ください。 | 英検®は、公益財団法人 日本英語検定協会の登録商標です。

 # 浅野中学校

〒221-0012　神奈川県横浜市神奈川区子安台1-3-1

 浅野中学校 （検索）　 **@asanogakuen**

説明会や学校行事、出願についてなどの最新情報や詳しい情報は
本校のWEBサイトをご覧ください。

大切なものを、みつけよう。

Asano
Junior High School

国立・私立中学校プロフィール

神奈川

青山学院横浜英和中学校

（あおやまがくいんよこはまえいわ）

神奈川
横浜市
共学校

グローバルな視点をもつ生徒の育成をめざす

青山学院横浜英和中学校は、1880年、アメリカの婦人宣教師、ミスH.G.ブリテンにより横浜山手の地に創立されて以来、キリスト教主義学校として、隣人に奉仕できる心の育成に努めるとともに、生徒一人ひとりの個性と能力をいかす教育を行ってきました。

そして、2016年度に青山学院大学の系属校になり、2018年度には男女共学に。今年度、生徒会活動の中心となる建物「スチューデントセンター・オリーブ」が完成予定です。

重視されている英語・国際教育

授業は完全週5日制・2学期制で、青山学院大学への進学はもとより、国公立大学や難関私立大学受験にも対応できる教育課程と授業内容を組んでいるのが大きな特徴です。

英会話と基礎段階である中1前半の英語は少人数で行われており、中1後半からは習熟度別、少人数クラス編成で授業を行うなど、生徒の学力到達度に合わせたクラス編成が行われています。

高校では、多くの選択科目のなかから自分の進路に必要なものが自由に選べます。さらに、月曜日・木曜日の放課後補講、土曜セミナーや夏期補講など、さまざまな学力面でのフォロー体制が整っています。

青山学院横浜英和は、オーストラリアに2校、韓国に1校、アメリカに1校、ニュージーランドに2校、計6校の姉妹校・提携校を海外に持っています。短期留学やホームステイ海外研修旅行、留学生の受け入れプログラムなど、多様な交流が行われており、ニュージーランドでのターム留学は人気のプログラムのひとつになっています。このような機会をとおしてグローバルな視野を養い、世界の人びととともに生きることを学んでいます。

また、キャンパス見学会、学問入門講座、大学教員による出張講義など青山学院大学との連携プログラムが充実しており、早い段階から自己実現を考える力を育成しています。

🏫 SCHOOL DATA

- 神奈川県横浜市南区蒔田町124
- 横浜市営地下鉄ブルーライン「蒔田」徒歩8分、京浜急行線「井土ヶ谷」徒歩18分
- 男子141名、女子470名
- 045-731-2862
- https://www.yokohama-eiwa.ac.jp/chukou/

浅野中学校

（あさの）

神奈川
横浜市
男子校

「九転十起」で育む自主独立の精神

1920年、実業家・浅野總一郎翁によって創立された浅野中学校。大学進学実績のよさに加えて、伝統である「自主独立の精神」を重視する明るい校風は、多くの保護者からの熱い支持を受けており、今日にいたっています。

青春の真っただ中に位置する中学・高校時代。浅野は、たくさんの経験・であい・ふれあいを大切にし、自分を高め、さらに高い目標をめざしてステップアップする生徒を育成することをめざす学校です。

希望大学への進学を実現するカリキュラム

授業は6カ年を見通してカリキュラムを構成し、大学受験と関連した内容ならびに時間配分になっています。

中1・中2では中学の学習内容を履修しながら、基礎力を身につけていきます。国語、数学、英語、理科などの教科では、中3で高校レベルの内容も学習します。これは、高2からの希望進路に応じた授業体系に移行するためで、オリジナルテキストの導入や中身の濃い授業によって、進度をあげることを実現しています。

高2からは志望を基本にクラスが分かれます。長年のノウハウと実績に裏づけされた授業展開で、生徒の学力向上において大きな成果をあげています。

忘れてはならないのは、浅野ではなによりも日常の授業を第一に考えていることです。日ごろから予習・復習の学習習慣を身につける指導が行われています。

徹底した学習指導がある一方、「学校は人間形成の場である」という基本をふまえ、日常のあいさつから人との接し方、ルールを守るといったことができて、初めて勉強に言及すべきだとも考えています。

中高一貫独自の指導体制と、当たり前のことを大切にする教育のなかで、浅野生は明るく自由な学園生活を送っています。

🏫 SCHOOL DATA

- 神奈川県横浜市神奈川区子安台1-3-1
- JR線・京浜急行線「新子安」徒歩8分
- 男子のみ843名
- 045-421-3281
- http://www.asano.ed.jp/

東京 神奈川 千葉 埼玉 茨城 寮制

あ行 か行 さ行 た行 な行 は行 ま行 や行 ら行 わ行

栄光学園中学校

理想的な教育環境を実現

JR線「大船駅」から徒歩15分。緑多き小高い丘陵地に栄光学園中学校のキャンパスは立地します。

恵まれた教育環境のなか、栄光学園では、つぎの6つを教育理念として掲げています。「自分の力を喜んで人々のために生かすことのできる人間。真理を求め、たえず学び続ける人間。素直な心を持ち、人々に開かれた人間。確信したことを、勇気をもって実行する人間。己の小ささを知り、大いなる存在に対して畏敬の念をもつ人間。多くを与えられた者として、その使命を果たすことができる人間」。

そして、この理念に基づき、社会に奉仕できるリーダーの育成にあたっています。大学への良好な進学実績はあくまで結果であり、他者に貢献できる人間教育こそが本来の目的です。自分で考え、判断し、実行することができ、さらに謙虚な反省をとおして自己を向上させられる人間の育成をめざしています。

その例をあげると、たとえば、毎週1時限「倫理」の授業があり、人間について幅広い理解力や判断力を養う場として、創立以来大事にされています。

自立をめざす学習指導

じっくりと人間教育にあたる栄光学園の姿勢は、学習においてもつうじるものがあります。自ら学ぶ「自学自習の精神」を養うことに努め、また学習内容の消化・定着をはかるため、毎日最低2時間の家庭学習の習慣化を課しています。

中高6年間は2年ごとに3つのブロックに分けられます。初級段階では基本の学習習慣と生活習慣を学び、中級段階でそれを発展させ、自発的・意欲的に学ぶよう指導します。そして6年間の最終段階では学んで体験してきたことを総合し、自らの可能性を追求する指導が行われます。

各ブロックで生徒の発達段階を考慮し、効率的に生徒たちの能力を育成していきます。

🏫 SCHOOL DATA 🏫

- 神奈川県鎌倉市玉縄4-1-1
- JR線・湘南モノレール「大船」徒歩15分
- 男子のみ550名
- 0467-46-7711
- https://ekh.jp/

神奈川学園中学校

「わたしをすてきにする」学校

神奈川学園中学校の前身となる「横浜実科女学校」は、1914年、「女子に自ら判断する力を与えること」「女子に生活の力量を与えること」を建学の理念に開校されました。創立以来、宗教色のない学校として、「自覚」「心の平和」「勤勉」を校訓に、現代に生きる人間教育を進めてきました。

現在生徒の「学習力」と「人間力」を育てることを目標とした「21世紀教育プラン」を実施しています。21世紀に求められる人間像は、「自立」と他者との「共生」だと考え、「人と出会い、社会と出会う」生き方の探究をプランの骨格としています。その柱となっているのが、中3で実施するホームステイを中心とした海外研修と、高1で沖縄、四万十川、水俣、奈良・京都、岩手・宮城の5方面から選ぶ国内FW（フィールドワーク）です。これらの研修は日本文化の本質を実感し、世界の広さを知ることで一人ひとりに大きな成長をもたらします。このプログラムは文部科学省からも評価されており、現在はスーパーグローバルハイスクール（SGH）の成果の普及などを行うSGHネットワークの1校に名を連ねています。

また、学習面では週6日制で、無理のない先取り学習を実現し、高1までで必修科目をほぼ学び終えます。高2、高3では週20時間ほど、進路に合わせて選択できる大幅選択制を導入しています。

一人ひとりを伸ばす

授業内容も独自性豊かです。各教科で採用しているオリジナルテキスト、中学校3年間での「理科100実験」、個別の「まとめノート指導」など、生徒の知的好奇心を刺激し確かな学力を育てる仕組みにあふれています。また、中学では2人担任制を採用し、一人ひとりをていねいに見守る体制を確立しています。

神奈川学園は、一人ひとりの夢の実現を強く確かにサポートしています。

🏫 SCHOOL DATA 🏫

- 神奈川県横浜市神奈川区沢渡18
- JR線ほか「横浜」・東急東横線「反町」徒歩10分
- 女子のみ579名
- 045-311-2961
- http://www.kanagawa-kgs.ac.jp/

神奈川大学附属中学校

神奈川
横浜市

共学校

信頼感のある「地域で一番の中高一貫共学校」をめざす

横浜市緑区に17万㎡もの広大なキャンパスを有する神奈川大学附属中学校。ぜいたくなほどの豊かな緑ときれいな空気が学校全体をやさしく包んでいます。

建学の精神は「質実剛健・積極進取・中正堅実」です。「質実剛健」は「伝統・古典を尊重し良識を重んじ正義を貫くこと」。「積極進取」は「困難なことに積極的に挑戦すること」。そして、「中正堅実」は「質実剛健・積極進取の精神を自覚したうえで、ものごとの本質を見極め、自ら主体的に行動すること」です。

この建学の精神のもと、神奈川大附属は、人間性豊かに伸びのびとした校風を維持しながら、先進的な教育を取り入れ、つねに学びつづける学校をめざしています。

学校としての基本姿勢は「進学校」ですが、そのなかであくまでも「個」を大切にし、自主独立の精神を尊重することで、生徒一人ひとりが主体的に考え、判断し、行動することのできる自立した人間の育成に努めています。

生徒の希望を実現する「高い進学実績」

進路指導は、6年間をかけて生徒の「生き方探し」をすることと考えています。中1から卒業生を招いた講演会を行い、職業観の育成を始めます。附属大学との高大連携プログラムでは、DNA組換え実験や宇宙エレベータロボット製作などの高度な大学の授業を体験し、自らの将来を見据えた大学選択を行います。

神奈川大附属では、特進クラスの設置や習熟度別授業などは行わず、すべての生徒が希望する大学に進学できるような指導がなされています。また、大学生・大学院生のOBがTeaching Assistantとして、進路相談室に常駐し、生徒とともに学習計画を作成し、希望進路の実現を手助けします。

附属大学への内部推薦入学の権利を持ちながら、他の難関大学を受験することが可能なため、毎年、6〜7割以上の生徒が国公立大学やG-MARCHに進学しています。

SCHOOL DATA

- 神奈川県横浜市緑区台村町800
- JR線・横浜市営地下鉄グリーンライン「中山」徒歩15分、相模鉄道線「鶴ヶ峰」バス
- 男子372名、女子334名
- 045-934-6211
- http://www.fhs.kanagawa-u.ac.jp/

鎌倉学園中学校

神奈川
鎌倉市

男子校

校訓に掲げる「礼義廉恥」

古都鎌倉、建長寺の境内に隣接する鎌倉学園中学校は、周囲を深い歴史と豊かな自然がおおいます。

中国の書物「管子」のなかにある「礼義廉恥」を校訓に、「知・徳・体」三位一体の教育が行われています。「礼義」とは、人として身に備えるべき社会の正しい道筋のこと、「廉恥」とは、心清くして悪を恥じ不正をしないということです。

豊かな宗教的環境から醸しだされる家庭的な友愛精神のなか、社会の進歩に適応できる能力・適性を育むための進路指導を重視しています。

適切な進路指導で高い進学実績

情操あふれる人間形成に努める鎌倉学園は、進学指導にも定評があります。中高一貫の徹底したカリキュラムにより、着実なステップアップがはかられています。

中学では、学ぶ習慣と意欲を身につけるとともに、基礎学力をしっかりと養います。そのため、日々の補習をはじめとして、学期末の特別講習や、土曜日に行われる「鎌学セミナー」などをとおして、徹底した基礎学力づくりが行われています。

そして、忘れてはならないのが、中高一貫教育のもとに行われる、国語・数学・英語の先取り授業です。一歩一歩完璧な理解を積み重ねながら展開されています。

真の「文武両道」をめざす鎌倉学園では、自由で伸びのびとした校風のなか、多くの生徒が自主的にクラブ活動に参加しているのも、特色といってよいでしょう。

また、建長寺の子弟教育のために創立された「宗学林」を前身とする鎌倉学園では、心身のバランスのとれた成長をめざすため、中1から高1まで座禅教室の時間が設けられています。そのほかにも多彩な行事を行うことで、バランスのとれた人格形成を心がけています。

SCHOOL DATA

- 神奈川県鎌倉市山ノ内110
- JR線「北鎌倉」徒歩13分
- 男子のみ520名
- 0467-22-0994
- https://www.kamagaku.ac.jp/

鎌倉女学院中学校

かまくらじょがくいん

湘南地区女子中学校の草分け的存在

神奈川 鎌倉市 **女子校**

鎌倉女学院中学校は「真摯沈着」、「尚絅」を校訓として特色ある女子教育を実践し、多くのすぐれた女性を世に送りだしてきました。現在は、心身ともに健康で国際性豊かな人間教育を目標として、国際社会で活躍できる知的で洗練された女性エリートの育成に努め、各々のめざす上級学校への進学に対応した、6年一貫教育を行っています。

そのなかで、中学校の3年間は、将来に向けて基礎学力をしっかり身につける大切な時期と考え、主要5教科（国数英社理）を重視する教育課程を編成し、日々のきめ細かい指導によって、無理なく着実に実力を養成していきます。

また、生涯にわたって楽しむことができる教養を身につけることを目的とし、茶道・華道・書道・バイオリン・フルートの5講座が学べる「特修」の設置など、生徒一人ひとりの能力を引き出す、いきとどいた教育をめざしています。

鎌倉から世界に発信する

学習面とともに重視されているのが、国際的な社会人となるためのさまざまな経験です。

たとえば、異文化を理解し、それと共生していくためには、自国の文化理解が不可欠です。古都鎌倉という学校環境をいかして歴史遺産に触れ、体験的に学ぶことによって、自国の歴史・文化の特色を理解していきます。

また、40年以上前から国際交流プログラムに取り組んでおり、現在は海外姉妹校交流プログラム（アメリカ）とカナダ英語研修（どちらも高校の希望者が対象）に加え、アジア研修を実施しています。

湘南地区の女子中学校の草分け的な存在としての伝統を持ちながらも、社会の国際化に対応する教育を柔軟に取り入れるなど、つねに進化をつづけているのが鎌倉女学院のよさだといえるでしょう。

SCHOOL DATA

- 神奈川県鎌倉市由比ガ浜2-10-4
- JR線・江ノ島電鉄線「鎌倉」徒歩7分
- 女子のみ499名
- 0467-25-2100
- https://www.kamajo.ac.jp/

鎌倉女子大学中等部

かまくらじょしだいがく

「なりたい自分」を見つける6年間の一貫教育

神奈川 鎌倉市 **女子校**

教育理念

鎌倉女子大学中等部では、建学の精神に基づき、「豊かな人間性」「確かな学力」「国際社会で活躍できる語学力・表現力」の育成をめざした教育活動を行っています。その実現のために多彩な学習プログラムを用意し、「なりたい自分」を見つけ、向上心を持って努力する生徒を学校全体で支援しています。

学びの特徴

2020年度からふたつのコースを設置しています。「国際教養コース」は、5年間で高校教育内容を先取りして終了します。とくに英語教育を重視しながら、高い学力を育成します。「プログレスコース」は難関私立大学への進学および内部推薦制度を利用しての鎌倉女子大学への進学をめざします。両コースともに、授業を第一に考え、アクティブラーニング型授業による深い学びをめざした、さまざまな学習プログラムが用意されています。

英語・国際理解教育プログラムでは、オンライン英会話授業やICT機器を活用した授業、校内での英語集中研修が行われます。とくに全生徒参加のカナダ研修旅行（中3）やアメリカ研修旅行（高2）では、身につけた英語を実際に活用できる機会が多くあります。

家庭学習を支える充実したオンラインでの学習環境も整っています。全生徒にiPadを配付し、授業だけでなく家庭学習にも利用し、学習習慣の定着、苦手教科の克服、高レベルの学習への挑戦など、個々に合った学習を実施しています。このほか、聴く力、伝える力を身につける実践練習として「コミュニケーション講座」や「エンカウンター学習プログラム」、和室における作法を学ぶ「立居振舞講座」、本物を味わう「芸術鑑賞教室」など、各学年の発達段階に応じた行事をとおして豊かな人間性を育んでいます。今年夏には新校舎が完成予定です。

SCHOOL DATA

- 神奈川県鎌倉市岩瀬1420
- JR線「本郷台」徒歩15分、JR線・湘南モノレール「大船」徒歩23分またはバス10分
- 女子のみ99名
- 0467-44-2113
- https://www.kamakura-u-j.ed.jp/

東京　神奈川　千葉　埼玉　茨城　寮制

あ行　か行　さ行　た行　な行　は行　ま行　や行　ら行　わ行

カリタス女子中学校

神奈川
川崎市
女子校

生徒の自律をうながす校舎

カリタス女子中学校の「カリタス」とは、ラテン語で「慈しみ・愛」を意味する言葉です。カナダの聖マルグリット・デュービルが創立した修道女会の名称に由来しています。「祈る」「学ぶ」「奉仕する」「交わる」の4つの心を持った人間像をめざし、思いやりの心と自律した学びの姿勢を育んでいます。

現在、カリタス学園は、幼稚園から高校までを擁し、中学・高校は6年間の一貫教育を展開しています。

国際的センスを磨くふたつの外国語

カリタス女子では、創立当初から英語とフランス語の教育に取り組んできました。複言語教育によって異文化理解を深め、より幅広く国際的な視野を身につけられます。電子黒板やiPadなどのICTを使った授業も取り入れられています。また、海外で自分の国や自分の考えをしっかり語ることができる、真の国際人を育てる教育が行われています。

自律的な学習姿勢を育む環境

2006年に現在の校舎となってから、カリタス女子では「教科センター方式」を採用しています。

この方式は、すべての教科が教科ゾーンを持ち、生徒たちは毎時間「教科教室」に出向いて授業を受けるというものです。

教師が教室に「来る」のを待つのではなく、生徒が授業を受けに「行く」ことで、主体的に学習に携わる雰囲気を生みだします。この目的意識がほんとうの「学び」へと生徒を導きます。各教科ゾーンには教科センターが設置され、教科への関心を高めるさまざまな展示がほどこされています。

校舎は緑と光にあふれ、学校全体がコミュニケーションの場となるように設計されています。2020年に60周年を迎えたカリタス女子は制服も新しくなり、新たな教育活動を展開しています。

SCHOOL DATA

- 神奈川県川崎市多摩区中野島4-6-1
- JR線「中野島」徒歩10分、JR線・小田急線「登戸」バス5分
- 女子のみ575名
- 044-911-4656
- https://www.caritas.ed.jp/

関東学院中学校

神奈川
横浜市
共学校

充実のカリキュラム

実践的な力をつける授業

関東学院中学校では、土曜日にも授業を行う週6日制カリキュラムを実施しています。また2018年度より2学期制（年間授業35週＋定期試験・行事）と中学校50分授業を導入し、従来より年間約300時間多く授業時間を確保しました。増加分は先取りにあてるのではなく、練習や演習を徹底し基礎の確実な定着に重きをおいています。

英語を例にとると、4段階の指導が特徴的です。クラス単位で行う①通常の英語授業や②チームティーチングの英会話では語彙や文法だけでなくペアワークを中心とした練習に多くの時間を費やします。③ベルリッツ・メソッド®は1クラスを3分割し、ネイティブの講師とより密度の濃い英語によるコミュニケーションを経験します。そして④オンライン英会話では習熟度に合わせて1対1の指導を行っています。このように6年間の生徒の成長のなかで計画的・有機的なつながりを持った一連のカリキュラムとなっています。

個性を磨き、心を育てる研修行事

関東学院の校訓は「人になれ　奉仕せよ」です。聖書の教えに基づいた人格教育を行い、自分の頭で考え行動し、つねに隣人を愛する心を持った人物を育てています。宿泊研修においては、「現場主義・地球的視点・人権と平和」というモットーで、教室を飛び越えた学びを求めていきます。たとえば高2で実施する研修旅行では、海外や国内のコースから希望するものを選び、平和について話を聞いたり、グループでディスカッションをしたりします。また、希望制でオーストラリアやフィリピン、台湾での語学研修や、ハワイ島での理科研修に参加することもできます。ふだんの生活から離れ、自分とは異なる人や環境にであうことで、新たな自分の可能性に気づくことができるのです。

SCHOOL DATA

- 神奈川県横浜市南区三春台4
- 京浜急行線「黄金町」徒歩5分、横浜市営地下鉄ブルーライン「阪東橋」徒歩8分
- 男子561名、女子252名
- 045-231-1001
- https://www.kantogakuin.ed.jp

関東学院六浦中学校

10年後、20年後の社会を見据えた教育

関東学院六浦中学校は、キリスト教の精神を基本とし、「人になれ　奉仕せよ」を校訓として掲げています。建学の理念を堅持しつつ、生徒たちが社会へ巣立っていく10年後、20年後の社会を見据えて、新しい教育観に立ち、日々の教育活動を展開しています。

Global Citizenship Education

オリジナル授業「地球市民講座」では、地球市民としての素養を身につけ、地球規模の課題である「持続可能な社会の実現」に向けて主体的に行動するための学びを得ます。校訓「人になれ　奉仕せよ」にもつながり、「これからどう生きていくべきかを考え、行動する人になる」ことを見通したプログラムになっています。

そして、Chromebook、図書館などを活用して、アカデミック・スキルを身につけながら、2年生ではグループ学習、3年生では個人探究と段階的に学んでいきます。

生きた英語に触れる

関東学院六浦では、英語は「教科」ではなく、「生きるための力」だと考えられています。外国人教員と日本人教員によるTT（ティーム・ティーチング）による授業が中心で、「読む」「書く」「聞く」「話す」の4技能をバランスよく育成し、生きた英語を身につけられる授業を展開しています。英検やGTECといった外部検定試験も積極的に取り入れながら、今後の大学入試改革にも対応できる英語力を6年間で身につけていきます。

ICTを活用した学び

全生徒がChromebookを1台ずつ持ち、全教室にWi-Fi環境が整備されています。レポートや課題の提出、プレゼンテーションでのスライドの作成、e-learning教材による学習の個別最適化、オンライン授業の実施など、学内外でICTを活用した学びを展開しています。

⊞ SCHOOL DATA ⊞

- ▼ 神奈川県横浜市金沢区六浦東1-50-1
- ▼ 京浜急行線「金沢八景」徒歩15分
- ▼ 男子301名、女子183名
- ▼ 045-781-2525
- ▼ https://www.kgm.ed.jp/

北鎌倉女子学園中学校

のびやかな自立した女性の育成

古都鎌倉の自然豊かな丘に立つ北鎌倉女子学園中学校は、笑顔あふれる学園です。額田豊医学博士によって「心身共に健康で科学的思考力を身につけた女性の育成」をめざし、1940年に創立され、グローバル化が進む21世紀に対応できる学習環境を整備する「ジエシカ」改革が進行中です。

「のびやかな自立した女性の育成」を教育目標に自主性を尊重した生活指導、学習指導が生徒の個性を育んでいます。英語教育の抜本的改革をはかるためネイティヴ教員による授業、放課後のイングリッシュルームでの楽しい英会話、英語のゲーム、イングリッシュ・キャンプなどの特別プログラム、イングリッシュ・フェスティバルなどの行事をとおして英語をコミュニケーション・ツールとして使用する機会をたくさんつくっています。

また、全館Wi-Fiを完備し、電子黒板機能つきプロジェクターを各教室に配備。学校からiPadをひとり1台貸しだし、授業の内外で活用しています。iPadを使ったプレゼンテーション授業や宿題の配信、「すらら」や「スタディサプリ」の活用により、家庭学習も大切な学びの機会となり、学習内容も学習時間も一人ひとりに合わせた家庭学習カリキュラムをつくることができます。さらに、学び得た知識とスキルを用いて、他者と協働し、ゼロからなにかを生みだせる生徒の育成を進める北鎌倉女子学園。総合探究にも力を入れ、鎌倉（ローカル）に根ざした学びと世界（グローバル）とつながる機会を用意しています。

中学校ではめずらしい音楽コース

将来、音楽の世界で活躍することを志す生徒のために、日本では数少ない音楽コースを中学に設置しています。中学では幅広く学び、音楽の基礎を固め、高校音楽科へ進学することでより専門的な知識や技術を身につけることをめざしています。毎年、ほぼ全員が音楽大学へ進学しています。

⊞ SCHOOL DATA ⊞

- ▼ 神奈川県鎌倉市山ノ内913
- ▼ JR線「北鎌倉」徒歩7分
- ▼ 女子のみ104名
- ▼ 0467-22-6900
- ▼ https://www.kitakama.ac.jp/

公文国際学園中等部

神奈川
横浜市
共学校

国際社会で活躍する人材を育てる未来志向の学校

公文国際学園中等部は、1993年に公文式学習の創始者、公文公によって設立されました。校名に「国際」を冠した背景には「学園から巣立つときには、グローバルな視点から国際的な諸問題にリーダーシップを発揮できる個性的な人間になってほしい」との願いがこめられています。公文国際学園には制服も校則もなく、あるのは生徒の自由と責任を謳った「生徒憲章」だけです。そのなかでは、与えられた自由を守るために、行動に対して責任を持つこと、また、自分の権利と同様に他者の権利を尊重する姿勢が求められています。

教育の3本柱「学校・公文式・寮」

公文国際学園では、3ゾーン制と称し、中高6年間を基礎期（中1・中2）・充実期（中3・高1）・発展期（高2・高3）に分けて教育目標を設定しています。それぞれに校舎を配し、発達段階に合わせた細やかな指導をしています。体育祭、表現祭（文化祭）をはじめとする行事は、生徒が主体となり運営します。ほかにもさまざまな行事があるなかでユニークなものが、中3の「日本文化体験」です。生徒自ら選んだテーマについて、現地での体験をとおして、理解を深めていきます。

特徴的な取り組みに公文式学習があります。中学生は毎朝ホームルーム前に20分間の朝学習を行い、中2までは朝学習と週1回の放課後教室で公文式学習に取り組みます。数学が全員必修とされていますが、希望すれば国語と英語も学習できます。また中3以降も公文式学習をつづけることは可能です。いまの自分のレベルに合ったところを学習することができ、自学自習の姿勢も身につきます。

男子寮と女子寮が校内に併設されており、全国各地や海外から、男女合わせて200名ほどの生徒が、親元を離れて暮らしています。寮生活のなかで、協調性・自立性・共感性といった精神面の成長をうながし、豊かなコミュニケーション能力を伸ばしています。

SCHOOL DATA

- 神奈川県横浜市戸塚区小雀町777
- JR線「大船」スクールバス8分
- 男子489名、女子504名
- 045-853-8200
- https://kumon.ac.jp/

慶應義塾湘南藤沢中等部

神奈川
藤沢市
共学校

貫かれる「独立自尊」「実学」の精神

1992年、慶應義塾湘南藤沢中等部は、藤沢市にある慶應義塾大学と同じキャンパス内に男女共学・中高一貫6年制の学校として開校しました。

創立以来、情操豊かで、想像力に富み、思いやりが深く、広い視野に立ってものごとを判断し、社会に貢献するために積極的に行動する人、知性・感性・体力にバランスのとれた教養人の育成をめざしてきました。

慶應義塾の各小・中・高等学校は、創立者・福澤諭吉の「独立自尊」という共通する教育理念を持っていますが、各学校の教育方針はそれぞれ独立しています。

慶應義塾湘南藤沢は、「社会の良識が本校の校則」という考えのもと、校則のない自由な雰囲気が特徴となっています。

異文化交流と情報教育

各クラスは、2名の担任教員制をとっています。そのため、生徒は、状況に応じて異なる担任の先生にアプローチすることが可能です。生徒の多様な感性と、ふたりの担任の異なる個性が融合して独特の雰囲気がつくりだされています。

「異文化交流」を教育の柱とする慶應義塾湘南藤沢では、帰国子女入試を経て入学してきた者が全体の約20%という高い割合を占めていることも特徴です。ネイティブ・スピーカーの教員も多数おり、異文化の交流が自然なかたちで学校のなかに生まれています。

また、ふだんよりパソコンを利用した授業が行われ、中等部では情報活用・解析・プレゼンテーション能力の育成、高等部ではコミュニケーション・データ解析能力の育成を主眼においた情報教育が行われています。

こうして、これからの次代を担う生徒に最も必要だと思われる、外国語やコンピューターによるコミュニケーション能力、データ解析能力をしっかり身につけさせることがめざされています。

SCHOOL DATA

- 神奈川県藤沢市遠藤5466
- 小田急江ノ島線・相鉄いずみ野線・横浜市営地下鉄ブルーライン「湘南台」バス15分、JR線「辻堂」バス21分
- 男子333名、女子314名
- 0466-49-3585
- http://www.sfc-js.keio.ac.jp/

慶應義塾普通部

「独立自尊」の精神を胸に

慶應義塾の起源は、1858年に福澤諭吉が江戸に開いた蘭学塾です。「普通部」の名称は1889年、慶應義塾が大学部を開設するに先立って、従来の課程の総称として定められ、1898年に16年間の一貫教育の仕組みができてからは、中学校の課程をさす名称となりました。

慶應義塾普通部では、「独立自尊」の4字に集約される慶應義塾建学の理念を体現する有為の人を育てるため、大学までの独自の一貫教育体制のもと、長い歴史のなかで育まれた伝統を受け継ぎながら、日々の「学ぶ場」が営まれています。生徒は日常の学業や多くの行事をとおして、自ら学び自ら考えることを繰り返すことで、また多くの人とのであいから、「普く通じる」ゆるぎない知性と豊かな感性を身につけていきます。

将来を見据え、深く学ぶ

入学後は「受験」はなく、ほぼ全員が慶應義塾の高校を経て、慶應義塾大学へ進学します。そのためどの教科もかたよりなく学ぶとともに、基礎基本を重視しつつ、いたずらにつめこみ主義におちいらないよう、多様な授業形態で深い理解をめざしています。たとえば、理科では2時間つづきの実験がほぼ毎週あり、レポートを作成します。英語ではグループワークや多読の授業で実践的な学力をつけていきます。また3年生は教科の枠にとらわれない多彩な選択授業もあります。

1927年からつづく「労作展」、実社会で活躍する先輩がたから直接学ぶ「目路はるか教室」などの行事でも生徒たちは多くのことを学んでいます。

1年生は24名×10クラスの少人数学級編成、2・3年生では40人×6クラスになります。卒業後は慶應義塾ニューヨーク学院も含めて4つの併設高校に普通部長の推薦で進学が可能です。ここで育った多くの卒業生が「社会の先導者」として活躍しています。

SCHOOL DATA

- 神奈川県横浜市港北区日吉本町1-45-1
- 東急東横線・目黒線・横浜市営地下鉄グリーンライン「日吉」徒歩5分
- 男子のみ710名
- 045-562-1181
- https://www.kf.keio.ac.jp/

相模女子大学中学部

「ワタシ」を育てる。「わたし」を見つける。

最寄りは新宿や横浜からも35分ほどと、アクセスのいい小田急線相模大野駅。駅から「女子大通り」と名づけられた明るい通りを約10分歩くと、相模女子大学園キャンパスに到着します。正門を一歩入ると桜並木と銀杏並木があり、アジサイ、キンモクセイ、スイセンなど、四季の花々が咲き誇る自然豊かなキャンパスが広がります。東京ドーム4つ分の広大な敷地には、幼稚部から大学院までがそろい、この環境をいかした相模女子大学中学部ならではの活動が日々行われています。

命と向きあうさまざまな教育

中1では、「茶道」が必修となっており、ものごとや人に対して礼と真心を持って向きあう姿勢を学びます。

「マーガレットタイム」は、「命と向きあう」ことをテーマにした学びの時間です。調べ学習や体験学習、講演会や映画会、そしてディスカッションやプレゼンテーションなど、学びの形態は多様です。中3では助産師による「命の授業」を実施。命を育む可能性を秘めた女性としての未来を、より具体的に、より真剣に考える機会です。また、育児中のママと赤ちゃんを迎えるふれあい体験では、事前学習で妊婦体験や離乳食体験をして育児の大変さと責任、その喜びの大きさも含めて生徒たちは「母親の力」を実感。このほか、戦争と命について考える平和学習、人間と自然の関係を考える農業体験、医療の現場や臓器移植についての講演などを実施し、多角的に命について考える時間を設けています。

相模女子大学・短期大学部を有する総合学園ですが、他大学を受験する生徒も全力でサポートしており、国公立大学や早稲田大学、慶應義塾大学、上智大学などの私立大学への合格者も例年輩出しています。相模女子大学を希望する生徒には優先的な内部進学制度があり、興味・関心や適性に合わせて多様な選択肢のなかから進む道を選ぶことができます。

SCHOOL DATA

- 神奈川県相模原市南区文京2-1-1
- 小田急線「相模大野」徒歩10分
- 女子のみ214名
- 042-742-1442
- http://www.sagami-wu.ac.jp/chukou/

サレジオ学院中学校

キリスト教精神に基づく人間形成

サレジオ学院中学校は、1960年にカトリック・サレジオ修道会により創立された目黒サレジオ中学校を前身とするカトリック・ミッションスクールです。創立以来、キリスト教精神に基づく豊かな人間形成をめざした教育が行われています。また、他人や動物、自然環境にいたるまで、すべてを大切なものとして受けとめる「存在の教育」にも力を入れています。

中1では週に2時間「宗教の授業」があり、聖書を教材として、「人間らしく生きること」についてサレジオ会の神父や先生といっしょに考えます。また、世の中のさまざまなできごとからテーマを見つけ、人生の道しるべとなるような話を聞く「朝の話」を、朝のホームルームのなかで週3回放送により行っています。

このようなキリスト教精神に基づいた人間教育に加え、生徒の夢をかなえるための進路指導もきめ細やかに行われています。

高校での募集を行わないサレジオ学院の6カ年一貫教育では、高2まですべてが終えられる先取りのカリキュラムを組み、高3では大学受験のための演習を行います。毎日の授業に加え、勉強合宿や、春・夏・冬休みの講習なども実施します。6年間の積み重ねは、国公立大学、難関私立大学へのすばらしい進学実績となって表れています。

「家庭との協力」を重視

サレジオ学院は、家庭と協力した教育を重視して、「父親聖書研究会」や「母親聖書研究会」をつくり、聖書に触れながら教育の問題について考える機会を持っています。さらに、教育懇談会や地区別懇談会などをとおして、家庭との相互理解を深め、積極的に協力しあい、生徒の教育にあたっています。

家庭と学校に見守られ、「愛と信頼の教育」を受けることのできる場がサレジオ学院なのです。

SCHOOL DATA

- 神奈川県横浜市都筑区南山田 3-43-1
- 横浜市営地下鉄グリーンライン 「北山田」徒歩5分
- 男子のみ557名
- 045-591-8222
- http://www.salesio-gakuin.ed.jp/

自修館中等教育学校

伸びのびと「生きる力」を身につける

自修館中等教育学校の創立は1999年です。「自主・自律の精神に富み、自学・自修・実践できる『生きる力』を育成する」、「21世紀が求める人間性豊かでグローバルな人材を輩出する」ことを教育目標に、自修館では「探究」をはじめとする特色ある教育を展開しています。

「探究」活動・「こころの教育」

自修館のユニークな取り組みのひとつが「探究」活動です。生徒各々が自分でテーマを設定し、調査・研究を進めていきます。文献による基礎研究を重ねるほか、「フィールドワーク」と呼ばれる取材活動を行い、専門家へのインタビューや現地調査によっても見識を深めていきます。こうした活動をつうじて自分で課題を解決していく能力を養っています。

特色ある取り組みのふたつ目は、「こころの教育」の「セルフサイエンス」です。EQ（こころの知能指数）理論に基づき自分の行動パターンを振り返り、受け手の気持ちなどを考えていく授業です。前期課程では、命やモノを大切にすること・責任を持って自分の役割を果たすことの意義を学び、後期課程では、進路ガイダンスの時間として自分の将来について考えます。

理想とする学びのサイクル

教育スケジュールは「2.3.4システム」を採用しています。

2 STAGE─6年間を大きく2期に分け、「自己の発見」と「自己の実現」というテーマを意識し、生徒はそれぞれのステージで自己の課題を認識します。

3 STEP─「こころと身体の発達」に合わせ、基礎・発展・実践の3段階の学習ステップをふみ、しっかりと力を身につけます。

4 STANCE─4学期制を導入し、各学期で休暇と学校行事を取り入れながら、一定のリズムでやりがいのある学びを実現します。

SCHOOL DATA

- 神奈川県伊勢原市見附島411
- 小田急線「愛甲石田」徒歩18分またはスクールバス5分、JR線「平塚」スクールバス25分
- 男子242名、女子137名
- 0463-97-2100
- https://www.jishukan.ed.jp/

湘南学園中学校

湘南学園ESDの推進 毎日のすべてを学びに

ユネスコスクールである湘南学園中学校は「持続可能な社会の担い手」であると同時に、自分らしく幸せに生きていける力や人間性を育むことをめざしています。独自の総合学習や多様なグローバルプログラムの実践とともに、日常のすべてのできごとが「学び」であるという視点に立ち、それらの学びをつなげ、発展させていくことで、社会のなかで主体者として考えて歩んでいく力を養います。

6年間の学びのプログラム

中学では基礎学力の定着を、高校からはそれぞれの願う進路への学びを強化します。そのため、中学の夏期講習(数学・英語)は習熟度別で行い、確実な理解をめざします。また、高校対象の夏期講習は希望制で実施し、自身の進路に合わせた講座を選択できるようにしています。

総合学習は、自己から他者、身近な地域から世界へと発達段階に合わせて段階的に視野が広がる設定となっており、高校ではSDGsにも着目し、地球規模の課題に目を向けられる広い視野と豊かな認識を身につけ、人間らしく生きられる社会をつくる主体者として、どう生きるのかを考えます。

学校は自分たちで変えていくもの

社会のなかで主体者として考えて歩んでいく力を育む「生徒自治活動」も湘南学園の特色です。3大行事と呼ばれる体育祭・学園祭・合唱コンクールがすべて生徒主体の実行委員会形式でつくられることはもちろん、日常生活においても中高合同で行われるクラスの代表者によるクラス委員会など、「主体者」として学校をともにつくっていくための仕組みが多く存在しています。同世代の仲間とともに試行錯誤をし、異なる立場の人たちとの対話や協同により願いを実現させていく、この力を育むことは湘南学園の建学の精神そのものだといえるでしょう。

SCHOOL DATA

- 神奈川県藤沢市鵠沼松が岡4-1-32
- 小田急江ノ島線「鵠沼海岸」・江ノ島電鉄線「鵠沼」徒歩8分
- 男子328名、女子263名
- 0466-23-6611
- https://www.shogak.ac.jp/highschool/

湘南白百合学園中学校

愛の心を持ち社会に奉仕できる女性へ

1936年にフランスのシャルトル聖パウロ修道女会によってつくられた「片瀬乃木幼稚園」を始まりとする湘南白百合学園。キリスト教精神に根ざした世界観・価値観を養い、愛ある人として、社会に奉仕し、貢献できる女性の育成をめざしています。

湘南白百合学園中学校の一日は、朝礼で聖歌を歌い、祈ることで始まり、終礼で祈りを捧げることで終わります。週1時間、宗教倫理の授業も行われています。他者のためにさり気なく奉仕できる女性を育成するという教育目標のもと、互いに認めあい高めあいながら成長した生徒は、大学や社会で活躍し、湘南白百合学園の名をいっそう高めています。

高度な学問と教養を身につける

身近な他者、そして直接目にすることのできない人々にも奉仕し貢献するためには、正しく社会を認識し、よりよい判断をする力が必要です。その力を養うために高度な学問と教養を身につけることがめざされています。

中1〜中2を「基礎学力の定着」期間、中3〜高1を「進路への意識付け」期間、高2からを「大学入試に対応できる実力の養成」期間として指導しています。総合的な学習では「個人やグループで調査・研究・実験するだけでなく、プレゼンテーションをすることやお互いに評価しあうこと」が取り入れられています。進路指導の確かさにも定評があり、生徒の多様な進路に対応しています。

また、生きた英語の習得をめざし、語学研修プログラムも充実。国内プログラムに加え、中2〜高1はオーストラリア、中3〜高2にはアメリカでのプログラムがあります。

「愛ある人として」という教育理念を教員・生徒が共有することで生まれる空気感のなかで、「生徒の可能性を引き出し、成長を実感することが教員の大きな喜びであり、生徒の進路希望を全教員でサポートすること」をモットーに、日々の学びが営まれています。

SCHOOL DATA

- 神奈川県藤沢市片瀬目白山4-1
- 湘南モノレール「片瀬山」徒歩7分、江ノ島電鉄線「江ノ島」徒歩15分、JR線・小田急線「藤沢」バス15分
- 女子のみ496名
- 0466-27-6211
- https://www.shonan-shirayuri.ac.jp/

逗子開成中学校

伝統をいしずえとして新しい時代を開く

逗子開成中学校は1903年の創立から120年近い歴史を刻んできた伝統ある学校です。夏は海水浴客でにぎわう逗子も、海岸から1歩入れば、静かな学び舎が広がっています。

校名の開成とは、中国の古典「易経」にある「開物成務」に由来します。これは「人間性を開拓、啓発し、人としての務めを成す」という意味で、逗子開成の教育の原点にもなっています。

6年後の難関国公立大学合格をめざす

逗子開成では国公立大学現役合格を進学目標としています。中高6年間一貫教育から生まれるゆとりをいかし、まず入学後は基礎学力の定着を徹底してめざします。その土台をもとに、中3～高1では大学進学への意識・動機づけ、高2～高3は受験の準備期間としています。授業は週5日制で、放課後は自習室が開放されています。

土曜日には行事やクラブ、多彩な土曜講座があり、平日とは趣を変えたさまざまな体験ができます。

立地をいかした歴史ある「海洋教育」

海が近いことを誇りに、創立当初から行われているのが「海洋教育」です。クラブ活動などで一部の生徒が行うのではなく、カリキュラムとして全生徒に対して行っています。

その柱でもある、中1～中3までの生徒全員で行う逗子湾でのヨットの帆走実習は、生徒にとって貴重な体験です。また、ヨットを操るだけでなく、中1では自分たちが乗るヨットの製作も行います。

海洋に関する講義も開かれ、生徒たちはヨットに関する基礎知識を学んだり、世界の海が抱える環境問題について考える機会を持ちます。

海が近く、長い歴史のある逗子開成だからこそできる海洋教育で、生徒たちは自然に向きあい自立の心を育んでいます。

⚓ SCHOOL DATA ⚓

- ▼ 神奈川県逗子市新宿2-5-1
- ▼ JR線「逗子」・京浜急行線「逗子・葉山」徒歩12分
- ▼ 男子のみ842名
- ▼ 046-871-2062
- ▼ http://www.zushi-kaisei.ac.jp/

聖光学院中学校

カトリックを基盤とした中高一貫教育

聖光学院中学校は、神奈川県屈指の進学校として知られ、毎年高い人気を博している学校です。

根岸森林公園にも隣接し、豊かな自然にかこまれた教育環境のもと、キリスト教精神を根幹とした6カ年一貫教育が行われています。聖書の学習をとおして、キリスト教精神とキリスト教文化を学び、豊かな心を育てることを教育の目標としています。

ていねいな授業づくり

大学進学実績においてめざましい成果をあげている聖光学院。その第一の要因は、充実した授業の成果にあります。

聖光学院では、手づくりのていねいな授業の実施が心がけられています。多くの授業が、教員自ら執筆・製本したオリジナル教材によって進められています。それを可能にするのが、校内に完備された町の印刷所ほどの印刷システムです。これにより、教員によっ

て製本された教材の作成が可能なのです。

教材をはじめ、カリキュラムや授業の進行方法など、すべてにわたって生徒のための工夫と気配りがなされており、生徒一人ひとりの個性を大切に、その能力を伸ばす教育が実践されています。

ひとりの教員が全クラス担当する授業も

特徴的な授業方法のひとつに、ほとんどの科目で、ひとりの教員が学年5～6クラス全部を教えていることがあります。これは中1～高3まで、各学年で行われていることです。教員側は大変なことですが、それぞれの教員がより学年全体の生徒とかかわることが可能となり、大きな成果を生んでいます。

また、職員室の入り口には個別相談用のブースと立ち机が並び、職員室を訪れた生徒が気軽に教員に質問できる場所となっています。生徒と教員の距離が近く、生徒思いの教育が随所に見られる聖光学院です。

⚓ SCHOOL DATA ⚓

- ▼ 神奈川県横浜市中区滝之上100
- ▼ JR線「山手」徒歩8分
- ▼ 男子のみ698名
- ▼ 045-621-2051
- ▼ http://www.seiko.ac.jp/

聖セシリア女子中学校

「信じ、希望し、愛深く」

聖セシリア女子中学校は1929年、「カトリック精神による豊かな人間形成」を教育目標に掲げて誕生しました。学園の校訓は「信じ、希望し、愛深く」です。1クラス約30名、1学年3〜4クラスという少人数制で、温かな校風で誠実な生徒が多いことに定評があり、毎年100%近くの卒業生が「入学してよかった」と回答するほど充実した学校生活を送ることができる学校です。

授業は、「言語教科が進路を拓く」という理念のもと国語、英語はもちろん、数学も言語教育のひとつとして考え、重点的に学習しています。

なかでも英語は、国際理解・文化交流のためにも必要であることから、語彙力、読解力を高める「英語R」、英文法力を強化する「英語G」、ネイティブ教員が行う「英会話」をバランスよく履修し、「英語4技能」の取得をめざします。さらに体験学習として、英語芸術学校との連携による「イングリッシュエクス

プレス」を開講。英語でのミュージカル上演に向けて、英語の歌や台詞を仲間とともに覚えていくなかで、英語力と表現力、協調性を育んでいきます。

心を豊かにする情操教育・特徴的な課外活動

宗教の授業や教養選択科目（「外国事情」、「平和学習」など）を設置するほか、社会福祉の理念を学ぶ錬成会を実施したり、6年間継続的にボランティア活動に取り組んだりするなかで、他者のために生きる喜びを実感し、愛にあふれた人間へと成長していきます。

部活動は週1〜4日行われており、（公財）井上バレエ団の講師によるクラシックバレエ部が取り入れられていることも大きな特徴です。バレエをとおして芸術に親しむとともに、豊かな情操や感性を育てます。

学校を「人間形成の場」ととらえる聖セシリア女子は、多様な教育を実践し、魅力的な女性を社会へ輩出しています。

SCHOOL DATA
- 神奈川県大和市南林間3-10-1
- 小田急江ノ島線「南林間」徒歩5分、東急田園都市線「中央林間」徒歩10分
- 女子のみ320名
- 046-274-7405
- https://www.cecilia.ac.jp/

清泉女学院中学校

まわりの人々を幸せにすること、これがほんとうの愛

スペインで創立されたカトリックの聖心侍女修道会を母体として創立74年を迎えた清泉女学院中学校。自然豊かな湘南鎌倉の高台、玉縄城跡の7万㎡の敷地に立ち、教室からは江の島、箱根、富士山が一望できます。

「隣人を愛せよ」というキリストの教えに基づき、自分のためだけでなくまわりの人を幸せにするために働くことを自らの使命とし、その使命を自ら見出し、実現する力を身につけることを学びの本質としています。

2021年度より65分授業を導入

「導入からまとめ・振り返り」までのつながりと協働作業を重視した授業で、自発的に考え、話しあい、解決する力を養い、思考力・判断力・表現力を伸ばします。中学3年間をかけ、自らを取り巻く社会環境に興味関心を持ち主体的にかかわる姿勢を育てる「My Story Project」では発信力、論理的思考力、失敗から学ぶ姿勢などを自身の体験から学びます。

中1は、きめ細かな学習・生活指導ができるように5クラス編成を導入。英語は入学時からSE（一般試験合格者）、AE（英検3級以上）、ARE（帰国生・グローバル入試合格者）の3つのクラスで4技能をていねいに伸ばします。ICT環境も充実しており、中1からICT特別講座で、Power PointやExcelなどの基本ソフトからプログラミングまでを学習します。また、多様な価値観を知り視野を広げるために、ニュージーランドでの語学研修や留学、清泉インターナショナル学園への1週間国内留学（中3対象）、ベトナムスタディーツアー、ボストンカレッジリーダー研修プログラムなどが用意されています。

生徒全体でおおいに盛りあがる清泉祭・合唱祭・体育祭など、「人間力」を育む時間が大切にされているのも清泉女学院の魅力です。大学進学時には、姉妹校の清泉女子大学に進学先を確保したまま難関大学の受験が可能となる高大接続入学試験制度があります。

SCHOOL DATA
- 神奈川県鎌倉市城廻200
- JR線・湘南モノレール「大船」バス5分
- 女子のみ560名
- 0467-46-3171
- https://www.seisen-h.ed.jp/

洗足学園中学校

謙愛の心で社会に有為な女性を育てる

洗足学園中学校は、社会に有為な女性を育てることを教育の目標に掲げ、前田若尾先生によって創立されました。

大学進学において、国公立大学や難関私立大学へ多数の合格者を輩出し、高い実績を残しています。もちろん、大学への実績だけが洗足学園の教育の成果ではありません。社会のなかで活躍し、社会に奉仕・貢献できる女性を育むことにその主眼はあります。

綿密に練りあげられたカリキュラムと進度や学習内容を保証するシラバス。10名のネイティブ教員との協力で進められる、英語教育における先進的な取り組み。調査・研究・考察・発表・議論を随所に取り入れた各教科での学習と、総合的な学習をつうじての、生きるための力となる学習。

このように洗足学園では、たんに大学合格だけをめざすのではなく、社会で必要とされる力を育てる魅力的な教育が実践されているのです。

そして、2019年度より授業週6日制に移行し、増えた授業時間の多くを教科横断型の授業として展開しています。

感性を磨き世界に視野を広げる

音楽大学を併設していることから、音楽の授業では楽器の演奏を取り入れています。中1はヴァイオリン・クラリネット・トランペット・フルートから楽器を選択し、専門の指導者のもと、グループで楽しく学ぶことができます。

また、洗足学園には20年以上にわたって実施されてきた海外留学と海外語学研修制度があります。夏休みに行うアメリカやイギリスをはじめとする国での短期間のホームステイから、1年間の長期のものまで選ぶことができます。

これらのプログラムによって生徒は視野を広げ、英語力アップにも大きな効果をもたらしています。

🏫 SCHOOL DATA

- 神奈川県川崎市高津区久本2-3-1
- JR線「武蔵溝ノ口」、東急田園都市線・大井町線「溝の口」徒歩8分
- 女子のみ771名
- 044-856-2777
- https://www.senzoku-gakuen.ed.jp/

捜真女学校中学部

キリスト教に基づき、真理を探究

捜真女学校中学部の歴史は1886年、宣教師ミセス・ブラウンが7名の少女たちを教えたところから始まります。その後、2代目校長のカンヴァース先生が、教育の究極の目標は「真理を捜すことである」と考え、1892年に校名を現在の「捜真女学校」と決めました。

やさしさとたくましさと

捜真女学校ではキリスト教教育を土台として、他者への愛（「やさしさ」）と、社会のために行動することのできる「たくましさ」をあわせ持った女性の育成をめざしています。さまざまな講演やキリスト教行事など、他者や社会へ意識を向ける機会があり、そしてそれを活動につなげるチャンスもあります。きょうも捜真生は隣人や社会の問題を他人事で終わらせず、行動しつづけています。

活躍する捜真生

レベルの高い合唱が繰り広げられる「合唱

コンクール」、約5000名の来校者を迎える「捜真祭」、学年を超えて先輩・後輩がチームを組んで競う「体育祭」は、学校全体が大きな盛りあがりをみせる捜真の三大行事です。これらをつくりあげているのは生徒たちです。捜真女学校では、生徒会（共練会）が中心となって、三大行事をはじめとする多くの行事に生徒が主体的に取り組んでいるのです。そうした活動をとおして一人ひとりがやりたいことを見つけ、活躍の場を広げています。

「本物」体験・ことばにフォーカスした教育

捜真女学校では「本物」に触れ、「本当の力」を身につけることを教育の柱に据えています。4技能を重視した英語教育、多くの実験を行う理科教育、レベルの高い体育実技など、全科目にわたって本質的な力をつける教育を展開しています。そうした教育によって、社会や人生を歩んでゆくうえで、「本当に必要な力」を身につけられる捜真女学校です。

🏫 SCHOOL DATA

- 神奈川県横浜市神奈川区中丸8
- 横浜市営地下鉄ブルーライン「三ツ沢下町」徒歩13分、東急東横線「反町」徒歩15分
- 女子のみ402名
- 045-491-3686
- http://soshin.ac.jp/

橘学苑中学校

個性を伸ばし世界に貢献する人間の育成

感性教育（ネイチャーイン）

橘学苑中学校は、創立の精神を現代版になぞらえ「グローバル社会・IT時代に活躍できる感性教育」を目標に教育改革を推し進めています。中学では学苑内の農園や長野県にある宿泊施設で友人とともに自然に接しながら感性を育て、探究心を強める「ネイチャーイン」教育を行っています。

また、海外での体験や外国のかたがたと接する機会を多く設けるなど、世界に視野を広げる教育に取り組んでいます。英語教育では、中1からネイティブ教員による会話の授業を取り入れ、中1の英語の授業はすべてT.T.（ティーム・ティーチング）制で行ったり、理科の授業にネイティブ教員が参加したりするなど、実践的な英語力の育成をめざしています。全員が英検に挑戦し、英語による発表会も行うほか、中3対象の「海外研修」では、ホームステイや現地校での学習など、英語を使った生活を体験することで、英語への自信をつけ、異文化理解を深め、学習への意欲を高めています。ほかにも希望者対象の「カナダ短期海外研修」を行っており、多くの異なる文化を持つ国での学習体験もできます。

特色ある高校コース制

高校には、3つのコースがあります。

国際コースは、1年間のニュージーランド留学が必修で、英語力や問題解決力、コミュニケーション力を身につけます。

デザイン美術コースは、創作活動に打ちこみながら表現力と創造力を養い、イタリア研修旅行では、質の高い芸術作品に触れることによって学習への意欲を高めます。

文理コースは、進路別に特別進学クラスと総合進学クラスに分かれ、志望に沿った科目を重点的に学んでいくことができます。

創立の精神を大切に、世界につながる生徒をサポートする橘学苑です。

SCHOOL DATA

- 神奈川県横浜市鶴見区獅子ヶ谷1-10-35
- JR線「鶴見」ほかバス
- 男子48名、女子22名
- 045-581-0063
- https://www.tachibana.ac.jp/

中央大学附属横浜中学校

学びの循環で人間の土台を築く

中央大学附属横浜中学校は、横浜市営地下鉄のセンター北駅から徒歩7分の閑静な住宅街に位置しています。2016年度から完全共学化となり、現在は中学生589名、高校生970名が同じ校舎で学んでいます。「謝恩礼節・自立実践」という校訓のもと、社会の構成員としてのしかるべき社会性を身につけ、主体的な行動を心がけることで、生徒一人ひとりが自分らしく生きていく力をつけることをめざしています。

中学課程では、中2から始まる古典の授業や、数学の先取り教育、ネイティブスピーカーの教員による少人数制の英語授業などにより、国数英の基礎学力を定着させます。日常の学習は小テストや長期休暇中の講習などでフォローアップします。

校外研修では事前準備を丹念に行うことで、知識だけではなく教養の幅を広げます。能・狂言の鑑賞や座禅を体験するなど「見て、触れて」自国文化への理解を深め、国際理解教育の土台を築きます。また、希望者を対象に海外研修も行われています。

こうして日常の授業や学校行事で身につけた知識・教養を学校外で活用、そして検証し、中学3年間のなかで循環させていくことで、人間の土台を築いていきます。

大学との連携でさらに広がる未来

中央大学の附属校である中大横浜では、内部推薦制度などで毎年多くの生徒が中央大学へ進学しています。高校から大学への進学をサポートする高大連携教育を行っているのも、附属校としての強みといえるでしょう。しかし、附属生といえども、中高時代に身につけるべき学力は、しっかりと備えて大学へ進学します。

基礎学力を重視したカリキュラムで学びを習慣化し、自ら考え、行動し、課題を解決することで、中央大学、他大学ともに一般入試でも通用する学力を備えていきます。

SCHOOL DATA

- 神奈川県横浜市都筑区牛久保東1-14-1
- 横浜市営地下鉄グリーンライン・ブルーライン「センター北」徒歩7分
- 男子236名、女子353名
- 045-592-0801
- https://www.yokohama-js.chuo-u.ac.jp/

鶴見大学附属中学校

神奈川
横浜市
共学校

学びの心で世界をかえる

鶴見大学附属中学校の創立は1924年。今年、創立97周年となり、これまでに4万名近い卒業生を世に送りだしています。

教育ビジョンは、「自立の精神と心豊かな知性で国際社会に貢献できる人間（ひと）を育てる」。より高いレベルの進路を実現できる学力を養いつつ、禅の教育に基づく"こころの教育"をつうじて、優しさや思いやりなど豊かな人間性を育成しています。

「学力向上」「人間形成」「国際教育」を柱として

教育目標は、「学力向上」、「人間形成」、「国際教育」です。この目標のもと、近年、さまざまな教育改革を実践し注目されています。

そのひとつが教科エリア＋ホームベース型校舎です。生活空間のホームベースを起点として毎時間移動します。集中力も回復し、リフレッシュした気持ちで授業にのぞめます。

ふたつ目は、「教科エリア型フェローシップ」です。生徒は、授業中疑問に感じたことをすぐに教科メディアにある教員の研究室で質問し解決できます。自習室では、質問や宿題、受験勉強ができるほか、発展学習と苦手克服を目標とした補習授業を行います。

また、国際的に活躍できる力を身につけるため、ネイティブスピーカーによる英会話授業や中1・中2のイングリッシュキャンプで英語に親しみ、中3でのオーストラリア研修旅行ではファームステイをとおして異文化交流を行うなど、国際教育も充実しています。

授業は、「進学クラス」と「難関進学クラス」に分かれて行われます。

「進学クラス」は、生徒一人ひとりに対するきめ細かな指導をつうじて、基礎学力を確かに身につけ、学ぶ意欲を高めます。

「難関進学クラス」は、先取り授業や、より発展的な内容の授業を行い、一定レベル以上の大学への進学を目標とします。無理なくゆとりのある授業内容で、個々のスピードに合わせられることが特徴です。

SCHOOL DATA

- 神奈川県横浜市鶴見区鶴見2-2-1
- 京浜急行線「花月総持寺」徒歩10分、JR線「鶴見」徒歩15分
- 男子197名、女子110名
- 045-581-6325
- https://tsurumi-fuzoku.ed.jp/

桐蔭学園中等教育学校

神奈川
横浜市
共学校

変化の激しい社会の中で力強く羽ばたく鳳凰を育てる

開校以来、桐蔭学園は「学力」「行動力」「創造力」の育成を重視してきましたが、創立50周年を機にその方針を問いなおし、次代に向けたビジョンを掲げました。それは、これからの若者に必要な"たくましさ"と"しなやかさ"を身につけてもらうために、「自ら考え判断し行動できる力」を育む教育です。

教育力強化に向けた改編を実施

桐蔭学園は男女それぞれの特性を伸ばすために別学制で指導を行ってきましたが、"新しい教育"の効果を高めるため、中等教育学校は2019年度新入学年から中学校（男子部・女子部）を統合、男女共学になりました。

"新しい進学校のカタチ"を展開

2015年度から導入した「アクティブラーニング型授業」。身につけた知識を活用して主体的・対話的に学び、発表することで、思考力・判断力・表現力を含めたバランスのよい学力を伸ばし、社会で活躍するために求められる能力を育成します。そして、将来に向かって学びつづける力を育む「探究（科目＝未来への扉）」、さらに、〈今の自分〉と〈ありたい自分〉をつなぐ、成長しつづける力を育てる「キャリア教育」を加え、桐蔭学園中等教育学校の教育の3本柱として"新しい進学校のカタチ"を展開しています。

15歳のグローバルチャレンジ

新しい学習として、全生徒が3年次の探究の授業で「15歳のグローバルチャレンジ」に取り組みます。さまざまな国の立場から、よりいい世界をつくるために世界が団結して取り組むことを考える授業です。担当国の地理的特徴や文化・歴史などを調べて理解を深め、その国が抱えている政治的問題や国内外の諸問題をふまえて、担当国のみならず国際的な諸問題を解決するために、年度末の「模擬国連会議」で議論を行います。

SCHOOL DATA

- 神奈川県横浜市青葉区鉄町1614
- 東急田園都市線「青葉台」「市が尾」、東急田園都市線・横浜市営地下鉄ブルーライン「あざみ野」、小田急線「柿生」「新百合ヶ丘」バス
- 男子1020名、女子302名
- 045-971-1411
- http://toin.ac.jp/ses/

東京
神奈川
千葉
埼玉
茨城
寮制

あ行
か行
さ行
た行
な行
は行
ま行
や行
ら行
わ行

東海大学付属相模高等学校中等部

神奈川　相模原市　共学校

使命感と豊かな人間性を持つ人材を育てる

創立者・松前重義先生の建学の精神を受け継ぎ、「明日の歴史を担う強い使命感と豊かな人間性をもった人材を育てる」ことにより「調和のとれた文明社会を建設する」理想を掲げる、東海大学付属相模高等学校中等部。東海大学を頂点とした中・高・大の一貫教育を行っています。

中・高・大の一貫教育

東海大相模では、学習・行事・部活動をバランスよく行うためのカリキュラムを考えています。基本的には、学校5日制のなかで、月1回土曜日にも授業を実施しています。また、じゅうぶんな授業時数の確保や進路に見合った学習指導の徹底をはかるために、2学期制を採用しています。

カリキュラム全体としては、幅広い視野に立ったものの見方・考え方を培うことを目的としています。中等部では、自ら考え自ら学ぶ力を培い、高校進学への基礎学力の定着をはかりながら、発展的に自学自習するシステムを実践しています。

例年80%ほどの生徒が東海大学へ進学しています。この東海大学への進学は、高校3年間の学習成績、学園統一の学力試験、部活動、生徒会活動など、総合的な評価をもとに、学校長の推薦により実施されています。東海大学は23学部62学科を持つ総合大学です。進路の決定に際しては、担任や進路指導の先生ときめ細かい相談を重ね、生徒それぞれに適した進路を選んでいきます。

大学との連携のひとつとして、進路がほぼ決定した高3の後期には、東海大学の授業を経験できる「体験留学」が実施されています。これは、ひと足先に大学での授業を味わうことができるため、大学入学後の勉強におおいに役立っています。

付属校のメリットをいかした教育を行う東海大相模。2022年度入学生からは制服もリニューアルし、新たな風が吹くことでしょう。

SCHOOL DATA

▶ 神奈川県相模原市南区相南3-33-1

▶ 小田急線「小田急相模原」徒歩8分

▶ 男子292名、女子145名

▶ 042-742-1251

▶ https://www.sagami.tokai.ed.jp/

桐光学園中学校

神奈川　川崎市　別学校

安定した国公立・私立上位大学への進学

難関国公立大学・私立大学に多数合格！

桐光学園中学校は、男女別学の中高一貫教育のメリットをいかし、男女それぞれの特性に合わせて独自のカリキュラムを展開。基礎学力の定着と学習習慣の確立をめざした小テストや放課後の講習、夏期講習、補習などきめ細かな指導で生徒の個性を見極め、伸ばしています。文化祭や体育大会、サマースクール、合唱コンクールなどの学校行事、クラブ活動も大変さかんで、他者とのかかわりのなかで自己を高めながら、一生つづけていける自分の好きなことを見つけることができます。

中高全員がノートPCを所持し、授業はもちろん、休校中の学習にも活用できる体制を整えています。高2以降、国立文系・国立理系、私立文系・私立理系の4コースから選択、希望する進路に合わせた専門的な学習によって、東京大学、東京工業大学、一橋大学などの難関国公立大学、早慶上智、医学部の合格者も増加しています。

また、充実した国際教育が行われていることも桐光学園の魅力です。高2全員が参加するカナダ修学旅行では、現地の高校生との交歓会を実施。希望者を対象としたイギリス・イートンカレッジやケンブリッジ大学の語学研修、ニュージーランドターム留学など、グローバル社会に生きるためのプログラムは年々充実しています。帰国生(在校生の10〜15%)や留学生の受け入れとともに、アイビーリーグをはじめとする海外有名大学への合格者も増加しています。

他に類を見ない充実度「大学訪問授業」

各分野の第一線で活躍する大学教授らを招き、桐光学園で年間約20回行う「大学訪問授業」では、過去に池上彰、根岸英一、坂本龍一、羽生善治といった先生がたの熱い講義が行われました。中1から高3までの希望者が受講でき、書籍にもなっています。

SCHOOL DATA

▶ 神奈川県川崎市麻生区栗木3-12-1

▶ 小田急多摩線「栗平」徒歩12分、小田急多摩線「黒川」・京王相模原線「若葉台」スクールバス

▶ 男子776名、女子456名

▶ 044-987-0519

▶ http://www.toko.ed.jp/

藤嶺学園藤沢中学校

神奈川
藤沢市
男子校

「世界は僕らを待っている」 ～茶道・剣道必修～

2001年、「国際社会に太刀打ちできる21世紀のリーダー育成」をめざし開校した藤嶺学園藤沢中学校。まだ開校20年ではありますが、母体となる藤嶺学園藤沢高等学校は創立100周年を超える伝統校です。

藤嶺学園藤沢の教育で特徴的なのは、茶道・剣道が必修とされていること、そしてアジアに目を向けた国際人を養成していることです。21世紀の国際社会におけるアジア、オセアニア地域の重要性が増す現在、エコ・スタンダードとしての東洋的な価値観や文化を見直すことにより、国際教育の原点を世界のなかのアジアに求めていきます。

さらに、国際語としての英語教育をしっかり行いながらも、身近なアジア・オセアニアに目を向けた国際教育を実践し、勇気と決断力を持った国際人を育てています。

3ブロック制カリキュラム

学習においては、6年間を3ブロックに分け、基礎（中1・中2）、発展（中3・高1）、深化（高2・高3）と区切ることで、ムダのないカリキュラムを実現しています。

基礎ブロックは、すべての教科の土台にあたる基礎学力をつくる時期です。基礎学力を確実につけることを主眼に、授業のほかにも補習を行い、きめ細かく生徒を見守ります。

発展ブロックは、中学と高校の橋渡しをする時期。養った基礎を発展へとスムースに移行するための学習プランを用意しています。また、学力をさらに伸ばすために、希望者を対象とした発展補習も行います。

中高一貫教育の総仕上げを行う深化ブロックは、将来の進路を決定する大切な時期でもあります。志望系統別のクラス編成を行い、生徒一人ひとりの進路を確実に導けるようにします。

藤嶺学園藤沢では、こうした計画的なカリキュラムにより、生徒が抱く未来への夢を実現できるようにサポートしています。

SCHOOL DATA

- 神奈川県藤沢市西富1-7-1
- 小田急江ノ島線「藤沢本町」徒歩13分、JR線・小田急江ノ島線・江ノ島電鉄線「藤沢」徒歩15分
- 男子のみ314名
- 0466-23-3150
- https://www.tohrei-fujisawa.ed.jp

日本女子大学附属中学校

神奈川
川崎市
女子校

「自ら考え、学び、行動する」女性を育成

日本女子大学附属中学校は、生田の緑豊かな森のなかにあります。建学の精神は創立者・成瀬仁蔵が唱えた「自念自動」、すなわち「自ら考え、学び、行動する」ことです。1901年の開校当初から、学習面と生活面の両方で「自念自動」の精神を大切に、自主性を養う教育を実践してきました。

各教科の授業では、実験や実習、発表などを多く取り入れ、一人ひとりが意欲的に授業に参加できる環境を整えています。たとえば理科では、4つの理科実験室や天体観測ドームなどの施設をいかして実験を行ったり、周辺の緑豊かな森へでかけ、植物の観察をしたりします。理科ではこうした実験・観察を中学3年間で130回以上も実施し、実物に触れる機会を多く設けています。

音楽の授業でバイオリン演奏が必修なのも特徴です。これは、バランスのとれた人間性を養うための情操教育の一環で、音楽会では、日ごろの練習の成果を披露します。

さらに、国語・数学をはじめ、多くの授業で1クラスにつき2名の教員が担当するチームティーチングを実施。それにより、生徒の理解度に応じた適切な指導や、質問へのていねいな応答が可能になっています。

生徒の手で学校生活をより充実したものに

日本女子大附属は、学校に自治活動を導入した最初の学校だと言われており、勉強と同じくらい自治活動も重視されています。

運動会や文化祭などの行事は各行事委員を中心に企画運営され、ほかにも多様な委員会があり、学校運営に取り組んでいます。また、全員が学芸部・生活部・体育部・経理部のいずれかに所属し、学校生活が円滑に進むよう、各々が自分の仕事を全うしています。

学校生活のいたるところに「自ら考え、学び、行動する」という教育理念が息づく日本女子大附属は、社会で役立つ「真の教養」を身につけることができる学校です。

SCHOOL DATA

- 神奈川県川崎市多摩区西生田1-1-1
- 小田急小田原線「読売ランド前」徒歩10分
- 女子のみ753名
- 044-952-6705
- http://www.jwu.ac.jp/hsc/

日本大学中学校

神奈川
横浜市

共学校

Aiming high! 常に高みをめざせ！〜夢を夢で終わらせない〜

日本大学中学校は、医歯薬獣医系を含む16学部87学科を有する日本最大の総合大学、日本大学の付属校です。教育理念「自主創造」を構成する「自ら学ぶ」「自ら考える」「自ら道をひらく」を体現するため、教育スローガン「Aiming high!」を掲げた教育活動を展開し、生徒の夢の実現をめざします。

ICT教育×グローバル教育×キャリア教育

中学校は「グローバルリーダーズ」と「Nスタンダード」の2コース制、高校は「総合進学」「特別進学」「スーパーグローバル」の3クラス制です。ICT教育では、ひとり1台のタブレットPCを用いた双方向授業・調べ学習を展開し、グループワークやプレゼンテーションの機会をつうじて、確かな学力と思考力・判断力・表現力を養います。また、グローバル教育では、英語4技能を伸ばすべく外国人講師7名による少人数制英会話授業やイングリッシュラウンジの展開により、英語

を学ぶことへのモチベーション向上につなげるほか、各種海外研修への参加で、実践的な英語力と多様性理解力を身につけています。さらにミュージカル鑑賞や相撲・歌舞伎などの古典芸能鑑賞、美術館・博物館見学、日本大学学部訪問などのさまざまな分野の体験型キャリア教育も推進し、生徒の気づきをうながしながら、将来の目標や夢を育んでいます。

現役進学率は例年90%以上、付属校としての最大の優位性である内部推薦制度で約半数が日本大学へ進学しています。また、2020年度卒業生では、国公立大学36名、早慶23名、G-MARCH89名の合格者をだすなど他大学の合格実績に顕著な伸びを見せており、進学ハイブリッド校としての躍進は目を見張るものがあります。さらに、トロント大学、台湾師範大学など海外大学への進学実績も増加傾向にあり、生徒の多様な進路に向きあうため、学内予備校やチューター制などを完備し、バックアップ体制を整えています。

🎓 SCHOOL DATA 🎓

- ▼ 神奈川県横浜市港北区箕輪町2-9-1
- ▼ 東急東横線・目黒線・横浜市営地下鉄グリーンライン「日吉」徒歩12分
- ▼ 男子377名、女子273名
- ▼ 045-560-2600
- ▼ https://www.yokohama.hs.nihon-u.ac.jp/

日本大学藤沢中学校

神奈川
藤沢市

共学校

一人ひとりが輝ける環境

日本大学教育憲章の教育理念として掲げられた「自主創造」のもと、「健康・有為・品格」を校訓として設立された日本大学藤沢高等学校。心身ともにバランスのとれた「豊かな人間形成」と「国際的な素養の育成」をめざしている学校です。

この高校のもとに、2009年に開校したのが、日本大学藤沢中学校です。70年以上の実績を誇る高校の教育コンセプトをベースとしながら、6年間で生徒の可能性とモチベーションを高めることをめざしています。

大学と連携したハイレベルな教育

英会話の授業では、クラスを少人数グループに分け、ネイティブと日本人のふたりの先生で授業が進められます。理解度に差がでやすい英語と数学においては英語は中1から、数学は中2から習熟度別授業が行われ、生徒の理解力に応じた授業が展開されます。また、夏休みや冬休みといった長期休暇を利用

して全員参加の特別授業が行われるなど、多角的にさまざまな学習をすることができます。

さらに、多様な学部・学科を持つ日本屈指の総合大学である日本大学のネットワークを活用した体験授業が実施されています。フィールドワークでは大学の施設を利用した農場実習が行われるなど、中学・高校・大学の「10カ年教育」を実施し、大学の施設を利用し、大学生とふれあうことで、より刺激的かつ高度な学習環境を構築しています。

そのため、高校進学時には原則として「特別進学クラス」をめざすことになります。つまり特別進学クラスに直結するハイレベルな教育の実践を前提としているのです。

日本大学への進学希望者は「全員進学」を目標とした受験指導が行われていますが、大学附属校であっても、高い希望を持ち、国公立大学や難関私立大学へ進学することももちろん可能で、そうした受験に対応した授業を展開しています。

🎓 SCHOOL DATA 🎓

- ▼ 神奈川県藤沢市亀井野1866
- ▼ 小田急江ノ島線「六会日大前」徒歩10分
- ▼ 男子187名、女子176名
- ▼ 0466-81-0125
- ▼ https://www.fujisawa.hs.nihon-u.ac.jp/

東京
神奈川
千葉
埼玉
茨城
寮制

あ行
か行
さ行
た行
な行
は行
ま行
や行
ら行
わ行

フェリス女学院中学校

「キリスト教」を基盤に

受け継がれる150年の歴史

フェリス女学院中学校は、1870年にアメリカ改革派教会が日本に派遣した最初の婦人宣教師メアリー・エディー・キダーによって設立されました。

日本最初の女子校として、また大学進学にもすぐれた成果をあげる神奈川県の名門校として、高い知名度を誇り、今日にいたっています。

150年というフェリス女学院の歴史を支えてきたものは、「キリスト教信仰」に基づく教育を堅持することでした。それは、いまも変わることのないフェリス女学院の教育原理となっています。

「他者のために」をモットーに

「キリスト教信仰」につぐ、フェリス女学院の第2の教育方針は「学問の尊重」です。これは学院のモットーである「For Others＝他者のために」という言葉にも関係し、自分のためだけでなく他者のために役立ち、国際的にも通用する質のよい本物の学問を追究することを意味しています。

「進学校」といわれるほどにフェリス女学院生が大学をめざすのは、こうした「他者のために」役立つ、より質の高い学問を求める姿勢の現れです。

また、第3の教育方針は「まことの自由の追求」です。創立以来「自由な校風」として知られるフェリス女学院ですが、ここでいう「自由」とは、外的規則や強制に頼らず、一人ひとりが自主的な判断で規制の意味を知り、他人への思いやりを持って行動することを意味しています。

こうした教育方針のもと、フェリス女学院では、「他者のために」各自が与えられた能力をいかして生きる、愛と正義と平和の共同社会・国際社会をつくる責任にめざめた人間の育成をめざしています。

⚜ SCHOOL DATA ⚜

▼ 神奈川県横浜市中区山手町178

▼ JR線「石川町」徒歩7分、みなとみらい線「元町・中華街」徒歩10分

▼ 女子のみ552名

▼ 045-641-0242

▼ https://www.ferris.ed.jp/

法政大学第二中学校

出会い、向き合い、「自分」をつくる。

140年におよぶ歴史を有し、「自由と進歩」を建学の精神とする法政大学の付属校として、10年一貫教育により「自由を生き抜く実践知」の育成をめざし、受験勉強にとらわれない取り組みを行っています。さまざまな人びとと出会い、その違いに向きあいながら、学んだことを社会の現実と結びつけ、「自分はどう考えるか、何ができるか」を問いかける学びを大切にしています。

「世界のどこでも生き抜く力」を育む

中学校では少人数学級できめ細かい指導を展開します。とくに英語と数学ではクラスをふたつに分けた分割授業を行っています。また中学のうちは、知識の習得だけではなく、さまざまな体験をつうじて学んでほしいと考えています。たとえば、理科では1週間に1回かならず実験を行い、考察を実験ノートにまとめます。中学3年間で70回以上もの実験を行います。またその他の教科においても多くのレポート課題に向きあいます。こうした機会が主体的に学習する姿勢を育んでいます。

高校では、知識を獲得することにとどまらず、知識を用いて自ら論理的に思考し、他者に表現することができる力の育成を重視しています。1～2年で全教科にわたる幅広い教養を身につけ、各自の進路の可能性を広げます。3年次に各自の進路に合わせて文系と理系に分かれます。どの学年もレポート課題や話しあいの時間が多く、付属校ならではの豊かな学習が展開されています。

中高ともに旺盛な生徒会活動を展開しています。行事は生徒会を中心として行われ、企画・運営にいたるまで、生徒同士が共同・協力してつくり上げます。多様な価値観を持つ仲間と討論を重ねるなかで互いのちがいを認めあいながら成長するこができます。

付属校という条件をいかし、広大な敷地のなかで「今」を全力で生きながら、「自分つくり」のできる環境です。

⚜ SCHOOL DATA ⚜

▼ 神奈川県川崎市中原区木月大町6-1

▼ 東急東横線・目黒線「武蔵小杉」徒歩10分、JR線「武蔵小杉」徒歩12分

▼ 男子428名、女子242名

▼ 044-711-4321

▼ http://www.hosei2.ed.jp/

聖園女学院中学校

自らの使命を見つけ「踏み出す人に」

最寄り駅から大通り沿いに歩くこと約10分。聖園女学院中学校の校門に近づくと、肌に触れる空気が変わります。森がそのまま学校になったような校地は、県の鳥獣保護区に指定されています。「かけがえのない貴い使命をもつ一人ひとりを大切に」。この建学の精神と豊かな環境に育まれ、聖園生たちは伸びやかに成長していきます。

聖園の丘には、「本物のあなたでありなさい」「あなたはありのままで素晴らしい」というカトリック精神が息づいています。少人数だからこそ、学校生活でさまざまなチャンスがめぐってきます。お互いを支えあえる大切な友人にもであえる学校です。

見つける力・磨く力・認めあう力

聖園女学院の学校目標は「踏み出す人に」。さまざまなであいと経験をとおして自らの使命を見つけ、友人たちと切磋琢磨しながらお互いの存在を認めあい、卒業後は社会へと大きくふみだし、自分にしかない使命を他者とともに輝かせてほしいという願いがこめられています。

中学では国数英に授業数の50%をあてて基礎学力の定着をはかり、簡単には答えが見えない問題を論理的かつ柔軟に考えていく土台を養います。4技能をバランスよく身につけられる英語教育も特色のひとつ。給付型奨学金つきのニュージーランド留学やカナダ研修に挑戦して視野を広げられるほか、ネイティブ教員が運営する留学の部屋では日常的に英語を浴びながら、発信力に磨きをかけます。

一人ひとりに貸与されたタブレットを使い、聖園生は自らの学びを深めます。課題発見・問題解決力を育む授業をはじめ、学びを止めない遠隔授業ができる体制も整っています。長期休暇中の補習講習、外部講師や女子大学生メンターによる放課後支援など学習意欲をあと押しする環境も年々充実。聖園ではつねに進化する学びの場が提供されています。

🏫 SCHOOL DATA 🏫

- ▷ 神奈川県藤沢市みその台1-4
- ▷ 小田急江ノ島線「藤沢本町」徒歩10分、小田急江ノ島線「善行」徒歩15分
- ▷ 女子のみ217名
- ▷ 0466-81-3333
- ▷ https://www.misono.jp/

緑ヶ丘女子中学校

コミュニケーション力を高める教育

落ちついた雰囲気のキャンパスが魅力

東京湾や横須賀港を見下ろす横須賀市の高台に立つ緑ヶ丘女子中学校。多くの緑にかこまれ、落ちついた雰囲気のキャンパスが自慢の学校です。

そんな緑ヶ丘女子では、建学の精神に掲げる「至誠一貫・温雅礼節」のもと、キリスト教の「愛の精神」を心の糧にした教育を行っています。そして、中学校の目標として「新時代の社会で活躍し、貢献できる自立した女性の育成」をめざし、教育内容の充実をはかっています。

これからの時代を生き抜く力を育てる

これからの社会で求められる力として「コミュニケーション力」に注目し、コミュニケーション力を高めるためのさまざまな活動を行っています。

そのひとつとして、英語学習では「読む・書く・聞く・話す」という4技能の実践を重視して「使える英語力」を修得していくほか、校内研修・国内研修のステップを経て行われる約10日間の海外研修や、中学修了段階で英検準2級以上の取得をめざして行われる補講などを用意することで、生徒たちは"多くの人とつながる力"を獲得していきます。

また、隔週土曜日に行われる「サタデークラス」では、各自が設定したテーマで探究し、まとめ、そして「プレゼンテーション」で発信しあうことにより"伝える力・受け取る力"を伸ばしています。

そして、茶道（裏千家）の先生による作法の時間や、聖書の時間、月に1回ある礼拝の時間をとおして、"他者を思いやる心"、"豊かな人間性"を育みます。

こういったさまざまな活動をつうじて、緑ヶ丘女子では、「コミュニケーション力」を育み、これからの世界を生き抜くために必要とされる、多様な力を養っていきます。

🏫 SCHOOL DATA 🏫

- ▷ 神奈川県横須賀市緑が丘39
- ▷ 京浜急行線「汐入」徒歩7分、JR線「横須賀」徒歩15分
- ▷ 女子のみ22名
- ▷ 046-822-1651
- ▷ https://www.midorigaoka.ed.jp/

森村学園中等部

神奈川
横浜市
共学校

「未来志向型教育」を森村学園で

森村学園の創立者森村市左衛門は、日米貿易の先駆者で、ノリタケ、TOTOなど森村グループの創業者です。「独立自営」を建学の精神として掲げ、校訓「正直・親切・勤勉」は、創立以来111年、森村生の心に連綿と受け継がれています。

また、森村学園の校風である「個性を認め合い、互いを尊重し合う家庭的な雰囲気」は、感受性豊かな6年間を過ごす生徒たちにとっては、安心できる環境といえるでしょう。

「未来志向型教育」とは

森村学園中等部が推進する「未来志向型教育」は、「言語技術教育」「外国語（英語）教育」「課題解決（PBL）型授業」「ICT環境」を軸とした独自の教育システムです。

「言語技術（Language Arts）」とは、いわば世界標準の母語教育で、言葉の5機能（聞く・話す・読む・書く・考える）を鍛錬する学びです。「論理的思考力」「批判的思考力」「創造的思考力」を育み、世界をたくましく生き抜く教養人の育成をめざします。「外国語（英語）教育」では、言語技術教育での学びをもとに、2年ずつ段階的にCommunicative Approach、Logical Approach、Critical/Analytical Approachと発展させ、英語で論理的に自分の考えを述べる力の育成をめざします。

「課題解決（PBL）型授業」は、おもに学年での取り組み（中1：創立者研究、中2：職業研究、中3：自由課題研究）をとおして「答えのない問いに自分なりの答えを見つけ出す」経験を積みます。また、「ICT環境」をとおして学校生活をより便利にし、社会で活躍する力や情報リテラシーの育成をめざす森村学園は全学年でMicrosoft Teamsを用いた課題や動画授業の配信も推進しています。

さらに、2020年度からは、オンラインでアメリカの高校の授業が受講でき、卒業資格も得られる「US Dual Diploma Program」（希望制）もスタートしました。

✤ SCHOOL DATA ✤

▼ 神奈川県横浜市緑区長津田町2695
▼ 東急田園都市線「つくし野」徒歩5分、JR線・東急田園都市線・こどもの国線「長津田」徒歩13分
▼ 男子265名、女子320名
▼ 045-984-2505
▼ https://www.morimura.ac.jp/jsh/

山手学院中学校

神奈川
横浜市
共学校

世界を舞台に活躍できる能力を身につける

1966年、「未来への夢をはぐくみ、その夢の実現をたくましくになっていく人」すなわち「世界を舞台に活躍でき、世界に信頼される人間」の育成を目的に創設された山手学院中学校。マロニエ並木を歩いて到着するキャンパスは、富士山や鎌倉の山並みを望む緑豊かな高台にあります。

「世界を舞台に活躍でき、世界に信頼される人間」を育てるという目標を実現するため、山手学院では、教室のなかで世界について学ぶだけではなく、柔軟な吸収力のあるこの時期に、直接「世界」に飛びこみ、体験することが大切だと考えています。

そのため、全生徒にその機会を与えるものとしてつくられたのが、「国際交流プログラム」です。中3の「オーストラリア・ホームステイ」、高2での「北米研修プログラム」を柱として、「リターン・ヴィジット」、「シンガポール語学研修」、「国連世界高校生会議」など、数多くのプログラムを実施しています。

メリハリのある学校生活で大学合格

山手学院では、週5日制・3学期制を採用しています。土曜日の午前中には土曜講座を実施。多彩な講座が設置され、中学生から高校生まで、多くの生徒が受講しています。さらに、中学入学生は「中高6年一貫コース」として、国公立大学への進学に向けて必要な、幅広く確かな学力を育成しています。

月～金曜日に集中して行われる授業。多彩な土曜講座。活発な部活動。この3つの活動によって生みだされるリズム感、メリハリのある学校生活が山手学院の特色です。

こうした生徒を伸ばすオリジナルな学習指導の結果、2021年度大学入試においては、国公立大学へ95名、早慶上智146名、MARCHには555名の合格者を輩出しています。

また、現役合格者が多いのも大きな特徴で、毎年、卒業生の90%以上が現役合格しています。

✤ SCHOOL DATA ✤

▼ 神奈川県横浜市栄区上郷町460
▼ JR線「港南台」徒歩12分
▼ 男子403名、女子235名
▼ 045-891-2111
▼ http://www.yamate-gakuin.ac.jp/

横須賀学院中学校

共学校

「世界の隣人と共に生きる」グローバル教育

人間力を育てる学び

横須賀学院中学校は1950年、青山学院高等部（横須賀分校）を受け継いで設立されました。その歴史的経緯から、2009年に青山学院大学と教育提携協定を締結し、12年目を迎えました。そして大学と連携した取り組みを推進しています。

横須賀学院は、「敬神・愛人」を建学の精神に掲げ、「共に生きる」のテーマのもと、日々の生活のなかで温かく豊かな人間関係を築きながら、愛と奉仕の実践を積み重ねます。

中高一貫コースでは、教科と図書館との連携によって、読書・レポート作成・プレゼンテーション力の育成に力を入れています。高1ではリベラルアーツプログラムを行い、大学での学びにつなげています。

中学学習室には専属の職員が常駐。19時まで開放し、定期試験や検定試験を強力にサポートしています。また、難関大学をめざし、模試を意識した指導を行う特別講座も開講。ひとり1台のタブレット活用で、学校と家庭学習のシームレス化もはかっています。

将来につながるさまざまな経験

「世界の隣人と共に生きる」力と人格を育てるグローバル教育を推進しています。中1全員で行う「イングリッシュデイズ」をはじめとした国内外語学研修プログラムをさらに充実させ、中3・高1の3学期・ターム留学制度（ニュージーランド）、帰国生の英語力保持にも最適な葉山インターナショナルスクールでのボランティアやオンライン英会話を導入した英会話授業など、世界に視野を広げ英語運用力を高めるプログラムも行っています。英検やTOEIC Bridge、その他検定試験受験も推奨。海外長期留学希望者も増えています。

またキリスト教青年会、聖歌隊、ハンドベルクワイアなどの活動もさかんで、地域の催しやボランティアにも積極的に参加しています。

🏫 SCHOOL DATA 🏫

- 神奈川県横須賀市稲岡町82
- 京浜急行線「横須賀中央」徒歩10分
- 男子195名、女子149名
- 046-822-3218
- https://www.yokosukagakuin.ac.jp/

横浜中学校

男子校

社会で活躍できる「グローバル人財」の育成

「確かな学力」と「豊かな人間力」

グローバル社会の21世紀を生き抜くためには、さまざまな分野に対応する基となる「確かな学力」と、しっかりとした自分の考えや目標を持ち、人間的な幅や魅力を備える「豊かな人間力」が必要です。

横浜中学校では、「確かな学力」とは、定着させた知識を整理しまとめ、表現できる力であると考え、知識の定着のため生徒の学習を支援するYSAPを全学年で実施しています。「ベーシック講座」や、オンラインデジタル教材「すらら」（中学）、「駿台サテネット21」（高校）で学力アップをはかります。スピーチコンテスト、海外研修、サイエンスキャンプ、作文コンクールなど知識を活用する発信型プログラムで発信力も養っています。

生徒はさまざまな体験を重ねることによって人としての幅を広げることができます。横浜では、ライフデザイン教育（L）・国際教育（I）・情操体験教育（F）・表現コミュニケーション教育（E）を「豊かな人間力」を育む4つの柱としています。そして、幅広いプログラムをとおして、社会で信頼を受ける人物の育成をはかっています。

思考力や表現力を育む理科教育

実験は中学3年間で約30回、簡易カメラやペットボトルロケットの製作など、教科複合的な教育も行います。また、JAMSTECやズーラシア・東京ガス工場などの見学会、磯の生物観察会・サイエンスキャンプなどの実習を行うなど、体系的な取り組みを実施しています。討論・レポート制作・発表会で、科学的思考力や表現力を育んでいます。

これら多様な力が身につくだけでなく、英検2級以上取得などの条件を満たせば提携の海外大学（2021年5月現在、5カ国8大学）に進学ができるなど、海外への道も開けています。

🏫 SCHOOL DATA 🏫

- 神奈川県横浜市金沢区能見台通47-1
- 京浜急行線「能見台」徒歩2分
- 男子のみ78名
- 045-781-3395
- https://www.yokohama-jsh.ac.jp/

横浜共立学園中学校

「ひとりを大切にする」キリスト教教育

横浜の街並みを見下ろす山手の高台に横浜共立学園中学校はあります。創立は1871年、日本で最も古いプロテスタント・キリスト教による女子教育機関のひとつであり、横浜を代表する人気の女子校です。

3人のアメリカ人女性宣教師により設立されたアメリカン・ミッション・ホームに起源を持つ横浜共立学園の教育の根底にあるものは、「ひとりの人間を無条件に尊重し愛する」キリスト教精神です。学園では、キリスト教に基づく教育が実践されています。

そのキリスト教教育の基本は、「神を畏れる」ことにあります。「神を畏れる」とは、人間が神の前に謙虚になるということです。毎朝行われる礼拝をとおして、自分が神さまからかけがえのない存在として等しく愛されていることを知ります。

横浜共立学園が創立以来「ひとり」を大切にする教育を行ってきた根拠がここに存在します。

高い大学進学実績

横浜を代表する私立女子校として知られているだけに、その大学進学実績には目を見張るものがあり、難関大学に数多くの合格者をだしています。医学部への進学者が多いのも特色のひとつで、総じて理系人気には高いものがあります。また、特筆すべきは、きわ立って高い現役合格率です。これは「まじめで、よく勉強する」生徒の性格を表す結果でもありますが、その背後には中高一貫の利点をいかし、効率を追求した横浜共立学園のカリキュラムの存在があります。

しかし、名門進学校の横浜共立学園は、けっして受験一本槍の学校ではありません。生徒のほとんどが部活動に所属し、ボランティア活動も積極的に行われています。同じ部活動の先輩が一生懸命に勉強して現役で希望する大学に入っていく、それもいいプレッシャーになっているのかもしれません。

SCHOOL DATA

- 神奈川県横浜市中区山手町212
- JR線「石川町」徒歩10分
- 女子のみ544名
- 045-641-3785
- http://www.kjg.ed.jp/

横浜女学院中学校

「愛と誠」の人間教育と知性を育む学習指導

2022年度より「65分授業」を導入

横浜女学院中学校は、変わりゆく社会のなかにあって、つねに自分を高め、他者と協働し、自分を表現できる力を育んでいます。そのため、「持続可能な社会を創る価値観」「コミュニケーション能力」「リーダーシップ」「データを読む力」「代替案の思考力」「総合的な思考力」の育成に注力し、こうした力をより効率的に伸ばすべく、2022年度より65分授業の導入を予定しています。1回の授業のなかで基礎的な知識をさまざまな問題と結びつけ、発展させていく手法を学びます。

アカデミークラスと国際教養クラスの2クラスあり、月曜から金曜までは5時間、土曜は3時間（国際教養クラスは4時間）の週6日制です。

国際教養クラスの深化

2018年度新設の国際教養クラスでは、知識だけではなく「思考力」「協働する力」「社会に新しい価値を生みつつ、既存の価値観も尊重する姿勢」を涵養します。中1から必修の第二外国語では、東京横浜独逸学園との交流や横濱中華學院での夏期中国語講座をつうじて、言語だけでなく海外文化も学びます。また、大学教授と連携した学習や、アクティブラーニングを積極的に取り入れつつ、基本的な知識も身につく体験的な学びの機会を提供しています。

さらに、英語をツールとしてとらえ、「英語4技能＋英語で考える力」を身につけるCLIL（内容言語統合型学習）を採用しています。CLILでは、美術・聖書・地理などの教科を英語で学習するほか、オリジナルのテキストを用いて、生物多様性・多文化共生・エネルギー問題などについての授業を英語で実施。探究学習プログラムであるESDと内容を関連づけ、英語で学習しながら教科内容を習得することで、学びがより深まります。

SCHOOL DATA

- 神奈川県横浜市中区山手町203
- JR線「石川町」徒歩7分
- 女子のみ492名
- 045-641-3284
- https://www.yjg.y-gakuin.ed.jp/

横浜翠陵中学校

神奈川　横浜市　共学校

モットーは「Think & Challenge!」

横浜翠陵中学校のモットーは「Think & Challenge!」。6年間の教育のなかで、次世代を担い、あすの世界をよりよい世界にするために、考えて行動のできる人の育成をめざします。

伝統の英語教育では、「英語力」をさらに伸ばすために、ネイティブ教員による「サマーイングリッシュキャンプ」や「グローバルホームルーム」の実施、ニュージーランド海外教育研修（中3必修、一人一家庭ホームステイ）、アメリカ、中国、メキシコ、オーストラリアとの交換留学制度（希望選抜制）など実践の場も数多く用意されています。

人間力の育成では、「トレッキングデー」や「ウィンターキャンプ」などに挑戦し、やり遂げたときに得る達成感を自信に変え、どんな困難にも立ち向かえる「人間力」を高めていきます。また、中学3年間をつうじて取り組む「翠陵グローバルプロジェクト」も特徴的です。グローバル社会に関する課題について研究を進め、最終的にプレゼンテーションを

するもので、まさに「Think & Challenge!」実践の場といえます。

一人ひとりと徹底的に向きあう

小規模で温かい雰囲気が漂う横浜翠陵の基本姿勢は、「徹底的に一人ひとりの生徒と向きあう」ことです。学習活動をD＝Desire（好奇心と意欲の活性化）、U＝Understand（理解）、T＝Training（実践的な演習）の3段階に分類し、いま、なにを、なんのために行うのかを、教員と生徒が確認しながら学習を進めていきます。教員が個々の状況を把握しておくことで、それぞれの生徒が異なる場所でつまずいたとしても、必要なタイミングできめ細かいフォローアップを行えるのです。そうして「知りたい→分かった→できた」のプロセスをていねいに繰り返すことで、1歩ずつ着実に学力を向上させていきます。

「夢の実現」に向けて、日々進歩する横浜翠陵です。

SCHOOL DATA

- 神奈川県横浜市緑区三保町1
- JR線「十日市場」徒歩20分またはバス、東急田園都市線「青葉台」・相鉄線「三ツ境」バス
- 男子102名、女子41名
- 045-921-0301
- https://www.suiryo.ed.jp/

横浜創英中学校

神奈川　横浜市　共学校

卒業後も生徒が希望を抱けるような教育を

変わりつづける横浜創英

2003年開校の横浜創英中学校は「考えて行動のできる人」の育成を建学の精神とし、世界が抱えている社会・環境問題に対して、持続可能な社会の当事者として主体的にかかわるために必要な力を育てています。

そして、自ら考え、判断、決定し、行動できる力である「自律の精神」、多様性を受け入れ、対話をとおして対立・ジレンマを解決する「対話力」、問題を解決するために情報や技術などを活用し、新たな価値を生み出す「創造力」の3つを柱に、変化を恐れることなく変わりつづける学校です。

2021年度からは固定担任制を廃止し、複数担任制を導入。また数学・英語では、AI（人工知能）を搭載したアダプティブ・ラーニング教材を使用し、生徒の解答プロセスにかかわるさまざまな情報を収集、蓄積、解析し、理解度に応じて効率よく学習できるシステム

を導入するなど、一人ひとりに合った学習環境を提供できるよう改革を進めています。

そんな横浜創英では、生徒たちにとって学校とは未来の社会に希望を抱くための場であると考えられています。そこでであうおとなが信頼のできる素敵な人であれば、子どもたちは前向きに社会で生きていくことができるようになるはずだとの考えから、そうした実感を持てるような学校づくりがめざされています。

また、2022年度はサイエンスコースを新設して2コース制に改編する予定です。豊富な実験・実習・体験プログラムをとおして、「1つの正解」を求めるのではなく「多様性の理解」を深め、次世代で活躍する子どもたちに不可欠な科学リテラシーと多角的に考える力を育みます。さらに、さまざまな社会課題に対して大学や企業などと外部連携して本物を体験し「自律的な学習者」になることをめざします。

SCHOOL DATA

- 神奈川県横浜市神奈川区西大口28
- JR線「大口」徒歩8分、京浜急行線「子安」徒歩12分、東急東横線「妙蓮寺」徒歩17分
- 男子87名、女子116名
- 045-421-3121
- https://www.soei.ed.jp/

横浜隼人中学校

「必要で信頼される人」を育成

横浜市にありながらも、遠くに富士山を仰ぐ緑豊かな自然環境にある横浜隼人中学校。敷地面積は、なんと約5万4000㎡もの広さです。学校全体を写した航空写真を見ると、その広大なキャンパスの姿に驚かされます。また、2015年には新校舎が完成しました。そんな恵まれた教育環境のもと、生徒が将来、それぞれの場で重要な役割を担える「必要で信頼される人」に育つことをめざした教育が行われています。勉強だけでなく、「他人への思いやり」、「環境へのやさしさ」、「差別や偏見のない広い視野」、そして「困難に打ち勝つ勇気」を身につけることを大切にした教育が行われているのです。

「横浜隼人」21世紀の教育

さらにすぐれた教育環境をつくりだすため、横浜隼人では、「『横浜隼人』21世紀の教育」という教育プログラムを実践しています。これは、生徒の能力・適性に合わせ、一人ひとりの生徒の無限の可能性を広げていくための具体的な施策で、「進学のためのプログラム」と「人間形成のためのプログラム」が柱となっています。

「進学のためのプログラム」では、基礎・基本を重視して多様な学習プログラムが実践されています。通常の授業に加え、放課後の時間（ハヤトタイム）・講習・さまざまなテストなどの充実した学習プログラムにより、学習習慣を定着させ、将来の大学受験を容易にします。さらに、生徒の能力に合わせ、中2より習熟度別授業を実施するとともに、毎月第1・3・5土曜日は授業を行っています。

「人間形成のためのプログラム」では、生徒同士、そして生徒と教員とのコミュニケーションを大切にしています。スポーツ・クラブ活動を積極的に奨励する「部活動」、英語の授業に「オンライン英会話」などのプログラムを展開する「国際人を創る」ための取り組みを行っています。

SCHOOL DATA

- 神奈川県横浜市瀬谷区阿久和南1-3-1
- 相鉄線「希望ヶ丘」徒歩18分
- 男子128名、女子93名
- 045-364-5101
- http://www.hayato.ed.jp/

横浜富士見丘学園中学校

たくましくしなやかに自ら未来を創造（デザイン）する

横浜富士見丘学園中学校は、教育理念に「真の教育は魂の教育」「教員生徒一心不離」を謳い、生徒一人ひとりの個性、資質を育む、きめ細やかな教育を行っています。「確かな学力の育成」「活きた英語力の育成」「理数教育の強化」「ジェネリックスキルの育成」の4つのカリキュラムポリシーで、知的で品位ある人間性、社会的使命感を持った、国際教養人の育成をめざしています。

横浜富士見丘の大きな特徴は、男女別クラス編成、少人数クラス編成です。とくに中1は20人以下で1クラスとし、生徒の自己肯定感を培い、学習習慣を確立します。

「女子リベラルアーツクラス」は、英語力の養成に注力するほか、中学3年間をつうじて行う「Fujimigaoka Liberal Arts Program（FLAP）」で、「油絵・バイオリン・英語多読多聴・国際教養基礎講座」に取り組むことで豊かな心を涵養し、教養を身につけます。「男子理数特進クラス」は、主要3教科の基礎力定着を徹底しつつ、中3数学ではアルゴリズムを学ぶなど、応用的な内容も学習します。

高校は男女混合の特進クラスが編成されますが、女子は「女子進学クラス」に進学することも可能です。

充実した体験型英語プログラム

ネイティブ副担任制（中1、中2）、さまざまな国からの留学生との交流プログラム「グローバルアイ」（中3、高1）、オーストラリア研修（中3女子）、アメリカ西海岸研修（中3男子）、オーストラリア・アデレードターム留学（中3女子、高校希望制）、セブ島英語研修（中1〜高2希望制）など、多彩なプログラムを用意。また、オンライン英会話（中1、高2）や英検・GTEC受験を必修とし、秋休みには「英検Boot Camp」も実施しています。卒業までにCEFRでB2レベル以上の取得を目標としており、難関大学合格力とあわせて「活きた英語力」を養成しています。

SCHOOL DATA

- 神奈川県横浜市旭区中沢1-24-1
- 相鉄線「二俣川」徒歩15分
- 男子76名、女子75名
- 045-367-4380
- https://www.fujimigaoka.ed.jp/

横浜雙葉中学校

充実した教育環境で知性と感性を育てる

最初の来日修道女であるマザー・マチルドによって基礎が築かれた横浜雙葉中学校。校舎は異国情緒あふれる山手地区にあります。正面入口の大きな吹き抜けには光が降りそそぎ、白い壁と大理石の床が清潔なコントラストをなします。校内には図書館やITワークショップルームをはじめ、聖堂や宗教教室なども配置されており、最新の情報ネットワークも整備されています。

キリスト教の精神を土台とする教育

カトリックの学校である横浜雙葉の校訓は、全世界の「幼きイエス会」の学校に共通である「徳においては純真に　義務においては堅実に」です。この校訓には「神と人の前に素直な精神と品性を備え、自分の使命を最後まで貫く強さを持った女性を育てる」という意味がこめられています。

日々の教育はキリスト教の精神を土台とし、「すべての人間がこの世でかけがえのない独自の価値を持った大切な存在である」という考えに基づき実施されています。そのため、生徒はありのままの自分が愛されていると実感することができ、自信と誇りを持って夢に挑戦しています。

宗教の授業やミサなどの行事も行われますが、宗教を強制することはせず、信仰の有無が合否判定に影響することもありません。

学習指導では、全学年の英会話や中1・中2の英語に少人数授業、中3からの数学と英語に習熟度別授業を導入し、きめ細かに指導しています。グローバル学習にも力を入れ、アメリカやシンガポール、オーストラリアなどを訪れる機会もあります。

また、「人とのかかわり」や「世界とのかかわり」について考え、奉仕活動に取り組むことで、自分と同じように人を愛し、他者とともに生きる大切さも学んでいきます。

横浜雙葉は恵まれた環境のなか、知性と感性を育むことができる学校です。

◆ SCHOOL DATA ◆

- 神奈川県横浜市中区山手町88
- みなとみらい線「元町・中華街」徒歩6分、JR線「石川町」徒歩13分、JR線「山手」徒歩15分
- 女子のみ560名
- 045-641-1004
- https://www.yokohamafutaba.ed.jp/

中 専修大学松戸 中学校・高等学校

「社会に貢献できる知性豊かな人材」の育成をめざして

〒271-8585 千葉県松戸市上本郷2-3621　TEL.047-362-9102
https://www.senshu-u-matsudo.ed.jp/

SINCE 2000

専修大学松戸
高等学校・中学校・幼稚園
公式ロゴマーク

本校HPへは こちら

専松 🔍

予＝要インターネット予約(本校HP)

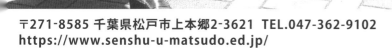

■英会話・理科実験 体験授業 (要予約) 予 6/21(月) 10時より予約開始
★4年生以上対象
7/4(日) 午前：❶9:30〜 / ❷11:00〜　午後：❸13:00〜 / ❹14:30〜

■テーマ別説明会 (要予約) 予 6/21(月) 10時より予約開始
7/4(日) 午前：❶9:30〜 / ❷11:00〜　午後：❶13:00〜 / ❷14:30〜
※❶は「グローバル教育」、❷は「教科学習」をテーマに説明します。

■学校見学会 (要予約) 予 6/28(月) 10時より予約開始
7/10(土)・11(日) 2日間とも 午前：❶9:30〜/❷10:30〜 午後：❸13:00〜/❹14:00〜

■学校説明会 (要予約) 予 9/17(金) 10時より予約開始
10/2(土)・11/3(水・祝)10:00〜12:00
12/11(土) 13:30〜15:30

【ダイジェスト版】 予 12/17(金) 10時より予約開始
1/9(日) 14:00〜15:00 ★本校の説明会参加が初めての6年生対象

■文化祭
注意：新型コロナウイルス感染拡大のため
　　　一般の方の来校はご遠慮ください。

インターネット出願実施 令和4年度 中学校入学試験 ■試験科目：3回とも4科目 (面接なし)
▶第1回1/20(木)〈定員100名〉　▶第2回1/26(水)〈定員30名〉　▶第3回2/3(木)〈定員20名〉
※第2回入試の定員には、帰国生枠(若干名)を含みます。なお、帰国生枠に出願の場合のみ、面接試験があります。

社会情勢の影響もあり、イベントの開催に関しては事前に必ずHPをご確認ください。

WAYO
KONODAI
Girls' Junior High School

凜として生きる

英語で自己表現できる生徒を育てる英語教育

本校の英語教育では、「日本」「世界」の両方に目を向けながら、英語で自己表現できる生徒の育成を目指します。独自の英語教育プログラム『和洋ラウンドシステム (WRS)』では、生徒の「知りたい」「伝えたい」という気持ちを喚起しながら、言語を習得するプロセスで英語を学びます。リスニングや英語でのやり取りを通してレッスン内容に興味をもつことから始め、教科書を「くりかえし」学びます。生徒自身の英語力で自分のことや社会のことを表現できることを目標にしています。

実験・観察を重視した理科教育

理科の授業は週4時間。「実体験から学ぶ科学」を掲げ、3年間で100項目の実験・観察を取り入れています。五感を使った体験授業を展開し、身の回りの自然科学への理解を深めています。1年生では液体窒素を使った状態変化の実験やブタの心臓の観察な本校独自の内容を取り入れ、理科への興味・関心を高め、3年生は課題研究に取り組むことで、自然科学への探究心を育て、科学思考や実生活に応用する力を養います。

◆ オープンスクール 要予約

8月 28日 土 9:00～
9月 26日 日 10:00～

◆ 学校説明会 要予約

9月 26日 日 13:00～
11月 6日 土 10:30～
12月 4日 土 10:30～
1月 8日 土 10:30～

※開催日によって、内容が異なります。詳細はHPをご覧ください。

わようこうのだい 検索

充実した教育環境

中学・高校・大学総合キャンパ

和洋国府台女子中学校

〒272-8533　千葉県市川市国府台 2-3-1　TEL.047-371-1120

国立・私立中学校
プロフィール

千 葉

市川中学校

いち かわ

千葉
市川市
共学校

人間教育と学力伸長の両立

2017年に、創立80周年を迎えた市川中学校。よき伝統の継承（不易）と進取の精神（流行）を持ち味とする学校です。

市川では、教育理念「個性の尊重と自主自立」のもと、3本の柱を立てています。それが、「人はそれぞれ素晴らしい個性・持ち味があり、異なった可能性を持つかけがえのないものだ」という「独自無双の人間観」、個性や潜在している能力を引き出すために、一人ひとりに光をあて、じっくりとよく見る「よく見れば精神」、家庭で親から受ける「第一教育」、学校で教師から受ける「第二教育」につづき、自ら主体的に学ぶ生涯教育である「第三教育」の3つです。こうした精神を大切に、「真の学力」「教養力」「サイエンス力」「グローバル力」「人間力」を育む「リベラルアーツ教育」を行っています。

市川ならではの多彩なプログラムの数々

市川では、以前から授業にアクティブラーニングを取り入れていましたが、現在は「ALICEプロジェクト」（Active Learning for Ichikawa Creative Education）として、その教育をさらに発展させています。電子黒板機能つきのプロジェクターやタブレット端末を備えた「ALICEルーム」も誕生しました。

また、大学教授や研究者から幅広い分野・領域について学ぶ土曜講座も特徴的です。教科の枠を越えた興味・関心に基づく講座により、生徒の主体的な学びをうながしています。

国際教育は、世界とオンラインでつなぐ研修や留学生との交流をするエンパワーメントプログラム、大学と提携しての研修など充実しています。しかし、大切にしているのは、日本を知って世界へ広げることです。真の国際人は自国文化への理解が必要であり、学校がある市川市の自然を観察したり、奈良・京都を訪れたりする行事を実施しています。

さまざまな独自の教育により、学力とともに人間力を身につけられる市川です。

SCHOOL DATA

- 千葉県市川市本北方2-38-1
- 京成線「鬼越」徒歩20分、JR線・都営新宿線「本八幡」、JR線「市川大野」バス
- 男子630名、女子384名
- 047-339-2681
- http://www.ichigaku.ac.jp/

暁星国際中学校

ぎょう せい こく さい

千葉
木更津市
共学校

世界に通用する国際人を育む

暁星国際中学校は、キリスト教カトリックの精神にのっとり知識と品格を備えた国際人を育成することを目的としています。

「個」重視の現代に対応すべく、どのコースも少人数のクラス編成、また科目によって習熟度別編成で授業を展開しています。学力の向上で進路実現をめざす「特進・進学コース」、授業の大半が外国人の生きた英語で展開される「インターナショナルコース」、スポーツと学業の両立で進学をめざす「アストラコース（高校のみ）」、自らテーマを深く探究していく「ヨハネ研究の森コース」の4コースを設置し、それぞれの生徒の目標達成に向けた学力の定着をはかっています。

週当たり40時間のカリキュラムが組まれており、どのコースも英語にじゅうぶんな時間数を確保し、その成果として英検において全校生徒187名のうち、すでに1名が1級、21名が準1級、41名が2級、59名が準2級を取得しています。

他教科についても放課後学習がクラブ活動のように展開されており、多くの生徒が集っています。

寮と学校の相乗効果をめざす

開校以来併設されている寮で過ごす生徒は、いわば中1から高3までの大きな家族です。規則正しい生活習慣、卒業後も連綿とつづく密度の濃い人間関係を滋養する人間教育の場であるとともに、土日も含めて毎日最低でも3時間の自習時間が設定され、学力養成に不可欠な環境を整えています。

併設されている高校では、さらに進学に特化された授業が展開され、希望の進路を実現して卒業していきます。海外大学への進学にも対応しています。国内では近年理系進学も増加しており、今年度は卒業生数107名のうち、早慶上理に13名、G-MARCHに25名の合格者を輩出し小規模校ならではの実績を毎年積み上げています。

SCHOOL DATA

- 千葉県木更津市矢那1083
- JR線「木更津」「姉ケ崎」「川崎」「新浦安」・JR線ほか「横浜」スクールバス
- 男子109名、女子78名
- 0438-52-3291
- http://www.gis.ac.jp/

東京
神奈川
千葉
埼玉
茨城
寮制

あ行
か行
さ行
た行
な行
は行
ま行
や行
ら行
わ行

光英VERITAS中学校

こう えい ヴェ リ タ ス

千葉
松戸市
共学校

2021年度共学化　難関大学をめざす進学校としてスタート

聖徳大学附属女子中学校は、2021年度に共学化し、「光英VERITAS中学校」に改称して新たなスタートを切りました。建学の精神の「和」のもとに、「地球規模で考え、人・社会・自然に貢献する次世代リーダー」を育成します。

光英VERITASでは、「答えを求める学び」から「問いを持つ学び」へ、プロセスを重視する「探究プロジェクト学習（トルネード・ラーニング）」といった学習法を展開します。さらに、グローバル社会でいかせる英語教育、真理を追究する理数教育にも重点をおいていきます。

さらに、難関大学進学を念頭に万全のサポート体制で人間力を高める教育と学力向上をめざします。

魅力的な教育

日々の教育は、「探究プロジェクト学習（トルネード・ラーニング）」を中心とし、3つの柱を軸に展開していきます。

ひとつ目の柱は、問いを持つ力を育成する「理数教育」です。中1から調べ学習やプレゼンテーションに重点をおいた教育を実施するほか、実験授業も強化します。

ふたつ目の柱は、グローバル社会でいかせる「英語教育」です。ひとり1台持つiPadは、オンライン英会話で活用するだけではなく、英語4技能を向上するなど、さまざまな場面で役立てていきます。

3つ目の柱は、小笠原流礼法に基づいた「人間教育」です。日本文化を学び、それをグローバルに活用できる人材を育てるために、男子生徒にも対応した新しいプログラムを導入しています。

こうした数々の魅力的な取り組みに加え、共学化にともない食堂のリニューアルや新しい部活動施設の設置も計画されています。新たな歴史を刻む光英VERITASに期待が高まります。

SCHOOL DATA

- 千葉県松戸市秋山600
- 北総線「北国分」「秋山」徒歩10分、JR線・新京成線「松戸」、JR線「市川」、京成線「市川真間」バス
- 男子38名、女子154名（2、3年生は女子のみ）
- 047-392-8111
- https://koei-veritas.jp/

東京

神奈川

千葉

埼玉

茨城

寮制

国府台女子学院中学部

こう の だい じょ し がく いん

千葉
市川市
女子校

心の教育を大切に個性に応じた指導を展開

「敬虔・勤労・高雅」を三大目標とする国府台女子学院中学部。仏教の教えを現代に受け継ぎ、「智慧」と「慈悲」の心を育てています。週1時間行われている仏教の授業では、仏教の思想や歴史について学ぶことはもちろんですが、キリスト教などの宗教についても幅広く学習します。また、仏教をとおして人とのであいの意味や、ご縁について考え、慈悲の心、共感する力を育んでいます。

学力を確実に養い幅広い進路に対応

中学部では中1・中2で基礎学力を充実させ、演習により知識を定着させます。それぞれの生徒に合わせた授業を展開するため、英作文は中1から、数学は中3で習熟度別授業を行い、また中3では選抜クラスを1クラス編成します。探究力・表現力・コミュニケーション力を高める情報リテラシー、アメリカ海外語学研修や海外異文化研修など、学習意欲を引き出す取り組みがあるのも魅力的です。

また、「心の教育」に力をそそいでいるのが特徴で、運動会や学院祭、仏教行事などをとおして、繊細な感性や慈しみ、思いやりの心を育んでいます。

そして高等部では、普通科と英語科が設置され、それぞれの希望進路に応じた指導が展開されています。

普通科では、高1は普通クラスと選抜クラス、高2からは文系か理系か、国公立系か私立系かという目標に応じて4コースに分かれます。高3は多様な選択科目と少人数制の実践的なカリキュラムが設けられているのが特色です。また、普通科には美術系大学をめざす美術・デザインコースも設置されています。

30年以上の歴史がある英語科は、1週間ホームステイを実施するイギリス語学研修や充実した授業で英語力を磨き、グローバル社会で活躍できる国際人をめざします。

心の教育を大切に、生徒の個性に応じた指導を展開する国府台女子学院です。

SCHOOL DATA

- 千葉県市川市菅野3-24-1
- 京成本線「市川真間」徒歩5分、JR線「市川」徒歩12分
- 女子のみ593名
- 047-322-7770
- https://www.konodai-gs.ac.jp/

あ行

か行

さ行

た行

な行

は行

ま行

や行

ら行

わ行

芝浦工業大学柏中学校

千葉 柏市 共学校

創造性の開発と個性の発揮

増尾城址公園に隣接し、自然にかこまれ恵まれた教育環境にある芝浦工業大学柏中学校。建学の精神「創造性の開発と個性の発揮」のもと、①広い視野（興味・関心・知的好奇心）の育成、②豊かな感性と情緒の育成、③思考力の強化と厚みのある学力の養成を教育方針に掲げ、その教育が展開されています。

多様な進路に対応するカリキュラム

中学は成績最上位者を1クラスに集めたグローバルサイエンスクラスがあります。一般クラスとカリキュラムなどに大きなちがいはなく、特別講座などに優先的に参加をうながしています。

高校はグローバル・サイエンス（GS）とジェネラルラーニング（GL）の2コース制です。コース制は、個性に合った学習をより進めていくためのものであり、GSは探究活動を実施しながら東京大学をはじめとする最難関国公立大学をめざし、GLは補習などを適宜実施しつつ5教科7科目を高いレベルで学習し、国公立大学、難関私立大学をめざします。

芝浦工大柏では、ほぼ全員が4年制大学への進学を志望し、約3分の2が理系志望、約3分の1が文系志望です。そのため進路指導は、生徒の興味、適性、志を大切にしています。そして、一人ひとりが持てる能力をじゅうぶんに発揮でき、生きがいを持って進める道を見出せるように、学習、ホームルーム、面談をとおして、ていねいに指導しています。

受験対策は、高1〜高3で夏期講習会を実施するほか、各学年で希望者を対象に放課後の講習・補習を行い、実力養成に努めます。東京大学2名、京都大学1名など最難関国公立大学に合格者を輩出。そのほか北海道大学、東北大学、東京工業大学、一橋大学、千葉大学などを含む現役国公立大学・大学校合格者は55名、早慶上理合格者はのべ116名、国公立大学・早慶上理・G-MARCHいずれかの合格をつかんだ生徒の割合は55%です。

🏫 SCHOOL DATA

- 千葉県柏市増尾700
- 東武野田線「新柏」徒歩25分またはスクールバス、JR線・東武野田線「柏」スクールバス
- 男子391名、女子197名
- 04-7174-3100
- https://www.ka.shibaura-it.ac.jp/

渋谷教育学園幕張中学校

千葉 千葉市 共学校

「自らの手で調べ、自らの頭で考える」

幕張新都心の一角、「学園のまち」に渋谷教育学園幕張中学校はあります。まわりには県立高校、県立保健医療大学、放送大学、神田外語大学、千葉県総合教育センターなど多くの文教施設が集まり、まさに学ぶには理想的な環境といえます。

創立は1983年、中学校の創立は1986年と、比較的若い学校といえますが、毎年多くの卒業生を東京大学をはじめとする最難関大学に送りだしており、千葉県屈指の進学校です。

また、渋谷教育学園幕張といえば、先駆的なシラバスの導入でも有名です。このシラバスは、つねに改訂や工夫が行われ、充実度の高い内容となっています。このシラバスが毎年のすばらしい大学合格実績を支えているといっていいでしょう。

しかし、けっして進学だけを重視している学校ではありません。「自らの手で調べ、自らの頭で考える」という意味の「自調自考」を教育目標に掲げており、生徒の自発性を尊重した教育を行っています。そして、心の成長・陶冶をめざし、他者への理解、思いやり、連帯性を重視しています。

国際人としての資質を養う

生徒の眼前にグローバルな世界と未来が開けていることを考え、渋谷教育学園幕張では、外国人教員による少人数外国語教育、長期・短期の海外留学、海外からの帰国生および外国人留学生の受け入れを積極的につづけています。

この環境を地盤として、異なる知識や体験の交流、共有化を進め、また、日常的学習の場も含めて国際理解へのよりいっそうの視野の拡大をはかっているのです。

敬愛され、伸びのびと活動し、貢献しうる日本人の可能性をさらに追求し、21世紀の地球と人間生活の繁栄に貢献できる人材の育成をめざす渋谷教育学園幕張です。

🏫 SCHOOL DATA

- 千葉県千葉市美浜区若葉1-3
- JR線「海浜幕張」徒歩10分、京成千葉線「京成幕張」徒歩14分、JR線「幕張」徒歩16分
- 男子567名、女子320名
- 043-271-1221
- https://www.shibumaku.jp/

秀明大学学校教師学部附属秀明八千代中学校

独自の中大連携教育とPGTプログラム

　秀明大学学校教師学部附属秀明八千代中学校は、秀明大学学校教師学部の附属校として大学教授による特別授業や、大学生による学習サポート、大学生といっしょに行う行事など、大学との多彩な連携教育を実践している学校です。すぐれた教師を多数輩出する学校教師学部の指導力がいかされた教育により、「学ぶ楽しさ」「知るよろこび」を実感しながら学校生活を送れます。

　さらに教育の特徴として、「PGTプログラム」があげられます。これは「Practical Skills（実践力）」「Global Skills（国際力）」「Traditional Skills（伝統力）」を身につけることで、「未来を生きるための力」を育むというプログラムです。

　「味噌作り」や大学研究室訪問といった体験型学習、イギリス人教師による少人数英会話授業や全員参加のイギリス英語研修をはじめ、食育や心の学習など、さまざまな取り組みが行われています。

到達度に応じたていねいな指導体制

　個々の到達度に応じたきめ細かな指導体制も魅力です。数学・英語では少人数到達度別授業が行われ、英語においては、勉強方法を相談したり、個別指導を受けたりできる「イングリッシュ・スタディ・センター」も用意されています。

　さらに、講習や補習、英検、漢検、数検の対策講座も充実しています。

　このように生徒の学力を向上させるとともに、学習意欲を引き出すために各教科の成績最優秀者などを表彰する制度を設けているのも特徴的です。

　附属校としてのメリットをいかしつつ、独自のプログラムで生徒を伸ばす秀明大学学校教師学部附属秀明八千代。その取り組みは、大手教育出版社から注目され、『中学校各教科の「見方・考え方」をきたえる授業プログラム』（学事出版）が刊行されました。

SCHOOL DATA

- 千葉県八千代市桑橋803
- 東葉高速線「八千代緑が丘」・JR線「津田沼」「木下」・新京成線「薬園台」・北総線「千葉ニュータウン中央」バス
- 男子66名、女子37名
- 047-450-7001
- https://www.shumeiyachiyo.ed.jp/

昭和学院中学校

令和の昭和プロジェクト始動中

　昭和学院中学校は、JR線・都営新宿線「本八幡駅」、京成電鉄線「京成八幡駅」から歩いて15分（バス5分）、JR線・北総鉄道「東松戸駅」よりバス15分という、千葉県市川市の閑静な住宅街のなかにあります。

　その建学の精神は、創立者伊藤友作先生がしめされた校訓「明敏謙譲」、すなわち「明朗にして健康で、自主性に富み、謙虚で個性豊かな人間を育てる」ことにあります。

　この変わらぬ建学の精神のもと、四季折りおりの豊かな自然の息吹を感じる未来型創造キャンパスで、中・高の6年間を過ごすことができます。

効果的な学習指導

　2020年度より多彩な新コース制がスタートしています。「インターナショナルアカデミー（IA）」は、海外大学入学をめざし、国際感覚を磨き海外で活躍できる人材を育成します。「トップグレードアカデミー（TA）」は、社会のリーダーとして活躍できる人材の育成を目標にかかげ、最難関国立大学合格をめざします。「アドバンストアカデミー（AA）」は、最難関国公立大学や難関私立大学をめざしながら、社会の多方面で活躍できる能力を育成します。「アスリートアカデミー（AA）」は、高いレベルでの文武両道を貫き未来に生きる力を磨きます。「ジェネラルアカデミー（GA）」は、文理の垣根がない学習を行い、自分の未来を思い描ける力を身につけます。

　また、英語教育が充実しているのも魅力のひとつです。オールイングリッシュで行われる英語の授業、ひとり1台所有するタブレットを利用してのオンライン英会話に加え、「国内イングリッシュキャンプ」や「校内特別海外研修」、「海外語学研修」なども実施しています。さらに、屋内温水プール、7万5000冊の蔵書を誇る図書館、最新の実験機器を設置する6つの理科実験教室をはじめとする、魅力的な施設・設備もそろっています。

SCHOOL DATA

- 千葉県市川市東菅野2-17-1
- JR線・都営新宿線「本八幡」、京成本線「京成八幡」徒歩15分またはバス、JR線・北総線「東松戸」バス
- 男子177名、女子283名
- 047-323-4171
- https://www.showa-gkn.ed.jp/js/

昭和学院秀英中学校

千葉
千葉市
共学校

独自のプログラムで伸びる進学実績

「明朗謙虚」「勤勉向上」を校訓とする昭和学院秀英中学校。「質の高い授業」「きめ細かな進路指導」「豊かな心の育成」という3つの実践目標のもと、生徒の思考力・実践力・表現力を高め、もっと生徒が学びたくなる授業展開をめざし、教員の研修にも力を入れ、充実したカリキュラムを展開しています。

教科以外では、著名な文化人を招聘した講演会、全校生徒対象の芸術鑑賞会、国立劇場での伝統芸能鑑賞教室などを企画し、また、国際的視野と語学力の育成のためのプログラムにも力を入れています。校内では海外からの留学生がリーダーとなり、少人数で英語のディスカッションやプレゼンテーションを行う「エンパワーメントプログラム」を、校外では東京グローバルゲートウェイ、福島のブリティッシュヒルズ、昨年度は感染防止のため海外での研修は見送られましたが、次年度以降もアメリカのワシントン州、ボストン・NASA、イギリスの大学キャンパスでの研修を用意しています。

少人数授業の導入

昭和学院秀英は、進路指導に特化した「特進クラス」は設置していません。生徒全員に特進クラスレベルの教育を提供しています。また中3と高1の数学と英語の時間は、1クラスをふたつに分けた少人数授業を実施しています。クラス編成を変えることなく少人数で授業を行うことにより、さらに「質の高い授業」を実現しています。

生徒のほぼ100％が4年制大学への進学をめざすため、進路指導は進路に適応した指導と助言が行われ、さまざまな補習を放課後などに実施、また夏期・冬期の休暇中には講習も実施しています。国公立大学・私立大学へ優秀な合格実績をあげるとともに早稲田大学・慶應義塾大学をはじめとする有名私立大学への指定校推薦もあり、難関大学への進学実績が伸びつづけている昭和学院秀英です。

SCHOOL DATA

- 千葉県千葉市美浜区若葉1-2
- JR線「海浜幕張」徒歩10分、JR線「幕張」・京成千葉線「京成幕張」徒歩15分
- 男子225名、女子299名
- 043-272-2481
- https://www.showa-shuei.ed.jp/

西武台千葉中学校

千葉
野田市
共学校

「道を拓き、未来を育む」

西武台千葉中学校の教育の基本は学校法人名や学校名にもある「武」の精神性です。「武」の精神性とは、具体的に、「礼儀正しさ」「相手を慮る気持ち」「他人の役に立つために自ら律し、高めようとする強い精神力」などのことです。中学時代から、この精神性を身につけることによって、高校に進学したときに、各々が中心となってクラスを引っ張っていけるように成長することができます。

総合コースの特徴

第1ステージ基礎期（中1・中2）では、学習習慣を確立させ、基礎基本の徹底および技能を定着させます。第2ステージ発展期の前半（中3）では、特選コースと進学コースに分け、後半（高1）での授業に備えます。高1では外部特選コース、外部進学コースと合体させ、レベルに合ったコースを選べます。第3ステージ進路実現期（高2・高3）では文系・理系に分かれ、進路実現に向け選択科目を履修しつつバランスよく学習します。

"つながり"をテーマとする体験

6年間学ぶ特徴をいかし、学習活動だけではなく中高の合同行事を実施したり、施設を利用しあったりと異世代のつながりを大切にしています。キャリア教育の一環として、教員養成プロジェクトやメディカルプロジェクトに一部参加できます。また、リベラルアーツ教育として取り組んでいる気象予報士養成講座や中国語講座、手話講座、入門野田学講座を高校生とともに受けられます。

英語の授業では4技能に対応できる力を養います。国内留学としてE・B・C（English Boot Camp）を行い、英語漬けの2日間を過ごします。そしてカナダでの海外語学研修があることで、異文化とのつながりもできます。

地域の活動や部活動にも積極的に参加しており、さらに福祉活動などを行うことで、学外の方とのつながりも生まれ始めています。

SCHOOL DATA

- 千葉県野田市尾崎2241-2
- 東武野田線「川間」徒歩20分またはスクールバス6分
- 男子41名、女子74名
- 04-7127-1111
- https://www.seibudai-chiba.jp/

専修大学松戸中学校

千葉 松戸市 共学校

夢の実現を支える充実の教育システム

専修大学松戸中学校は、「社会に貢献できる知性豊かな人材の育成」を教育ビジョンとして、ハイレベルな国際教育と理数教育、充実した学習環境を提供している学校です。

英語・理数教育の充実が強み

専大松戸の教育において特筆されるのは、英語教育と理数教育の充実です。

英語教育は、国際人を育むことを目標に中学卒業時には全員が英語検定準2級以上の取得をめざしています。

英語教育専用校舎アンビションホール（高志館）はアメリカの学校を思わせる雰囲気で楽しく着実に英語力を伸ばせます。週7時間ある英語授業のうち、週2時間はネイティブの教員と日本人教員によるチームティーチングでの英会話の授業を実施し「使える英語」の習得をめざします。

中3の6月にアメリカ・ネブラスカ州を訪れる全員参加の修学旅行を行っているのも特徴です。姉妹校との交流、体験授業への参加、アメリカの歴史・文化に触れる、を3つの柱としたオリジナルのプログラムで、異文化を肌で感じ、英語でなにかを成し遂げることのできる忘れられない体験ができます。

理数教育では、数学は中2までに中学課程を修了し、中3より高校課程に進み、高3では演習授業を中心に展開しています。生徒にとってはむずかしい点も補習などでフォローアップしていきます。理科は中学時より物理、化学、生物、地学に分けた専門別授業を行っているのが特徴です。中1、中2では上記のほかに「理科実験」の授業を週1時間ずつ行い、さまざまな実験をつうじて生徒の理科への興味・関心を高めています。

さらに土曜日を中心にさまざまな体験特別活動を取り入れることで、勉強だけに偏らないバランスがとれた人間力を養います。

生徒一人ひとりのモチベーションを高め、"夢"の実現を全力で支援する専大松戸です。

SCHOOL DATA

- 千葉県松戸市上本郷2-3621
- JR線・地下鉄千代田線「北松戸」徒歩10分、新京成線「松戸新田」徒歩15分
- 男子252名、女子221名
- 047-362-9102
- https://www.senshu-u-matsudo.ed.jp/

千葉日本大学第一中学校

千葉 船橋市 共学校

「真・健・和」の精神のもと自立した人間へと成長

千葉日本大学第一中学校は「真・健・和」の3つを校訓と定めており、生徒が「愛校心」をもって学校生活を送ることができるような環境をめざしています。

中学では、基礎学力をつけさせることを目標に主要教科の時間数を増やすとともに、放課後補習や夏期講習を行っています。夏期講習は中学だけで25個の講座が開かれ、幅広い学力層にも対応しています。

英語教育では、英会話のクラスを10数名程度にし、外国人講師と日本人英語教師が2名体制で指導しています。オンライン英会話運営会社『レアジョブ』と提携をしており、1対1でのオンライン英会話も推し進めています。さらに、中3対象の海外語学研修も行われ、そこでも1対1での英会話をベースとして英語力の向上をめざします。夏には英検対策講座を各級ごとに開き、2020年度は中学で英検準2級に54名、2級に13名が合格しています。

大学進学は、6割弱が日本大学に、2割強が国公立大学や早慶上理、G-MARCHなどへ進学します。現役生の4年制大学への進学率は県内トップの在籍者9割弱に達しています。

大学との連携授業や充実した施設

大学との連携教育も充実しており、夏休みには日本大学の医・歯・薬学部で体験授業や看護体験ができます。また、隣接する日本大学理工学部が主催する「八海山サイエンスサマーキャンプ」にも参加することができます。

施設も充実しており、2017年に完成した新校舎には、広い自習室や230席のランチルーム、サイエンスプラザがあります。ミストを散水できる広い人工芝グラウンドや、4面あるテニスコート、蔵書が6万7000冊ある図書室なども魅力です。職員室には教員に質問ができるスペースが設けられており、授業でわからなかったことを昼休みや放課後に気兼ねなく聞くことができます。

SCHOOL DATA

- 千葉県船橋市習志野台8-34-1
- 東葉高速鉄道「船橋日大前」徒歩12分、新京成線「習志野」徒歩18分、JR線「津田沼」・新京成線「北習志野」バス
- 男子453名、女子282名
- 047-466-5155
- http://www.chibanichi.ed.jp/

千葉明徳中学校

千葉
千葉市
共学校

グローバル社会を切り拓く「行動する哲人」の育成

中高一貫６カ年教育のスタートから10年が経過し、11年目を迎えた千葉明徳中学校。地球規模でさまざまな課題を解決していかなければならないグローバル社会のなか、「明明徳」の理念のもと、自らの意志・考え方を持って、人生を切り拓いていける「行動する哲人」の育成を行っています。

繰り返し取り組む「思考する学び」

千葉明徳ではあらゆる教育活動のなかで「思考する学び」を繰り返し、グローバルな視点を身につけるとともに、プレゼンテーションやICT活用のスキルを磨きます。

英語の授業では「世界とつながる英語力の育成」をモットーに、大学受験に必要な力とアウトプットできる力を育てます。授業では音読・発話を重視しているほか、ベルリッツの英会話講座やZ会のオンライン英会話も導入しています。さらに、多様な国内外の語学研修プログラムも魅力です。

「プレゼンテーション教育」は、各教科の授業にとどまらず、行事や毎朝の１分間スピーチなどさまざまな場面で展開されています。中１・中２の文化祭ではSDGsに関連する内容の調べ学習の発表を、中３の２月には学術的専門性に基づいた課題研究論文についての発表を生徒全員が行い、一人ひとりの力を伸ばします。

また、「ICT利活用」が生徒の学びに広がりと深みをもたらしています。生徒はひとり１台iPadを所持し、教室にはスクリーンとプロジェクターを常設、全館Wi-Fi回線が整備された学習環境です。2017年の導入以来、教員も生徒もこうしたICT環境に慣れ親しんでおり、2020年４月の緊急事態宣言下でも新たな活用方法を積極的に見つけるなど、「学びを止めない」取り組みを実践させていました。

このような「時代の先」を見据えた多様な教育を、中学と高校が連携し全力でサポートしていくのが千葉明徳です。

SCHOOL DATA

- 千葉県千葉市中央区南生実町1412
- 京成千原線「学園前」徒歩１分
- 男子106名、女子101名
- 043-265-1612
- https://www.chibameitoku.ac.jp/chuko/

東海大学付属浦安高等学校中等部

千葉
浦安市
共学校

国際協調の精神を持つ人間性豊かな人材を育成

建学理念を基盤とする国際協調の精神を持ち、広い視野に立った人間性豊かな国民の育成を目標に、「大学の先にある人としての在り方生き方を考える生徒」、「高い目標をもち限界までチャレンジする生徒」、「思いやりをもち相手のことを考える生徒」、「自主的・意欲的に取り組むことが出来る生徒」を育てている東海大学付属浦安高等学校中等部。学習と部活動を両立し、学力形成と学校行事や文化・体育活動により、いきいきと主体的、能動的な生活を展開する「東海大浦安学び方スタンダード」を実践しています。

教科学習では、知育偏重でない総合教育を展開し、数学、英語は習熟度別授業を実施。外国人講師による少人数英会話授業も導入しています。さらに学校週６日制のもと、土曜日は「思いやり」「キャリア教育」「課題学習」を軸に、社会参画、自己の将来設計につながる「総合的な学習の時間」「土曜講座」を行い、勤労の意義、正しいものの見方、判断を

学び、コミュニケーション力を高めます。また、国際感覚を早い段階から身につけるために国内外の語学研修を充実させています。

夢の実現に向けた東海大学への進学

中等部卒業後は、ほとんどの生徒が付属高等学校へ進学します。中等部での学びをさらに深化させ、学習や課外活動に積極的に取り組みながら、「人としての在り方生き方」を探究する態度、最後まで挑戦する力や論理的・科学的思考力を醸成し、グローバリゼーションを見据えたコミュニケーション力を向上させ、国際感覚を持った生徒を育成します。

推薦により、全国に広がる全19学部75学科の東海大学への道が開けています。国内７キャンパス、ハワイ東海インターナショナルカレッジがあり、将来の夢の実現に向けた多彩な教育プログラムが用意されています。2021年は、卒業生の約８割が東海大学関係へ進学しました。

SCHOOL DATA

- 千葉県浦安市東野3-11-1
- JR線「舞浜」徒歩18分またはバス10分、JR線「新浦安」・地下鉄東西線「浦安」バス10分
- 男子314名、女子142名
- 047-351-2371
- https://www.urayasu.tokai.ed.jp/

東邦大学付属東邦中学校

「自分探しの旅」にでよう

東邦大学付属東邦中学校は、1961年に、東邦大学の附属校として開校されました。併設の高等学校は、1952年に開設されています。

母体の東邦大学は、医学部・看護学部・薬学部・理学部・健康科学部の5学部および医学部付属の3つの病院を持ち、自然科学の研究、教育、医療に重要な役割を果たしてきた大学として広く知られています。

週6日制、週35時間を確保して行われる正課の授業では、「精選と深化」による指導計画を工夫して、演習や実験実習を多く盛りこみながらも、高2までに主要教科の全学習範囲を終えます。

カリキュラムはリベラルアーツ型で、選択科目を多様に設けることで生徒の進路実現をサポートします。

Exploring Study（自分探し学習）

東邦大東邦では、建学の精神「自然・生命・人間」の具体的な道筋として、「自分探しの旅」を学びのテーマとしています。

これは、学習はもちろんのこと、部活動や学校行事など、さまざまな経験を積みながら、つねに真の自分を探し、見つめようという意味であり、生徒にとっては将来の進路選択における心がまえであるとともに、人生や人間についての根源的な問題へとつうじるテーマとなっています。

そして、生徒一人ひとりが幅広く、また能動的に「自分探しの旅」をつづけていくために用意されている多彩な学習を体系化したものが「Exploring Study（自分探し学習）」です。

進学校として生徒の進路実現をサポートするプログラムであり、また、生徒がやがて大学に進学して専門的な学問研究などに挑戦する際、それに必要な厚みのある知識を定着させ、人間社会に貢献できる高い志と豊かな人間性を育てるものとなっています。

SCHOOL DATA

- 千葉県習志野市泉町2-1-37
- 京成線「京成大久保」徒歩10分、JR線「津田沼」バス
- 男子555名、女子369名
- 047-472-8191
- https://www.tohojh.toho-u.ac.jp/

二松学舎大学附属柏中学校

「論語教育」と「探究教育」を深める新コース制

二松学舎大学附属柏中学校は「社会に貢献できる人材」を育てることを目的に、「人間力の向上」と「学力の向上」を教育の2本柱としています。教育の特色は「論語教育」と「探究教育」です。今年144周年を迎える二松学舎大学の伝統は中学校でも引き継がれ、「論語」を生きる力を育む最良の教材と考え、素読や暗唱に取り組んでいます。毎年漢文検定にも挑戦し、中1が初級、中2が中級、中3が上級に全員合格するよう努力を重ねています。

そして2022年度入試より「総合探究コース」と「グローバル探究コース」の新コース制がスタートします。「探究教育」の先駆者として、いままでの取り組みをもとに次世代の探究教育をめざします。「探究教育」は「学習支援プログラム」「自問自答プログラム」「進路支援プログラム」の3つの軸で構成されています。「総合探究コース」では基礎から高度な発展学習を行い6年間で難関大学受験に対応します。「グローバル探究コース」は発展学習にさらにグローバルな学びをプラスしたコースです。異文化や多様な価値観を認め真のグローバルリーダーをめざします。

自問自答力を養う5つの教室

二松学舎大柏では、将来、他人のこと・社会のこと・地球環境のことを考え、役に立つ人間になることを目標に、「自問自答力（自ら体験し、自ら問題を発見し、自ら答える力）」を育んでいます。そのために、環境教育をテーマとする「沼の教室」、最先端の学問を学ぶ「都市の教室」、奈良・京都で日本文化に触れる「古都の教室」、スキー研修を行う「雪の教室」、田植えから稲刈りまでを体験する「田んぼの教室」、シンガポールで異文化を体験する「世界の教室」があります。そして、こうした学びの集大成として、中3で約8000字の「探究論文　自問自答」に取り組みます。

独自の教育で生徒の人間力を向上させる二松学舎大柏です。

SCHOOL DATA

- 千葉県柏市大井2590
- JR線・地下鉄千代田線・東武野田線「柏」、東武野田線「新柏」、JR線「我孫子」スクールバス
- 男子136名、女子95名
- 04-7191-5242
- https://www.nishogakusha-kashiwa.ed.jp/

日出学園中学校
（ひので　がくえん）

ファミリーとして学ぶ楽しさを実感できる

日出学園は、1934年に幼稚園・小学校として創立されたのが始まりです。以来、1947年に中学校が、1950年に高等学校が開設され現在にいたっています。建学の精神は校訓「誠・明・和」の3文字にこめられ、「誠」は心を重んじる教育、「明」は自主的・積極的な明るさをつくる教育、「和」はともに力を合わせることの大切さを学ぶ教育を意味しています。

生徒の進路に合わせた授業を展開

日出学園中学校の在校生は、ほとんど全員が大学進学を希望しています。中高一貫教育のメリットを最大限にいかしたカリキュラムが組まれており、中学では、各教科の基本的な内容の習得・理解定着をめざします。高校では、各自が進路志望に応じた教科を選択し、自主的に学習することによって大学入試に対応できる学力を養います。2013年度より学校週6日制に変わりました。カリキュラムも新しくなり、より充実した環境で学習に取り組むことができます。

学習の基礎をしっかりと固めるため、数学と英語においては、中2から習熟度別少人数授業を実施しています。それぞれの学力に対応した授業を受けることで、学力向上をはかります。また、国語においては、教科書を中心に授業を進めていく「国語」と、文法や言語活動を中心に進めていく「言語表現」に分けて授業を行っています。すべての学習の基礎となる「読む・書く・話す・聞く」力をつけていくことを目標にしています。

このように、学習面において細やかな配慮がいきとどき、生徒たちは伸びのびと、そして着実に学力を養いつつ成長していきます。その結果、近年は国公立大学・難関私立大学などへの合格実績も次第に上昇してきています。中高6年間の一貫教育のなかで、勉学の楽しみを味わいながら、豊かな心を持つ人間を育てる、日出学園です。

SCHOOL DATA

- 千葉県市川市菅野3-23-1
- 京成線「菅野」徒歩5分、JR線「市川」徒歩15分またはバス
- 男子203名、女子171名
- 047-324-0071
- http://high.hinode.ed.jp/

八千代松陰中学校
（やちよ　しょういん）

「持ち味」を生かし、可能性を広げる

八千代松陰中学校は「明日の国際社会を担う個性豊かな青少年の育成」をめざし、「持ち味を生かす教育」を実践しています。

5教科の授業が習熟度別であることが特徴で、これにより、得意科目のさらなる伸長と、苦手科目の克服をはかります。授業クラスは定期試験ごとに入れ替えます。生徒は全員がChromebookを所持し、授業ばかりでなくさまざまな場面で活用しています。「情報の消費者ではなく、情報の生産者になる」ことを目標に、情報の収集、共有、意見交換、発表といった流れを大切にしています。

多彩な学びの場

授業以外の学びの場も充実しています。放課後や長期休暇中に行われる「松陰セミナー」は、各教科の演習・実験・検定試験対策・国際交流・趣味などの多彩な講座から自由に選択できます。また土曜日には「土曜講座」が開講され、学習系講座と探究系講座のなかから、自分のニーズに合ったものを選べます。探究系講座には、語学、国際交流、SDGs、趣味、最新技術、栄養学など、多彩な講座が用意されていて、学年の枠を越えて学びあいます。オンラインで海外ともつながる講座もあり、「世界のリアルを学べる」と好評です。

国際交流も活発です。海外5カ国にある姉妹校との交流のほかに、夏には学校が主催する短期留学プログラムの「スタディーツアー」があり、毎年8コースを募集しています。このほか中学生には、2カ月に1度は異文化体験ができるプログラムが用意されています。

東京ドーム3つ分の敷地には、競技別の10のグラウンド、15面のテニスコート、蔵書6万冊のメディアセンター、6つの理科室など、大学に負けない施設があります。生徒は、恵まれた環境のなかで、クラブ活動にも力を入れ、文武両道をめざしながら、日々、さわやか・はつらつ・ひたむきに学校生活を送っています。

SCHOOL DATA

- 千葉県八千代市村上727
- 京成本線「勝田台」・東葉高速鉄道「東葉勝田台」バス
- 男子350名、女子346名
- 047-482-1234
- https://www.yachiyoshoin.ac.jp/

麗澤中学校

世界で語れる「ことば」を持とう

これからの社会で活躍するためには、世界でじゅうぶんなコミュニケーションをとることが欠かせません。麗澤中学校では、そのために身につけておきたい力は、第一に自分が発信する中身を考えだす「思考力」であり、第二にさまざまな国や地域で英語での質の高いコミュニケーションがとれる「語学力」であると考えています。

そして、これらを育てることで、世界に向けて自分の考えを表現できる「発信力」が磨かれていきます。グローバル社会を生きる人物育成のため、麗澤では『5L』を育てる教育に取り組んでいます。

5LとはLanguage（英語力）・Logical Thinking（論理的思考力）・Liberal Arts（教養）・Literacy（情報活用力）・Leadership（リーダーシップ）のことです。

5Lを高めることで、すぐれた知識と知性、ものごとの本質を見極める深い洞察力や判断力、周囲を牽引する圧倒的な行動力を養

います。

そして、連綿と受け継がれる麗澤教育のエッセンスや豊富な体験型学習、最先端の教育理論に裏打ちされたカリキュラムなどで5Lを磨き、国際社会で高い能力を発揮する「本物の叡智」を兼ね備えた人材を育成します。

充実の校内課外講座

麗澤では、授業での学習内容のフォローや大学受験に向けたさまざまな課外講座を設けています。

長期休暇中に行われる季刊講座、高校1年次から始まる夜間講座、高校2年次3学期から始まる校内予備校「プロジェクト叡智」と名づけた特別進学指導体制など、さまざまな校内の課外講座と学習相談進路面談等をつうじて、生徒一人ひとりの将来像に適した進路実現に向け、大学進学はもちろん、社会での活躍に必要な学習法や学力を身につけられるようにサポートしています。

SCHOOL DATA

- 千葉県柏市光ヶ丘2-1-1
- JR線・地下鉄千代田線「南柏」バス5分
- 男子243名、女子223名
- 04-7173-3700
- https://www.hs.reitaku.jp/

和洋国府台女子中学校

「凛として生きる」を理念とする教育

和洋国府台女子中学校は、1897年に設立された伝統ある女子校です。教育理念「凛として生きる」には、「周囲に対する思いやりと物事に挑戦する逞しさをもつ」「自らを律し、礼儀正しく品格をもつ」「文化を尊重し、豊かな表現力をもつ」という思いがこめられています。

この理念をもとに、日本の伝統文化を学びつつ、海外のすぐれたものを取り入れる国際教育と科学的なものの見方を養う教育を行っています。

工夫を凝らした授業と独自のプログラム

校舎は、2017年度から、和洋女子大学と高校のある国府台キャンパスに統合されたため、中高大の交流がさらに深まりました。

また、移転を機にカリキュラムも一新。本物の世界に触れられるように工夫された授業が特徴で、たとえば理科では実験やフィールドワークを多く行い、課題研究にも挑戦しま

す。こうした取り組みにより、問題を発見し解決する力や科学技術と社会のつながりに着目して社会に貢献する力を育てています。

英語の「和洋ラウンドシステム」も魅力的です。繰り返し学ぶことで知識の定着をはかり、国際社会で通用する英語力を身につけていきます。1クラスを2〜3分割したインターナショナル教員による授業で、多くの英語を聞きながら実際に使うことで英語力を磨いていきます。身につけた英語力を試す場として、英語宿泊研修やヨーロッパ文化研修が用意されています。

一方で、和の心を育てることも大切にされています。礼法や華道、茶道などを学ぶことで、礼儀や食事の作法、鑑賞の仕方を身につけ、伝統芸能を理解する感性も養います。

こうした教育により、国際的に活躍できるコミュニケーション能力や知性、科学的視座、そして品格を備えた社会貢献できる女性を育てる学校です。

SCHOOL DATA

- 千葉県市川市国府台2-3-1
- 京成線「国府台」徒歩9分、JR線「市川」「松戸」・北総線「矢切」バス
- 女子のみ294名
- 047-371-1120
- https://www.wayokonodai.ed.jp/

世界で語れる「ことば」を持とう

Learning at REITAKU for Global Communication

2021 Information [すべて予約制です。本校ホームページよりお申し込みください]

◆学校見学会
8/7（土）
10:00〜11:30

◆学校説明会
9/26（日）
10:00〜11:30

◆部活動見学・体験会
7/10（土）　9/18（土）　10/16（土）
14:30〜16:00　14:30〜16:00　14:30〜16:00

◆入試説明会
10/17（日）　10/23（土）　11/21（日）
10:00〜11:30　14:30〜16:00　10:00〜11:30

◆ミニ入試説明会
12/19（日）
10:00〜11:00

◆麗鳳祭（文化祭）
9/9（木）　9/11（土）
文化発表会　展示会 ※個別相談会を実施

予定が変更になる場合は、ホームページにてお知らせいたします。

公式 website　受験生応援サイト れいなび

麗澤中学・高等学校
Reitaku Junior and Senior High School

〒277-8686 千葉県柏市光ヶ丘 2-1-1
TEL：04-7173-3700
◉JR常磐線『南柏駅』よりバス約5分『麗澤幼稚園・麗澤中高前』下車

国立・私立中学校プロフィール

埼　玉

浦和明の星女子中学校

「一人ひとりを大切に」

「正・浄・和」という校訓のもと、お互いを「かけがえのない人間」として尊重し、「一人ひとりを大切にする」校風がある浦和明の星女子中学校。「一人ひとりを大切に」というと、少人数教育を思い浮かべるかもしれませんが、浦和明の星女子が考えるそれは、「その生徒をその生徒としてみる」「その生徒がその固有の使命に生きるよう手助けする」という意味です。

モットーである「Be your best and truest self（最善のあなたでありなさい。最も真実なあなたでありなさい。）」は、あなたはあなたであるよう、真剣に努力することを求め、そして「ほんものの自分」をめざして成長することを期待しています。

ほんものの自分をめざす進路指導

浦和明の星女子では6年間の一貫教育を行っています。授業内容は、生徒の理解度を考慮しながら、各教科ともに創意工夫を凝らしたものとなっています。中学3年生では、数学や英語など、高等学校の範囲に入る教科もでてきます。

授業を中心としたていねいな日々の学習を大切にしているのが特徴です。そのため小テストや定期試験、授業のようすなどを見ながら、放課後や長期休業中に補習が実施されることもあります。

週5日制ですが、1週間のうち2日間は7時限目まであります。また月に一度、土曜日は、「自主の日」として、希望する生徒が自主的に学校で活動できるようになっています。

そして進学校にありがちなハードな補習や勉強合宿は行われません。たんなる試験を目的にした勉強は、学習の方法のひとつではあっても、本来の学びではないと考えられているからです。知名度や偏差値による大学選びではなく、生徒一人ひとりが生涯をかけて自己実現できるような大学選びができるよう助けていく進路指導が心がけられています。

SCHOOL DATA

- 埼玉県さいたま市緑区東浦和6-4-19
- JR線「東浦和」徒歩8分
- 女子のみ528名
- 048-873-1160
- https://www.urawa-akenohoshi.ed.jp/

浦和実業学園中学校

実学に勤め徳を養う

2005年春、伝統ある浦和実業学園高等学校のもと、「すべての生徒に価値ある教育を」をスローガンに開校した浦和実業学園中学校。初年度から多くの受験生の注目を集め、新たな完全一貫制の教育がスタートしています。

校名の「実業」が表すものは、「社会にでて実際に役立つ学問、アクティブな学問」のこと。浦和実業学園では生徒一人ひとりの個性を存分に伸ばすことにより、国際社会に羽ばたく人材育成をめざしています。その教育には3つの柱が存在しているのが特徴です。

個性を伸ばす3つの柱

ひとつ目は「英語イマージョン教育」です。中1〜中3の全クラスにネイティブの副担任を配し、生徒と生活をともにし、育てるという感覚で「英語に浸る」イマージョン教育環境で学校生活を送りながら、より実践的な英語力を身につけることをめざしています。

ふたつ目は「徳育」です。総合的学習や各種行事など、学校生活全般をとおして、あいさつ、思いやりの心、感謝といった心の教育を行います。これは社会生活における「生きる技術」ともいえるものです。

3つ目は「キャリア教育」です。生徒本人の自主性を重んじる進路ガイダンスを年4回、6年間で合計24回実施します。

生徒が考える将来像を最大限に尊重しながら将来のプランニングを行い、その人生計画を実現するためのきめ細かなサポート体制を整えています。職業体験学習をはじめ、外部のさまざまな職種の人びとから話を聞く「講話」の時間もあります。

教育カリキュラムは週6日・35単位の授業を組み、系統的かつ効率的な授業を展開するとともに、進学希望に対応した選択教科プログラムを導入し、各学年に応じた進学指導を行い、生徒の希望を確実にサポートしています。

SCHOOL DATA

- 埼玉県さいたま市南区文蔵3-9-1
- JR線「南浦和」徒歩14分
- 男子114名、女子119名
- 048-861-6131
- http://www.urajitsu.ed.jp/jh/

大妻嵐山中学校

伝統の女子教育を継承しつつ時代とともに進化

建学の精神「学芸を修めて人類のために -Arts for Mankind-」を大切に、学祖・大妻コタカがめざした「思いやりのある自立した女性」、「教養豊かな聡明な女性」の育成と、社会が求める「国際的な視野を持った女性」の育成をめざす大妻嵐山中学校。不確実な未来を生き抜くためには「探究する力・表現する力・感じる力・自ら学ぶ力」が必要だと考え、その4つの力を育てるために、これまで重視してきた「理科教育」と「国際理解教育」をさらに発展させていきます。

理数系の授業を重視

大妻嵐山の周辺は豊かな自然環境に恵まれており、キャンパスには「大妻の森（自然観察園）」や「ビオトープ（野生生物の生育場所）」があります。「探究する力」、「表現する力」を養うため、理数系の体験学習を重視した授業を行っており、理科は週に5時間の授業のうち、かならず1回は実験の授業となっ

ています。そうした活動のひとつに「国蝶オオムラサキの飼育・観察研究」があります。生徒はオオムラサキとのふれあいをつうじ、大きな感動とともに生命の尊さや自然の営みを学びます。飼育のための下調べから、レポート作成、プレゼンテーションにより、「感じる力」、「自ら学ぶ力」を養います。

留学を推進し、語学教育を重視

国際理解教育にも重点をおき、英語劇などを行う「イングリッシュフェスティバル」といった校内行事をとおして総合的な英語コミュニケーション能力を高めます。週に6時間ある英語の授業では、ネイティブスピーカーの教員や、セブ島にいる現地講師とのオンラインでの英会話により、会話力も向上させます。英検にも挑戦し、中3での「イギリス語学研修（希望制）」など、学校で習った英語を実践できる校外学習の機会も数多く設定されています。

SCHOOL DATA

- 埼玉県比企郡嵐山町菅谷558
- 東武東上線「武蔵嵐山」徒歩13分、東武東上線「森林公園」・JR線「深谷」「熊谷」「北本」「桶川」「北上尾」・西武池袋線「飯能」スクールバス
- 女子のみ167名
- 0493-62-2281
- https://www.otsuma-ranzan.ed.jp/

大宮開成中学校

利他の心・理知の力・多様性の精神を

生徒・教員のかかわりあいが文化

2020年の一斉休校時は、「学びを止めるな！」の思いで通常授業に匹敵する2000本もの動画を配信した大宮開成中学校。校訓「愛知和」のもと、利他の心・理知の力・多様性の精神を大切に、人間教育・進路指導に力を入れています。生徒と教員との深いかかわりあいを文化とする学校です。

コースはT・Sの2クラスで構成される「英数特科コース」のみで、数学・英語に重点をおいたカリキュラムを編成。自学習・小テストなど地道な指導を共通させつつ、アドバンスト演習（Tクラスの発展内容演習）・スタンダード演習（Sクラスの既習内容演習）など、クラス独自の取り組みもあります。こうした学習を支えるのが自己管理ノートです。目的意識を持って計画を立て振り返りなどを行うことで生徒の自立をうながします。また保護者・教員がコメントすることで3者の信

頼関係を築く大切なツールにもなっています。

"だれひとり取り残さない"社会へ

英語・国際教育も充実しています。英語4技能をバランスよく伸ばす授業に、ネイティブ英会話・オンライン英会話・4技能アプリも併用。中3で英検準2級の高い取得率を誇ります。実践の場としてスピーチコンテスト（中1～高1）やグローバルビレッジ（中3、留学生との合宿）、現地の大学で学ぶオーストラリア海外研修（高1、10泊11日）などがあります。国際人の素養を伸ばすのは「プレゼンテーション教育」（中1～高1）です。SDGsにおける環境や人権問題など、地球規模の課題をグループで探究・発表し、"だれひとり取り残さない"社会づくりをめざしています。この取り組みでは、蔵書5万冊の図書館を活用し、また実験専門授業「化学実験」（中3）、夏休みの美術館・博物館見学、ボランティア活動などでの体験もいかしています。

SCHOOL DATA

- 埼玉県さいたま市大宮区堀の内町1-615
- JR線「大宮」徒歩25分またはバス7分
- 男子235名、女子195名
- 048-641-7161
- https://www.omiyakaisei.jp/

開智中学校

埼玉 さいたま市 共学校

「未来の夢」へキミが選ぶ新しい先端4コース

開智中学校は、「未来の夢」をかなえるために、最適なコースを自分で選ぶ、つぎの4コースを2021年度よりスタートしました。

【先端ITコース】東京大学や京都大学など、すでに目標の大学が決まっている人のコース。めざす大学に向けた基本的な学力を育成します。【先端MDコース】医師、薬剤師、獣医師などをめざす人のコース。同じ目標を持った仲間と医療の基礎になる学びを深めます。【先端GBコース】AIやロボットなど、グローバルな新しい社会で挑戦する人のコース。英語でのホームルームを行うクラスもあり、インターナショナル的なコースです。【先端FDコース】将来なにをしたいか、どんな大学へ行きたいかをこれから見つける人のコース。探究、フィールドワーク、本質を学ぶ授業をつうじて自分の未来の目標を定めます。

卒業生一押しの開智の特別講座

「特別講座」は高2の10月から開講、高3

の授業と連動した放課後の講座です。志望大学、科目ごとに設定された各講座を生徒自身が選択し、大学入試の過去問題を用いた問題演習を徹底的に繰り返します。「担当教員が丁寧に指導する講座」、「課題を生徒自らが発見し仲間とともに解決していく探究型講座」があり、高3からは放課後に3時間程度、月曜日から土曜日までの毎日開講します。ほぼすべての高2・高3がなんらかの講座を各自で選択、受講しています。

卒業生は「特別講座や直前講座など目的別の対策講座があり、いつでも先生がたに質問できる環境がそろっているので塾に通わずに第一志望に合格できた」「留学帰国後、特別講習の全教科を受け、対策講座でも効率よく学び、留学中のブランクを埋められた」と口々に言います。授業と講習、特別講座など手厚い指導により、入学時に比べ大きく学力をアップさせ、志望大学へ現役で合格できる学力の原動力になっています。

SCHOOL DATA

- 埼玉県さいたま市岩槻区徳力186
- 東武野田線「東岩槻」徒歩15分
- 男子582名、女子352名
- 048-795-0777
- https://ikkanbu.kaichigakuen.ed.jp/

開智未来中学校

埼玉 加須市 共学校

知性と人間をともに育てる「進化系一貫校」

開智未来中学校は、開智学園2番目の中高一貫校として、2011年4月、埼玉県加須市に開校しました。

開智未来は「知性と人間を追求する進化系一貫校」を基本コンセプトに、開智中学校（さいたま市）の教育を受け継ぎつつ新たな教育をさらに開発し、教育活動の構造化をめざす学校です。

多くの独自教育プログラム

開智未来では3I'S（探究活動・英語発信力・ICT活用）をキーワードとして、国際社会に貢献する創造型発信型リーダーの育成をめざします。

関根顧問（初代校長）が中学課程で行う「哲学」では、6つの授業姿勢やメモ力などの学びのスキルをきたえ、社会のさまざまな課題について考え、学びあい、発表しあうことをつうじて思考力を育てます。

また、中1の里山フィールドワーク、中3

の探究フィールドワーク、高1の才能発見プログラムなど、探究活動をつうじて創造力・自己発信力を磨く行事が多数あり、中2のブリティッシュヒルズ合宿、高2のワシントンフィールドワークでは、オールイングリッシュをつうじて英語発信力や英語レポート作成にも挑戦します。

さらに、ひとり一台のタブレットを導入し、授業での活用や探究活動の発表などを行い、新型コロナウイルス対応のオンライン授業もいち早く取り組むことができました。

さらなる進学実績に期待

少数制で「一人ひとりをていねいに育てる」ことをモットーに、大学進学に向けた講習体制も充実、国公立大学や難関私立大学へ毎年多数合格しています。

2019年度より医系コースを新設するなど、今後のさらなる飛躍が期待される開智未来です。

SCHOOL DATA

- 埼玉県加須市麦倉1238
- 東武日光線「柳生」徒歩20分、JR線・東武日光線「栗橋」、JR線「古河」「鴻巣」、東武伊勢崎線「加須」「羽生」「館林」スクールバス
- 男子157名、女子149名
- 0280-61-2021
- https://www.kaichimirai.ed.jp/

春日部共栄中学校

特色ある2コースを新設！

優秀な大学進学実績を残してきた春日部共栄高等学校を母体として、2003年、埼玉県春日部市に誕生した春日部共栄中学校。中学校をつくるにあたって、教育理念として、「これからの日本を、世界を支えるべきリーダーを養成すること」を掲げました。そんな春日部共栄では、2021年4月、未来へつながる「5つの育む力」を培うことを目標に、プログレッシブ政経コースとIT医学サイエンスコースの2コースを新設しました。

プログレッシブ政経コース

圧倒的な「英語力」を用いて、国際的な政治活動やビジネスシーンにおいてリーダーシップを発揮できる人材を育てるプログレッシブ政経コース。ビブリオバトルや模擬国連、ディベート、模擬トレードなど、オリジナルのプログラムをとおして、世界のリーダーにふさわしい知識や発信力を身につけることができます。

IT医学サイエンスコース

IT医学サイエンスコースでは、圧倒的な「数学力」を軸に、各専門分野の研究者や開発者として、リーダーシップを発揮できる理系人材を育成します。プログラミング、メディカル論文講習、理科実験といった独自のプログラムをつうじて、世界に通用する問題解決力や論理的思考力を伸ばしていきます。

グルーバルリーダーズプログラム

2コースにまたがって行われる、世界のリーダーに必要な人間力を育てるプログラムが「グルーバルリーダーズプログラム」です。そこでは、毎朝のリスニング、暗誦コンテスト、スピーチコンテスト、K-SEP（中3を対象とする10日間のプログラム。カナダの大学生10名ほどが先生となり、英語やカナダについて学びます）、バンクーバー語学研修などが実施されています。

SCHOOL DATA

- 埼玉県春日部市上大増新田213
- 東武スカイツリーライン・東武野田線「春日部」スクールバス10分
- 男子172名、女子155名
- 048-737-7611
- https://www.k-kyoei.ed.jp/jr/

国際学院中学校

豊富な学びの機会を提供

2013年開校の国際学院中学校。6年間2000日にもわたる中高一貫教育で、建学の精神「誠実・研鑽・慈愛・信頼・和睦」を柱に、グローバルに活躍するための「英語力」「問題発見力」「課題解決力」を育成しています。

国際学院は、世界182カ国、約1万校からなるユネスコスクールの加盟校であり、将来にわたり持続可能な社会構築に向けたESD（持続発展教育）にも力を入れています。

そのほか、2017年には、日本で初めて開催されたInternational Friendship Week（ユネスコスクール間の大交流会）のホスト校を務め、2018年には国連グローバルコンパクトなどにも加盟しています。

コロナ禍においては、中止したものやオンラインで実施したものもありますが、例年、海外のユネスコスクール生を招いたホームステイ体験や異文化交流を積極的に行うことで、さまざまなことを吸収できる機会を設け、生徒の成長の一助としています。

高等学校のノウハウを応用

国際学院の教育は、さきに創立した国際学院高等学校での教育ノウハウをもとに、中高一貫教育向けに応用したものです。主要教科の授業はティームティーチングを取り入れ、標準よりも多い時間数を確保。国語・数学・英語で先取り教育を行い、余裕を持って大学受験に挑めるようカリキュラムを編成しています。効率を重視し、電子黒板やiPadなどのICT機器を積極的に導入しているのも特徴です。

また人格形成につながる行事や部活動も重視。生徒主体の文化祭・体育祭をはじめ、マレーシアやカナダへの海外研修など、国内外を問わず学習の機会を設けています。学力向上に加え、自立した人間として社会に貢献できるよう内面の成長も大切にしています。

東京ドーム約1.5個分もの広さを誇る自然あふれるキャンパスで、心身ともに充実した6年間を送ることができます。

SCHOOL DATA

- 埼玉県北足立郡伊奈町小室10474
- 埼玉新都市交通伊奈線ニューシャトル「志久」徒歩12分、JR線「上尾」「蓮田」スクールバス
- 男子17名、女子19名
- 048-721-5931
- https://jsh.kgef.ac.jp/

東京　神奈川　千葉　埼玉　茨城　寮制

埼玉栄中学校

埼玉
さいたま市
共学校

主体性と創造性を育む

建学の精神「人間是宝（人間は宝である）」・校訓「今日学べ（今日のことは今日やる）」を掲げる埼玉栄中学校。

生徒の将来を考え、一人ひとりに秘められている可能性をいかに開発させるかということに教育の根源をおいています。

中高一貫教育システム

６年間を３期に分けた一貫教育を行い、豊富な授業時間と効率的なカリキュラムによって、生徒の可能性を伸ばします。

中１・中２は「基礎力養成期」とし、学習の習慣化と基礎学力を定着させます。

中３～高２は「応用力確立期」とし、自らの適性や能力を知り、自己の将来を考えるために目標をしっかりと見定め努力します。

そして高３を「総合力完成期」として、自己実現に挑戦するための最後の仕上げを行います。

また、クラス編成として、「医学クラス」、「難関大クラス」、「進学クラス」を設けています。「医学クラス」は、校外活動として医療関係施設の見学や体験プログラムを用意しています。

どのクラスも生徒一人ひとりの学力を総合的に向上させ、現役での希望大学進学をめざすことが目標です。そのため希望制で「０、７時限授業」やICTを活用した学習ツールとして「Classi」などを導入しています。

主体性を育て創造性を高める

また、生徒の可能性を引き出す指導を実施。ひとりの生徒を複数の教師があらゆる角度から分析し、個々の特性、能力を正確に把握し伸ばしていきます。そして、「できるまで、わかるまで」を合言葉に生徒個々の現状を把握し、細分化した学習計画を立てるきめ細かな指導がなされます。

2016年には新校舎が完成し、さらなる期待が寄せられる埼玉栄です。

SCHOOL DATA

- 埼玉県さいたま市西区西大宮3-11-1
- JR線「西大宮」徒歩４分
- 男子269名、女子201名
- 048-621-2121
- http://www.saitamasakae-h.ed.jp/

あ行　か行　さ行　た行　な行　は行　ま行　や行　ら行　わ行

埼玉平成中学校

埼玉
入間郡
共学校

豊かな自然のなかで展開する独自教育

STEM教育を導入

知識や技能をもとに主体的に考え、問題を解決する力を「人間力」とする埼玉平成中学校。この力を身につける教育の一環として、2019年度からSTEM教育を導入しています。STEM教育とは、Science（科学）、Technology（技術）、Engineering（工学）、Mathematics（数学）の頭文字をとったものです。

埼玉平成では埼玉大学STEM教育研究センターと連携し、同センターで指導する野村泰朗准教授を招いて、年間15回のSTEM授業を実施しています。STEM授業では、理数科目やプログラミングなど、さまざまな学問を教科横断的に学びます。そうすることで、AI（人工知能）の進歩などにより、さきを見通しにくい時代において役立つ創造力や問題解決能力をも養います。なお、現在はマサチューセッツ工科大学で開発されたビジュアルプログラミング言語「Scratch」を活用して、本体に手を触れることなく手指の消毒が可能なディスペンサーを製作しています。

1年がかりで取り組む「生徒研究発表会」

生徒一人ひとりが授業をとおして学んだこと・興味を持ったことをきっかけとしてテーマを選んだうえで研究に励み、最終的にパワーポイントを駆使してプレゼンテーションする「生徒研究発表会」。テーマ確定から発表まで１年かかり、全校をあげて行う一大イベントです。コロナ禍でも発表のようすはオンラインで各教室・各家庭に配信されました。

2020年度は、「寒冷地の恒温動物は身体が大きくなるというベルクマンの法則が、クラゲに当てはまるのか」という疑問を、膨大なデータで検証した中２女子の研究が最優秀賞を受賞、そのほか、「睡眠の秘密」「日本人と英語」「漢字・平仮名・片仮名」「スマホ依存症は本当か？」など、それぞれが興味に応じた研究を行っています。

SCHOOL DATA

- 埼玉県入間郡毛呂山町下川原375
- 東武越生線「川角」徒歩５分、西武新宿線「狭山市」・西武池袋線「飯能」「入間市」・JR線「武蔵高萩」「高麗川」スクールバス
- 男子27名、女子20名
- 049-294-8080
- https://www.saitamaheisei.ed.jp/

栄東中学校

知る・探る・究める　栄東のアクティブ・ラーニング！

アクティブ・ラーニングとは

　いま、注目を集める栄東中学校のアクティブ・ラーニング（以下、AL）。端的に言えば、「能動的・活動的な学習」という意味です。従来型の、教師が一方的に生徒に知識伝達する講義形式ではなく、課題研究やグループワーク、ディスカッション、プレゼンテーション等、生徒の能動的な学習を取りこんだ授業を総称するものです。自ら課題を見つけ、それを解決していく能動的な学びを積極的に取り入れていくことで、自立的な学習態度を身につけることが期待できます。

　2024年度からの次期学習指導要領での共通テスト本格実施に向けて、これからの時代に求められる力として問題発見力や課題解決力、論理的思考力等があげられています。

　ALは、まさにこうした力を育てるのにうってつけのプログラムで、栄東は他校にさきがけ10年以上も前からALを用いた学習活動を行ってきており、学校全体にしっかりと根づいていることが大きな強みになっています。

東大クラスと難関大クラス

　中学校には「東大クラス」と「難関大クラス」が設置されています。

　「東大クラス」は、東京大学や難関国公立大学、国公立大学医学部の現役合格を目標として、そのためのカリキュラムを編成し、より幅が広く奥の深い学習を行うクラスです。「難関大クラス」は、難関大学への現役合格をめざすクラスで、「東大クラス」と同じ授業進度で学習を進めます。進級の際に「東大クラス」へ移る生徒もいます。入学後に学力が大きく伸びる生徒がいるからです。

　クラスの別にかかわらず、ALが教育の根幹におかれているのは変わりません。生徒の学力に応じた柔軟な対応と、細やかな指導のもと、難関大学への合格者数は順調に増加しています。

■ SCHOOL DATA ■

- 埼玉県さいたま市見沼区砂町 2-77
- JR線「東大宮」徒歩8分
- 男子557名、女子363名
- 048-666-9200
- http://www.sakaehigashi.ed.jp/

狭山ヶ丘高等学校付属中学校

豊かな人間性を育み確かな学力を身につける

　2013年、狭山ヶ丘高等学校付属中学校は誕生しました。高校で、開校以来行ってきた「自己観察教育」を中学でも実践し、国家のリグ　たる器量の育成をめざして、豊かな人間性を育んでいます。

　勉強以外にも、軽登山、農作業なども生徒を大きく成長させる独自の取り組みです。軽登山では、秩父や奥多摩の山々に登ることで、心身ともにたくましくなります。農作業では、基礎を学んだのち、栽培が簡単な作物からスタートし、徐々に難易度の高い作物にチャレンジします。生徒自身の力でやりとげるため、責任感を持って行動できるようになります。

高校のノウハウをいかした学習指導

　狭山ヶ丘には、高校で培った「生徒をやる気にさせる」ノウハウがあり、それを用いて中学入学の段階から「自ら学ぶ」生徒にじっくりと育てあげていきます。

　そのために、3年間をかけて思考する力を培います。1年次には「自己」を知るためにワークショップを行います。「自己」に関連するテーマでマインドマップを作成したり、ブレインストーミングをしたりすることで理解を深めさせていきます。

　2年次には思考の対象を他者や社会と広くしていくことによって、「自己」を相対化していきます。そして最終学年においては、1、2年次で獲得した思考力をもとに、自身の興味あるテーマで研究論文を執筆します。このように自己を相対化していく過程で、学ぶ意義を認識するようになり、自ら学ぶ意欲を持つようになっていきます。また、英検対策講座やゼミなどを開講し、学習機会を多く設ける取り組みも行っています。

　ゆとりある完全中高一貫教育のもと、たくさんの人と出会い、たくさんの経験を積み、真の知性と豊かな心を育む狭山ヶ丘。こうした教育により、さらなる高みをめざします。

■ SCHOOL DATA ■

- 埼玉県入間市下藤沢981
- 西武池袋線「武蔵藤沢」徒歩13分
- 男子77名、女子56名
- 04-2962-3844
- http://www.sayamagaoka-h.ed.jp/juniorhighschool/

淑徳与野中学校

埼玉
さいたま市
女子校

高い品性　豊かな感性　輝く知性

淑徳与野中学校は、2005年４月に開校しました。仏教主義に基づく独自の女子教育を行う淑徳与野高等学校と同じく、中学校も仏教主義に基づいた心の教育を大切にしています。これは、むずかしい教義を教えるということではなく、「つねに周囲に対する感謝の気持ちを忘れずに生きていく」ことを大切にする教育です。国際化が進み、価値観も多様化しているこの時代において、ますます求められる教育といっていいでしょう。

母体となる淑徳与野高校は、難関大学に多くの合格者を輩出する埼玉県有数の進学校です。卒業生の約95%が、現役で４年制大学へ進学しています。中高一貫生は、全員が難関大学進学クラスへ進み、国公立大学、早稲田大学、慶應義塾大学、上智大学などの難関大学への合格をめざします。

独自の国際教育と最新の学校設備

学習面では、英語教育にとくに力を入れています。国際社会で通用する英語力が備わるよう、中１～中３で週１時間、ネイティブスピーカーによる授業を行ったり、英検２次対策の面接授業を実施するなど、きめ細かいカリキュラムが組まれています。さらに、中２では台湾への研修旅行を実施、高２ではアメリカへの修学旅行を行い、全員が３泊４日のホームステイを経験します。このほかにも、さまざまな短期留学プログラムが用意されています。

学習に集中できるよう、校舎は自然に包まれた心地いい環境になっています。２階・３階の屋上庭園（エコガーデン）にはビオトープや野草園があり、校舎の壁面にも緑が彩りを添えています。

2015年４月に高校校舎が中学校の隣接地に移転し、中高一貫校として、さらに連携を深めた教育を実践しています。伝統の仏教主義と、グローバルな社会に対応する国際教育で生徒たちの夢をかなえる淑徳与野です。

SCHOOL DATA

- 埼玉県さいたま市中央区上落合5-19-18
- JR線「北与野」「さいたま新都心」徒歩7分、JR線「大宮」徒歩15分
- 女子のみ389名
- 048-840-1035
- https://www.shukutoku.yono.saitama.jp/

城西川越中学校

埼玉
川越市
男子校

「報恩感謝」の精神。多様化する社会で変わらぬ羅針盤

中学校生活

1972年に城西大学付属川越高等学校、1992年に城西川越中学校が開校しました。校是は「報恩感謝」で、「心豊かな人間の育成」「個性・学力の伸長」を教育方針とし、生徒と教員の間にとても強い信頼関係がある学校です。ほとんどの生徒が学業とクラブ活動の両立をめざして入学し、クラブ活動の加入率はほぼ100%。全国レベルのクラブもあり、個性豊かで志の高い生徒が多いのが特徴です。

城西川越では、大学現役合格を目標とした６年一貫教育を実践し、入学時より特別選抜クラスと総合一貫クラスを編成します。中２で中学課程をほぼ修了し、中３から高１の学習内容に入ります。授業のなかで数多くの小テストを行い、理解不足の生徒には補習を実施してサポートします。

また、英会話の指導にも力を入れており、中３までに英検準２級取得をめざしています。そのほか「みんなのドラマ」を用いたグループワークなど、ユニークなプログラムもあります。

中３で、特別選抜クラスはオーストラリアに５週間のターム留学、総合一貫クラスは14日間の短期海外研修を行います。異文化での生活経験が、帰国後の英語、そして全教科にわたる高い学習意欲につながっています。

高校での進路指導

生徒に、キャリアデザインを意識させながら進路指導を行っています。また、難関国公立大学の受験にじゅうぶん対応できる学力養成を目標に、全方位型のカリキュラムを編成しています。中３では、受験科目中心のコース選択制（14コース）を導入し、大学受験に的をしぼった指導を徹底しています。放課後には、希望者を対象に課外講習を実施するほか、夏・冬期休暇中にも講習会を開講するなど、課外授業は非常に充実しています。

SCHOOL DATA

- 埼玉県川越市山田東町1042
- JR線・東武東上線「川越」、東武東上線・越生線「坂戸」、西武新宿線「本川越」、JR線「桶川」スクールバス
- 男子のみ234名
- 049-224-5665
- https://www.k-josai.ed.jp/

昌平中学校

IB（国際バカロレア）MYP認定校

　昌平中学校では一貫生が卒業して6年が経ちます。今春卒業した6期生までで東京大学をはじめ、京都大学、一橋大学、お茶の水女子大学、早稲田大学、慶應義塾大学と、希望の大学に続々と進学しています。昌平では今後の「誰一人取り残さない」国際社会において、率先して社会貢献をし、生涯一学習者として自らの人生を楽しく自由に学び進む卒業生の輩出のため、さまざまな取り組みを実践しています。

　その柱がIB（国際バカロレア）です。昌平は2017年よりIB（国際バカロレア）MYP（Middle Years Programme）認定校となりました。全生徒を対象にプログラムを実施する国内でも数少ない学校のひとつで、4年間の実践を経て、生徒が自主的に学ぶ「動きのある授業」が定着してきました。

「静」の授業と「動」の授業

　上記IBのほか、「動」の授業の柱として、

・PEP（パワー・イングリッシュ・プロジェクト）：全校生徒が英語を得意教科にするための徹底的な取り組み
・SDGs（持続可能な開発目標）：「世界」をテーマにしたプロジェクト学習。校外学習を中心とした体験型学習
といった取り組みを実施しています。

　PEPではすべての教職員がメンバーとしてかかわり、生徒の英語力を高めます。一貫生は約80%の生徒が英検準2級以上を取得して、高校に進みます。

　また、昌平では、基礎・基本を大切に問題演習などを徹底的に繰り返す効率的な一斉授業、「静」の授業にも力を入れています。土曜日は授業を実施し（第4土曜は休日）、朝は英単語テスト、放課後は週2回の8限講習（希望者）、長期休暇中（夏・冬・春）には必修の講習授業を実施します。

　「静」と「動」。このふたつをバランスよく行います。

✿ SCHOOL DATA ✿

▽埼玉県北葛飾郡杉戸町下野851
▽東武日光線「杉戸高野台」徒歩15分またはスクールバス5分、JR線・東武伊勢崎線「久喜」スクールバス10分
▽男子184名、女子147名
▽0480-34-3381
▽https://www.shohei.sugito.saitama.jp/contents/jhs/

城北埼玉中学校

自律した人間育成と難関大学進学の両立

　1980年、都内有数の進学校である城北中学校と「教育理念」を同じくする男子進学校として設立された城北埼玉高等学校。その附属中学校として、2002年に城北埼玉中学校は開校されました。

　校訓は「着実・勤勉・自主」です。この校訓のもとに「人間形成」と「大学進学指導」を2本の柱とした教育を行っています。

　人間形成における教育目標は、自らの生活を厳しく律することのできる強い意志を持った人間の育成です。

　そして、その人間性とは「個性豊かな教養と情操にあふれ、社会において自らの果たすべき使命をきちんと自覚しうる自律的なものであるべき」としています。

高校のノウハウをいかしたカリキュラム

　城北埼玉では、毎年多くの国公立大学・難関私立大学へ生徒を送りだしている城北埼玉高校の指導ノウハウをさらにパワーアップさ

せ、6年間の一貫した教育課程によって現役合格をめざした大学進学指導を実践しています。

　2年ずつの3ブロックに分けた教育が行われ、心身ともに著しい成長過程を迎えるこの時期を、より実りあるものにするために成長過程に合わせたカリキュラムを設定しています。

　中1・中2の「基礎力習得期」では「学力不振者を出さない」指導体制が展開されます。

　中3・高1は「実力養成期」で、自律的・自主的な姿勢を養うとともに、さまざまな教科や分野に接して探究心を深め、適性や志望への意識をうながしていきます。

　そして、高2・高3の「理解と完成期」ではより高い学力とさまざまな教養を習得しながら、大学進学にふさわしい人間性と学力を備えていくことを目標に、現役合格をめざして受験に必要な科目にしぼった学習を展開していきます。

✿ SCHOOL DATA ✿

▽埼玉県川越市古市場585-1
▽JR線「南古谷」・東武東上線「ふじみ野」スクールバス10分、西武新宿線「本川越」スクールバス25分
▽男子のみ384名
▽049-235-3222
▽https://www.johokusaitama.ac.jp/

西武学園文理中学校

埼玉
狭山市
共学校

未来にたくましく生きる若者を育てるために

開校以来の伝統であるグローバル教育を基盤に、全員が希望の大学に進学するための確かな学力と、国際社会で求められる豊かな教養、人間力を養う教育を実践する西武学園文理中学校。昨今グローバル化やAIなどのさまざまな技術革新が進み、日常の生活スタイルが変わり、新たな価値観の選択が求められています。このような未来予測が困難な時代を生き抜くために、新たな価値観を創造できる環境で、仲間と切磋琢磨しながら、文理横断的な幅広い教養、高い公共心や倫理観、社会を支え改善できる資質と能力を育みます。

グローバル教育プログラム

育てたい生徒像は「日本人としてのアイデンティティを大切にしながら、グローバルな視野をもち、自ら課題を発見し、多様な仲間と協働しながら解決・発信できるトップエリート」。今年度入学生より、クラスを「グローバル選抜クラス」「グローバルクラス」と改称し、新たなグローバル教育プログラムも始動。そのひとつがタブレットPCを利用し、すべてを英語で行う「GLOBAL COMPETENCE PROGRAM」。Pack（予習）、Climb（授業）、Unpack（復習）のサイクルをまわし、語学力、知識・教養、高度な思考力、伝えあう力、ホスピタリティー精神、グローバルな行動力を身につけます。ほかにも中3でのイタリア研修旅行（2019年実績）や自主性・創造性を育むCreative Activity、職業研究や職業体験、卒業論文の制作など多彩な取り組みがあります。

中学校卒業後は希望と成績に応じて、西武学園文理高等学校の「グローバル選抜クラス」「グローバルクラス」「先端サイエンスクラス」のいずれかに進学します。高校からの新入学生と同じクラスで学び、他者の気持ちや考えを理解する経験を積みます。自ら声をかけて仲間をつくり、協働していく行動力を6年間で身につけ、予測不能な未来をたくましくしなやかに生き抜く力を育みます。

✿ SCHOOL DATA ✿

- ▼埼玉県狭山市柏原新田311-1
- ▼西武新宿線「新狭山」、JR線・東武東上線「川越」、東武東上線「鶴ヶ島」、西武池袋線「稲荷山公園」、JR線・西武池袋線「東飯能」スクールバス
- ▼男子186名、女子132名
- ▼04-2954-4080
- ▼https://www.bunri-s.ed.jp/

西武台新座中学校

埼玉
新座市
共学校

「一生モノの英語」を身につける「西武台式英語」

西武台新座中学校では、「グローバル社会で活躍できるたくましい人間力の育成」をめざし、「高い学力」、「グローバル・リテラシー」というふたつの力を重視した教育が行われています。

「高い学力」とは、高い専門性や一流の学問を身につけることを目的とした、難関大学に合格できるレベルの学力を意味しています。

「グローバル・リテラシー」とは、「実社会で役立つ英語力」「多様な人びとと協同できる共生力」「新たな世界を切り拓く価値創造力」の3つを総合した力のことです。

そのなかでも、一生モノの英語力の習得をめざす西武台新座の"英語教育"は、とくに注目を集めています。

「一生モノの英語」の土台づくり

中学では、日本初となる「The JINGLES（ザ ジングルズ）」を英語学習の基礎段階で導入しています。これは、発音するための筋肉をきたえ、科学的に発音トレーニングを行うプログラムです。発音できない言葉は理解しづらいという考えのもとで、発音を重視した学習を行っています。

そして、リスニングやスピーキングの能力を向上させ、そこから総合的な英語力に発展させていきます。

使用教科書はZ会の「New Treasure」です。「教科書」をそのまま教えるのではなく「教科書」で英語の根幹や語句のコア・イメージなどを教える独自の手法をとっています。これにより、丸暗記の英語教育からの脱却をめざしています。

西武台新座は、大学入試改革を見据えて、英検の取得にも学校をあげて取り組んでいます。

2021年度大学入試では、在学中に英検準1級を取得した中高一貫生が、難関国立大学の東京工業大学、東京外国語大学に合格をしました。

✿ SCHOOL DATA ✿

- ▼埼玉県新座市中野2-9-1
- ▼JR線「新座」・東武東上線「柳瀬川」スクールバス15分、西武池袋線・西武新宿線「所沢」スクールバス25分
- ▼男子67名、女子55名
- ▼048-424-5781
- ▼http://www.seibudai.ed.jp/junior/

聖望学園中学校

埼玉
飯能市
共学校

心を磨き、実践に役立つ知恵を育成する

リーダーシップを発揮する人材の育成

聖望学園中学校の教育理念は、1.「わが国における最高の教育理念を志向する」、2.「キリスト教教育の理念に基づき現代の潮流をふまえ」、3.「社会を変革せんとする有意・有益なる人物の育成を規する」です。

この理念のもと、中学校では、「3つの実」の育成を掲げています。「3つの実」とは、1.「ICT機器を活用できる人材」のことで、その育成のために「同時双方向型オンライン授業」や課外活動を行い、部活動にもICT機器を活用しています。2.「生きた英語を活用できる人材」。英語の授業でも「同時双方向型オンライン授業」を実践しています。そして3.「グローバルな思考を活用できる人材」。深く学び、さまざまなプログラムに取り組むことで、多様な価値観のなかで発揮できるリーダーシップを育てています。

このように具体的な課題を持って日々の教育を行い、大きな「実」を育成しています。

きめ細かな聖望学園の学習プログラム

特徴的な学習プログラムをいくつかご紹介します。まず従来からICT機器とデジタル教材を駆使した「同時双方向型オンライン授業」を行っている聖望学園では、コロナ禍においてもオンライン上での双方向型の学びを実践し、生徒の能動的、主体的な学びをうながしていました。また、日々の学習を振り返る「R-ISMノート」を導入し、生徒の体調管理や課外活動、部活動にも活用しています。

そして高校では、予備校講師による土曜講習や、英語入試4技能を意識した授業、ネイティブスピーカーとのオンライン英会話、英検全員受験などを実施しています。

さらに、文化祭や体育祭をはじめとする行事、専門の指導資格を持つ教員が顧問をする女子バレーボール部、女子バスケットボール部、サッカー部などの部活動もさかんです。

🔊 SCHOOL DATA 🔊

- 埼玉県飯能市中山292
- JR線・西武池袋線「東飯能」徒歩13分、西武池袋線「飯能」徒歩15分
- 男子62名、女子67名
- 042-973-1500
- http://www.seibou.ac.jp/

東京成徳大学深谷中学校

埼玉
深谷市
共学校

国際教育と規律ある指導で生徒を育成

2013年4月、面倒見のよさと熱意あふれるすぐれた指導力が魅力の東京成徳大学深谷高等学校に中学校が誕生しました。

高校で実施した卒業生保護者アンケートでは、「この学校の先生は面倒見がいい」と回答した保護者は96%。「子どもが楽しく充実した高校生活を送れた」と回答した保護者は94%と高い評価を得ています。

そんな高校から誕生したのが、東京成徳大学深谷中学校です。隣接する総合体育館（Fアリーナ）は、体育館機能だけではなく、美術室や音楽室といった特別教室のほか、合宿施設も設けられており、施設面も充実しています。

国際教育の強化

国際教育では、英語の授業はもちろん、総合的な学習の時間や学級活動にもネイティブスピーカーがかかわり、生きた外国語（英語）を学ぶことができます。

また、これまで学んだ外国語を実際に使えるように、そして、高校の3年間で国際教育をより発展させるため、中学校では海外修学旅行や学期留学などを実施しています。

アットホームな校風

生徒と教員の距離が近く、アットホームな雰囲気や校風が伝統となっている東京成徳大深谷高校。

その伝統を守りつつ、教職員たちは毎日生徒たちを力いっぱい励まし、確かな学力と豊かな人間性を育てています。

また、たくましいおとなになれるように、あいさつをはじめとした規範意識や生活態度の確立、部活動の奨励など、規律ある心身をきたえる指導も行っています。

東京成徳大深谷は、生徒一人ひとりの夢を実現するために、高校での経験をいかして、さまざまな面で生徒たちをサポートしています。

🔊 SCHOOL DATA 🔊

- 埼玉県深谷市宿根559
- JR線「深谷」徒歩25分またはスクールバス7分、秩父鉄道「行田市」、JR線・東武東上線・秩父鉄道「寄居」、東武東上線「森林公園」ほかスクールバス
- 男子11名、女子19名
- 048-571-1303
- https://tsfj.jp/

東京農業大学第三高等学校附属中学校

本物に触れて学ぶ6年間

2009年春に誕生し、今年で開校13年目を迎える東京農業大学第三高等学校附属中学校。

母体となる東京農業大学第三高等学校の建学の精神である「いかなる逆境も克服する不撓不屈の精神」「旺盛な科学的探究心と強烈な実証精神」「均衡のとれた国際感覚と民主的な対人感覚」の3つを柱とした教育を実施しています。

実学教育をベースとして人材を育成

東農大三の大きな特徴は「実学教育」をベースに学力・進路選択力・人間力を育てるというところにあります。

6年間を「基礎力充実期」、「応用発展期」、「進路実現期」の3期に分けた学習カリキュラムのもとで、大学受験に向けた学力を育てています。加えて、屋上菜園でのダイズ栽培や、そこで収穫したダイズをもとにした味噌づくり、ワグネルポット（実験用植木鉢）を用い

た比較分析など、学びの本質を追求します。

また、中1から年に数回実施されるキャリア教育講演会や、東京農業大学と連携した独自のプログラムなどで能動的に進路選択力を身につけていきます。

さらに、日々の情操教育や、前述したような東農大三ならではのさまざまな体験、中2での宿泊語学研修、中3でのホームステイ（オーストラリア・クイーンズランド、希望制）といった国際教育をとおして人間力を培うことができます。

学習環境も充実

学習環境の充実も見逃せません。開校と同時に中学生のためにつくられた新校舎は、各階に設置されたさまざまな用途で使用できるオープンスペースや、使いやすく設計された理科実験室、屋上菜園、スタジオつきの放送室など、日々の学校生活を快適に送ることができるよう設計されています。

⚜ SCHOOL DATA ⚜

- ▶ 埼玉県東松山市大字松山1400-1
- ▶ 東武東上線「東松山」ほかスクールバス
- ▶ 男子137名、女子57名
- ▶ 0493-24-4611
- ▶ http://www.nodai-3-h.ed.jp/

獨協埼玉中学校

学力だけでなく心も育てる

8万㎡もの広大で緑豊かなキャンパスに、近代的施設・設備を備える獨協埼玉中学校。

「自ら考え、判断することのできる若者を育てること」を教育目標とし、6年間のゆったりとした時間のなかで、じっくりとものごとに取り組み、調べ、考え、判断する生徒を育てています。もちろん、そのためには「健康な心と体」や「豊かな感性」、「さまざまな知識」が必要です。これらの考えをベースに、じっくりと培われた「自ら考え、判断することのできる力」を育てているのです。

自分の目で見て、判断できる力をつける

獨協埼玉では、実験や体験をとおしてものごとの本質を見つめる「帰納的手法による学習」を重視しています。理科では実験を中心に、英語は一部の時間を少人数でネイティブの先生に教わります。

また、自分の目で見て、判断できる力をつけるためには「個の基礎体力」が必要と考え、

文系、理系とむやみに線を引かず、この時期に学ぶべきことをしっかり身につける学習を行っています。

さらに、教科学習だけではなく、幅広い教養を身につけ、深い感性を磨きながら、自分自身の生き方を身につけることができる総合学習のプログラムも多く用意されています。

生徒一人ひとりの興味や関心を引き出しながら、自分なりのテーマ設定ができるよう、総合学習の時間において行われている生きた教材を使った指導はそのひとつです。

たとえば、中1はネイチャーステージと位置づけ、地元の農家のかたの協力を得て、田んぼで稲を育てます。四季の変化のなかでその生育のようすを観察することで、地域の文化や環境問題にも関心を持つきっかけとなります。

ゆったり、じっくり、ていねいに、時間をかけて、学力だけでなく心も育てていく獨協埼玉です。

⚜ SCHOOL DATA ⚜

- ▶ 埼玉県越谷市恩間新田寺前316
- ▶ 東武スカイツリーライン「せんげん台」バス5分
- ▶ 男子268名、女子225名
- ▶ 048-977-5441
- ▶ https://www.dokkyo-saitama.ed.jp/

武南中学校
<small>ぶ なん</small>

埼玉　蕨市　共学校

BUNAN *Advanced* 始動！

21世紀のグローバルリーダーを育てる

武南中学校は「BUNAN *Advanced*」を掲げ、21世紀のグローバルリーダーを育てるために、「Innovation＝社会を変革する心」、「Intelligence＝豊かな教養を愛する心」、「Integrity＝人間力を高める心」、「International Mindset＝世界を知る心」を大切にしています。

これらの心を育む源は「何事にも笑顔で挑戦する強い精神」です。そのような精神を持ち、そして「日本人」「アジア人」としてのアイデンティティーを兼ね備えた「世界で通用する」タフな若者の育成に力を尽くします。

その一環として、中2ではアジア研修、高1では英語圏への研修などを実施しています。アジア研修ではベトナム・カンボジアに1週間滞在し、現地の国立中学校との1日交流をはじめ、ユネスコの現地での活動先を訪問し、スタッフ（海外青年協力隊員を含む）からの指導も受けます。日本人がアジアで実際に活躍している姿に触れ、世界で通用する人材へのイメージをより具体的に持つことができます。

最先端の教育環境を整備

高い目標を抱いてスタートした武南は、それに見合う教育環境の整備にも抜かりはありません。

各階の中心に位置するアクティブラーニング用の開かれたスペース「ラーニングコモンズ」をHR教室や特別教室が取りかこんでおり、さらにそうした各教室には壁がないため、各階とも快適な開放空間が広がっています。

また、全館が無線LANでつながっており、すべての教室に電子黒板を設置、生徒はタブレットPCを持つというICT（情報コミュニケーション技術）教育にはこれ以上ない環境です。同時に屋上のビオトープなど生徒に安らぎを与える場所も用意されています。

SCHOOL DATA

- 埼玉県蕨市塚越5-10-21
- JR線「西川口」徒歩10分
- 男子60名、女子34名
- 048-441-6948
- https://www.bunan.ed.jp/j-highschool/

星野学園中学校
<small>ほし の がく えん</small>

埼玉　川越市　共学校

「6年後のずっと先まで、頼れる羅針盤を手に入れる」

2000年春に中高一貫教育をスタートした星野学園中学校。教育の根底には、120年を超える歴史を誇り、難関大学へ多数の合格者を出す併設校の星野高等学校のノウハウがそそぎこまれています。星野学園では、自由で柔軟な自立した人間を育む伝統のリベラルアーツ教育の思想を原点に、「習熟度別学習指導」「国際人教育」「情操教育」という3つの柱で中高一貫教育を実践しています。確かな学びを提供する一方で、教養を養い、豊かな人間形成をはかることにも注力しています。

3つの柱で6年間にわたる人格形成

一人ひとりの力を最大限に伸ばすために、多彩なカリキュラムやコース編成で「習熟度別学習指導」を行っています。理数選抜クラスと進学クラスがあり、英語は中1から、数学は中2から習熟度別授業を展開します。レベルに応じた内容と進度によって学習の定着度を高め、個々の能力を最大限に伸ばしていきます。中学では補習・長期休暇時の講習を実施。さらに高校では難関大学特別講習も教員が担当し現役合格をあと押しします。

中3の夏の修学旅行では、オーストラリア・ブリスベンを訪れ、ホームステイを全員が体験します。また、ドイツの学生を招いて「日独交流コンサート」を開催したりと、海外体験や異文化交流行事をつうじた「国際人教育」にも力を入れています。週に1回、ネイティブスピーカーの教員による英会話の授業も実施し、4技能の基礎を徹底的に学習し、応用力を養える英語教育も充実しています。

さらに、合唱祭・芸術鑑賞・文化祭などの、さまざまな学校行事やクラブ活動（全入制）をつうじた「情操教育」によって、生徒たちは文武両道の学校生活を過ごしています。

これら3つの柱によって、豊かな教養やコミュニケーション能力、問題解決能力などを身につけ、バランスのとれた人格形成をめざす星野学園です。

SCHOOL DATA

- 埼玉県川越市石原町2-71-11
- JR線・東武東上線「川越」、西武新宿線「本川越」、JR線「宮原」「熊谷」「東大宮」、西武池袋線「入間市」スクールバス
- 男子190名、女子331名
- 049-223-2888
- http://www.hoshinogakuen.ed.jp/

細田学園中学校
ほそだがくえん

埼玉 志木市 共学校

Making dots and Connecting the dots

1921年に「細田裁縫女学校」として開校された細田学園高等学校は、近年、次世代を担う生徒を育てることを主眼とした教育改革を行いました。その結果、2013年からは大学合格実績が急上昇を見せており、併設の中学校を持たない埼玉の私立高校のなかではトップクラスといっていい成長を実現してきました。

その細田学園高等学校が、2019年4月から、併設の中学校を開校しました。「日本一よい教育を提供したい」という思いのもとに、6年間の中高一貫教育がスタートしています。

新設された細田学園中学校では、「Making dots and Connecting the dots」をコアコンセプトに掲げる独自の次世代型教育「dots教育」を行っています。

「dot」とは「点」という意味ですが、細田学園ではこれを「原体験」ととらえ、多種多様な「原体験」を中高6年間で体験できるよ

うにしています。この「原体験＝dot」をつなげていくことで、変化のスピードをますます速めていくことが予想されるこれからの社会で、主体的に生き抜く力を養うことができます。

3つの柱・「未来創造力」、「国際力・英語力」、「人間力」

dots教育には3つの柱があります。それが「未来創造力」、「国際力・英語力」、「人間力」です。

この3つの力を養うために、独自の学びの手法「DITOメソッド」（Define〈定義する〉→Input〈入力する〉→Think over〈熟考する〉→Output〈出力する〉という一連の行為を繰り返し行うサイクル）を取り入れた学習活動や、「リーダー教育」、英語4技能（聞く、話す、読む、書く）をバランスよく育てる英語教育、オンライン英会話レッスン「POEC」などの先進的な教育カリキュラムを実践しています。

SCHOOL DATA
- 埼玉県志木市本町2-7-1
- 東武東上線・地下鉄有楽町線・副都心線「志木」徒歩15分またはバス、JR線「浦和」「中浦和」バス
- 男子51名、女子50名
- 048-471-3255
- https://hosodagakuen.jp/juniorhighschool/

本庄第一中学校
ほんじょうだいいち

埼玉 本庄市 共学校

道はひとつではない！　～選択は無限～

本庄第一中学校は、「中学での学習内容のパーフェクト習得に努める（徹底した高校受験対策を含めた授業を展開）」「自由な進路選択が可能（それぞれが希望する高校に向けた指導を実施）」「ICT機器を活用して情報や知識の共有をはかる（反転授業・情報収集・宿題配信をとおして深い学習を行う）」という3つの特徴を持ち、文武両道をめざす学校です。

3カ年完結型・自由な進路選択が可能

本庄第一の特色は、ほかの私立中学校にない3カ年完結型であること。生徒の将来への可能性を第一に考え、これからの厳しい競争社会でも通用する高い学力と、なにごとにも挑戦しつづける強い精神力を中学3年間でしっかりと育成します。

また、内部進学にこだわらない進路指導を行うことで、希望進路の実現をはかります。0時間目を含めた週35時間の学習時間のなかに週5時間、演習や解説に特化したTPOゼ

ミ（授業での重要項目を振り返るダイジェスト版授業）の時間を設けており、この時間をつうじて生徒の学力をより高めていきます。さらに、特色あるカリキュラムや学校行事、部活動をとおして豊かな情操・感性・心を磨いていきます。

ICT教育で将来を見据えた高い学力を養成

全教室にWi-Fi環境が整備され、校内どこからでもインターネットに接続することが可能です。クロームブック（ノート型パソコン）などの情報機器端末を使用し、教科の特色をいかした授業を行うだけではなく、学習支援システム「デジタルキャンパス（クラウド上の仮想教室）」を利用した家庭学習や反転授業などにも取り組みます。

こうした教育によって、生徒一人ひとりの目標へ柔軟に対応できる学校として、社会から求められる人材の育成に全力をそそぐ本庄第一です。

SCHOOL DATA
- 埼玉県本庄市仁手2167-1
- JR線「本庄」ほかスクールバス
- 男子60名、女子60名
- 0495-24-1332
- https://www.hon1.ed.jp/jhs/

東京
神奈川
千葉
埼玉
茨城
寮制

あ行
か行
さ行
た行
な行
は行
ま行
や行
ら行
わ行

本庄東高等学校附属中学校

心 素直に、知性 輝く。

豊かな人間性と確かな知性を育成

自分を取り巻くあらゆる人やものに対して素直な気持ちで向き合ってみる──「素直な心」が「感謝」の気持ちと「謙虚」な姿勢を生み、「学ぶ心」を育てます。

この「学ぶ心」を軸として各教科の学習と多くの体験を重ねるのが本庄東高等学校附属中学校の学びです。

日本をとおして世界へのまなざしを育む国際理解教育は、和楽器や茶道の体験から伝統芸能鑑賞、京都・奈良校外研修などの日本文化理解と、洋書講読や英語でクッキングなどの特別講座、オーストラリア修学旅行といった異文化理解の体験が盛りだくさんです。

また、各自の興味・関心を引き出しその可能性を広げるキャリア教育は、職業調べと仕事体験、企業訪問、大学の学びを知る学問研究などで、将来についての具体的で明確なビジョンを形成させます。こうした学びにより、確かな知性と豊かな人間性を育てています。

プルーラル・アクティビティ

本庄東では、中高一貫の学習プランにより先取り学習と反復を徹底するとともに、補習を実施して基本事項の定着をはかります。中学の履修内容は中2、大学入試に必要な内容は高2の学年末までにほぼ修了。各教科の基礎力を土台に、中学では調べ学習やグループ討論、ジグソー学習などをとおして、多角度から立体的に問題を考察し、その成果を発信するプルーラル・アクティビティ（多元的学習活動）を展開しています。知識のつめこみに偏りがちな「平面的」学習に終始せず、「立体的」に問題にアプローチしてものの考え方を実践として身につけるトレーニングを積み重ねていきます。それにより、個々の「主体的に考える力」をきたえ、論理性や多様性、独創性などが求められる現代社会を生き抜く「人間力」を養います。

SCHOOL DATA

- 埼玉県本庄市西五十子大塚318
- JR線「岡部」ほかスクールバス
- 男子135名、女子137名
- 0495-27-6711
- https://www.honjo-higashi.ed.jp/

立教新座中学校

強くしなやかな個性と品格をもった生徒を育成

約10万㎡の広大なキャンパスに充実した施設がそろう立教新座中学校。「キリスト教に基づく人間教育」に教育の主眼をおき、学校生活に祈りの姿勢でのぞむことを重視しています。そして、その教育理念のもと、「テーマをもって真理を探究する力を育てる」「共に生きる力を育てる」を目標に、自由を尊び、平和を愛し、責任感に富む「強くしなやかな個性と品格をもった生徒」を育成しています。

授業では、生徒が主体的に見つけたテーマについて調べ、発表し、ディスカッションするゼミ形式のものが多くあります。社会科や理科では、各学年でテーマを設けて科学館や博物館を訪れる校外学習も実施。こうした体験学習によって生徒の感性を磨いています。高3で、生徒たちが自らの進路や興味関心のある分野をより深く学習するための自由選択講座が開かれているのも特徴です。

また、海外のかたとキャンプ生活を送る「アメリカ・サマーキャンプ（中3）」や1年間の派遣留学制度、ネイティブ教員による授業などをとおして国際的な視野を養う「グローバル教育」と、多様性のなかで発揮できるリーダーシップを養う「リーダーシップ教育」をつうじて、世界の人びととともに生きるグローバルリーダーを育成しています。

そのほか、他者・自然などへの深い理解と共感性を育むボランティア活動も積極的に行われています。

立教大学に加え他大学への進学も支援

立教学院に属する立教新座には、立教大学への推薦入学制度があり、希望者は、高校3年間の学業成績などが基準を満たしていれば推薦され、学部・学科は「学内の序列上位者より選択する」とのことです。

一方で他大学進学も応援し、例年約20％の生徒が東京大学や京都大学をはじめとする国立大学や医学部、理工系学部などへ進学しています。

SCHOOL DATA

- 埼玉県新座市北野1-2-25
- 東武東上線「志木」徒歩12分、JR線「新座」バス10分
- 男子のみ614名
- 048-471-2323
- https://niiza.rikkyo.ac.jp/

Be your best and truest self.

「最善のあなたでありなさい。そして、最も真実なあなたでありなさい。」

このモットーがめざしていること、それは生徒一人ひとりが
ほんものの自分として生きる人間に成長することです。

学校見学会 予約制

7月21日(水) 9:30〜/13:00〜

8月19日(木) 9:30〜/13:00〜

＊全体会、その後の校内見学を含め約1時間
＊各回とも同一内容です
＊本校HPよりご予約ください
＊当日は上履きをご持参ください
＊質問コーナーがあります

学校説明会 予約制

10月2日(土) 9:30〜/13:00〜

11月6日(土) 9:30〜/13:00〜

12月4日(土) 9:30〜/13:00〜

＊全体会、その後の校内見学を含め約1時間
＊各回とも同一内容です
＊本校HPよりご予約ください
＊当日は上履きをご持参ください
＊質問コーナーがあります

日程や内容は変更になる場合があります。最新の情報を本校HPでご確認ください。

カトリックミッションスクール

浦和明の星女子中学校

（併設）浦和明の星女子高等学校

〒336-0926 埼玉県さいたま市緑区東浦和6-4-19
〔TEL〕048-873-1160 〔FAX〕048-875-3491
〔URL〕https://www.urawa-akenohoshi.ed.jp
Access JR武蔵野線 東浦和駅 徒歩8分

国立・私立中学校プロフィール

茨　城

江戸川学園取手中学校

茨城 取手市 共学校

心豊かなリーダーとなるために

心の教育を行い人間性や感性を磨く

江戸川学園取手中学校は創立以来、「心豊かなリーダーの育成」をめざし、「誠実」「謙虚」「努力」の校訓のもと、社会に貢献できる有為な人材の育成に取り組んできました。

そのひとつに心の教育があり、リーダーになるための心得として、5つの「心の誓い」を立て実践しています。たとえば道徳の授業では、指定されたテーマについて教員の講話を聞いたうえで話しあいをすることによって深く思考し、実践に結びつけます。また、世界的な音楽家の演奏を聞いたり、古典芸能を鑑賞したりすることで、豊かな感性を磨いていきます。

そんな江戸川学園取手では、「生徒の夢は学校の目標」をスローガンに、学校全体で生徒の夢を応援しています。日々の指導は「授業が一番」をモットーとし、6年間を見据えた効果的なカリキュラムを編成しています。

中学校、高等学校ともに「東大」「医科」「難関大」の3コースが設置されており、早期に目標を定め初志貫徹を貫くように指導されています。

放課後には「アフタースクール」と呼ばれる希望制の講座も実施されます。学習系に加え、教養系、合教科系、実験系、英語4技能系、PBL系（Project-Based Learning、企業と連携）など、多数の講座のなかから選ぶことができます。

そのほか、中1・研修旅行（箱根）や中2・探究学習（信州）といった、知識を広げ好奇心を刺激するプログラムや、歴史学習、平和学習、異文化学習の3つを柱とする中3・修学旅行（関西・中国地方）など、多彩な行事が魅力的です。

独自の教育で「心豊かなリーダーの育成」をめざす江戸川学園取手。学力とともに生徒の個性を伸ばし、主体性を育て、社会に通用する「世界型人材」の育成を目標にしています。

⊕ SCHOOL DATA ⊕

- 茨城県取手市西1-37-1
- 関東鉄道常総線「寺原」徒歩20分、JR線・地下鉄千代田線「取手」徒歩25分またはバス、つくばエクスプレス「守谷」バス
- 男子481名、女子437名
- 0297-74-0111
- http://www.e-t.ed.jp/

開智望中等教育学校

茨城 つくばみらい市 共学校

守谷に新たに誕生した中等教育学校

開智望中等教育学校は、秋葉原駅からつくばエクスプレスと関東鉄道常総線を使い、約40分の新守谷駅から徒歩1分の好立地にあります。周辺には、研究施設が多いつくば学園都市や柏の葉エリアがあり、学術的な環境が整っています。

国際バカロレアMYP候補校に認定

開智望は、2021年2月に、国際バカロレアMYP候補校に認定されました。開智学園が伝統的につづけてきた「探究型の学び」に加え、国際バカロレアの教育プログラムを取り入れた新しい教育課程を編成しています。

各教科の学習では、探究的な学習と習得型・反復型の学習とを合わせた授業を行っています。興味関心から新たな疑問をもち、自ら深く考え、仲間とともに議論し、さまざまな問題を解決していくことで、探究力、創造力、発信力、コミュニケーション力を育成する21世紀型の学校をめざしています。

少人数授業で、探究的に学ぶ

1クラスは24名程度の少人数できめ細やかな指導を行いつつ、数学・英語では学習歴や習熟度により、さらに少人数で授業を行っています。また、探究型の学びにおける調査や生徒間での思考過程の共有、成果発表などにおいて、ICTを積極的に活用し、充実した教育活動を展開しています。

ユニークな授業のスタイルとして、技術科と英語科が共同で行う「Design」があります。技術の内容を英語で学ぶもので、習熟度別にはせず全員同じ教室で活動します。英語が得意な子は教えてあげる、苦手な子は聞いて理解するという、生徒同士の学びあいをすることで、理解を深め、コミュニケーション力の向上をめざします。高2では、国内・海外それぞれの大学をめざすコースに分かれ、生徒一人ひとりの第1志望をかなえるための徹底した進学指導を行います。

⊕ SCHOOL DATA ⊕

- 茨城県つくばみらい市筒戸字諏訪3400
- 関東鉄道常総線「新守谷」徒歩1分
- 男子49名、女子50名
- 0297-38-8220
- https://nozomi.kaichigakuen.ed.jp/

東京 神奈川 千葉 埼玉 茨城 寮制

あ行 か行 さ行 た行 な行 は行 ま行 や行 ら行 わ行

常総学院中学校

社会に貢献する21世紀型リーダーの育成をめざす

1996年開校の常総学院中学校は、1983年に開校した併設校の常総学院高等学校との6年間中高一貫教育を行っています。

大学や職業に対する意識の育成と、専門職として社会に貢献できる人材の育成を目的に、医学・科学・人文の3つの探究フィールドを設け、生徒はそのいずれかに所属します。フィールド別に施設見学や多分野の職業講演などの課外活動のあとには、パワーポイントなどを使っての探究活動プレゼンテーションを行います。

これ以外にも、社会のグローバル化に対応するために、1分間スピーチやクラスディスカッションなどに加えてICT教育にも取り組んでいます。

また、これまでに42名の東京大学合格者を輩出した「AD（アドバンスト）クラス」を中1から設置し、さらに2019年度から少人数で指導を行う「スーパーAD」を選抜し、よりハイレベルな授業を展開しています。な

お、全クラスとも主要教科は中3で高校課程に入ります。

外国人教師による毎日英会話

英語は国際社会において重要なコミュニケーション手段としての役割を担います。そのため常総学院では、英語の授業をRE（Regular English）とCE（Communicative English）のふたつに分けて週9時間行っています。そのうち週5時間のREでは、おもに、読解・単語・文法を中心に授業が行われます。一方、週4時間のCEは、1クラスを3分割にした少人数制で実施し、中学校だけでも10名所属しているネイティブスピーカーの教師が、英作文・会話・リスニングの授業を行っています。

そして、中1で実施される国内留学やHalloween Party、中3で実施されるニュージーランド語学研修旅行でのファームステイや学校訪問など、多彩な英語行事をとおして、英語でのコミュニケーション能力を育てています。

⚜ SCHOOL DATA ⚜

- 茨城県土浦市中村西根1010
- JR線「荒川沖」・つくばエクスプレス「つくば」ほかスクールバス
- 男子141名、女子170名
- 029-842-0708
- https://www.joso.ac.jp/

土浦日本大学中等教育学校

6年間で国際社会に貢献できる人材を育成

茨城県初の中等教育学校として、2007年に開校した土浦日本大学中等教育学校。

豊かな自然環境のなかで、多様化する世界において格差を乗り越え、国際社会に貢献できる人材の育成をめざします。

土浦日大では、6年間を3つのタームに分け、効果的に学習が進むよう計画しています。

最初の2年間は、基礎学力の獲得をめざす「Foundation Term」です。1年次には蓼科や京都・奈良での国内研修、2年次には28日間のイギリス研修が用意されています。

つぎの2年間は、自ら考え、表現する学力を身につける「Academic Term」です。3年次には広島研修が実施され、4年次にはイギリス・ケンブリッジ大学での研修が行われます。

そして最後の2年間は、「Bridging Term」です。これまでの研修をとおして獲得してきた力を糧に、進路実現に向けて最大限の努力をしていきます。

世界のリーダーを育てる

学校外での研修も多く、なかでも海外での研修は、総合的・多角的学習の場として非常に重要なものと考え、英語教育にも力を入れています。英語教育の目標を「英語で討論し、自己主張できるレベルのコミュニケーション能力の獲得」と位置づけ、外国人の教員とのふれあいを大切にするなど、実践的なプログラムを導入しています。

土浦日大は、日本大学の付属校ではありますが、他大学進学者の多さが特徴的です。2021年も、国公立大学に7名が現役で合格し、早慶上理といった難関私立大学にも多数の合格者を輩出しました。また、アメリカ・ボストン大学など海外の名門大学へ合格した生徒も複数います。日本大学へは、毎年5割程度の生徒が進学します。2019年4月からスタートした「理系インタークラス」も軌道にのり、年々進化している土浦日大です。

⚜ SCHOOL DATA ⚜

- 茨城県土浦市小松ヶ丘町4-46
- JR線「土浦」徒歩20分またはバス10分
- 男子228名、女子203名
- 029-835-3907
- https://www.tng.ac.jp/sec-sch/

東洋大学附属牛久中学校

「生き抜く力＝人間力」を養う

東洋大学附属牛久中学校は、東洋大学の建学の精神「諸学の基礎は哲学にあり」を基本理念に「知的好奇心と志の高い、自ら考え自ら行動する意欲あふれる生徒」の育成に努めています。21世紀にふさわしい学習環境のなかで、少人数でのていねいできめ細かい指導により、生徒たちは「確かな学力」と「豊かな教養」、「グローバル社会で活躍できる人間力」を身につけていきます。

豊富な授業時数と「グローバル探究」

完全週6日制で各教科の授業時数を公立中学校の最大1.5倍確保することで、週38時間の授業を展開し、生徒が基礎・基本を定着するよう学習指導を行い、さらに発展的な学習を進めています。同時に、中高一貫教育の6年間において、国内外での全員参加の宿泊研修を毎年実施しています。中2はフィリピン、中3はオーストラリアでの海外語学研修を行い、生徒が柔軟な国際理解力と英語での

コミュニケーション能力を身につけられるカリキュラムを設計・開発しています。

また、独自の教科「グローバル探究」を設定して、哲学・教養・国際理解・キャリア・課題研究の5つの科目を学びます。真の国際人になるためには、自国文化をよく知り、自分の考えをしっかり持ち、臆することなく人前で発言できることが大切です。東洋大牛久では「グローバル探究」をとおしてこれらの力を養い、自己確立へつなげていきます。

ひとり1台のChromebookを導入しているのも特徴で、プロジェクター完備の教室において、各個人の意見が反映されやすい授業を展開しています。さらに、Chromebookを利用してスライドやレポートを作成し、自己表現力やプレゼンテーション能力を高めます。部活動ではテニスなどの運動部のほかにも、国際文化部や和楽部などがあり、カリキュラムと関連する国際交流を視野に入れた幅広い活動（茶道、華道、三味線）を行っています。

SCHOOL DATA

- 茨城県牛久市柏田町1360-2
- JR線「牛久」ほかスクールバス
- 男子89名、女子110名
- 029-872-0350
- https://www.toyo.ac.jp/ja-JP/ushiku/jh/

茗溪学園中学校

濃密な6年間が「考える」力を育む

茗溪学園中学校は、当時の中等教育批判に応える取り組みをする研究実験校として、1979年に開校されました。

一人ひとりの生徒を知育に偏らず総合的に教育し、人類、国家に貢献しうる「世界的日本人」を創生すべく、知・徳・体が調和した人格の形成をはかり、とくに創造的思考力に富む人材を育てることを建学の理念としています。

また、豊かに生きるために、正しい選択力と決断力、そしてたくましい実行力を養うべく、生命尊重の精神を育て、自分で考え行動できる人づくりをすることが茗溪学園の教育目標です。

「考える」姿勢を重視した教育

その教育の特徴のひとつが、目で確かめ肌で感じる生きた学習を実践していることです。フィールドワークを「問題解決学習」として、知識を前提としたうえに「知恵」を育

てていくための有効な学習形態として取り入れられています。

各教科とも考える姿勢を重視し、実験と調査活動を豊富に取り入れることにより課題意識を開発し、問題解決に適応できる柔軟で創造的な思考力を養っています。

進学については、習熟度別授業、選択制カリキュラム編成、個人課題研究などによって意欲と学力を伸ばし、将来の仕事につながる目的意識を持って進学できるようにしています。また、国際理解・国際交流の機会も多く用意しています。

人間性を育てる寮生活

寮生活をつうじての人間形成も茗溪学園の大きな特徴です。長・短期の寮生活、宿泊をともなう共同生活を経験させ、お互いに切磋琢磨し、自分も他人も尊重する精神を身につけます。こうした6年間のなかで、生徒は自分をしっかりと見つめ、自立していきます。

SCHOOL DATA

- 茨城県つくば市稲荷前1-1
- JR線「ひたち野うしく」・つくばエクスプレス「つくば」バス
- 男子337名、女子360名
- 029-851-6611
- https://www.meikei.ac.jp/

国立・私立中学校プロフィール

寮のある学校

函館白百合学園中学校

凛と咲く百合のように

全国に広がる白百合学園の歴史は、1878年、フランスより3人の修道女が函館に着任し、女子教育の基礎を築いたのがはじまりです。東京の白百合女子大学をはじめとする白百合学園の最初のページは、この函館から記されたのです。

函館白百合学園中学校は、キリスト教に根ざした価値観を養い、神と人の前に誠実に歩み、人としての品性を重んじ、愛の心をもって人類社会に奉仕できる女性を育てています。そのため聖書などから学ぶだけではなく、奉仕活動、募金活動、体験的学習などをつうじて、自ら道徳心を養えるようにしています。

将来を見据えたきめ細かな指導

国語・数学・英語の授業時数は公立中学校よりも格段に多く、生徒の発達段階に配慮した授業を展開して学力の自然な定着をはかっています。

将来、世界で活躍する国際人の育成をめざし、語学教育にも熱心に取り組んでいます。とくに中1・中2の英語は日本人とネイティブスピーカーの教師によるチームティーチングを実施し、読解力から英会話まで総合的に身につくように配慮されています。また、スモールステップの学びが可能な「すらら」などのICT教材も充実しています。

高校進学時は、難関大学への進学を考えている生徒に対応する「特別進学コース」、看護学校や私立理系大学に適した「看護医療系進学コース」、進学・就職に幅広く対応した「総合進学コース」への進学が可能です。

キャンパス内には、自宅から通学できない生徒のための寮「暁の星ハウス」が完備されています。自立の精神を身につけ、共同生活をとおして、より豊かな人間性を育てることを目的として寮運営がなされています。

学校へは、羽田空港から飛行機で約80分、函館空港からはバスで約20分と、思いのほか短時間でアクセスできます。

SCHOOL DATA
- 北海道函館市山の手2-6-3
- 函館空港からバス20分、JR線「五稜郭」バス30分、JR線「函館」バス35分
- 女子のみ58名
- 0138-55-6682
- http://www.hakodate-shirayuri.ed.jp/

函館ラ・サール中学校

50人大部屋寮で培われるたくましく柔軟な人間関係力

1960年に高等学校が、1999年に中学校が開設された函館ラ・サールには、「進学教育と人間教育の高いレベルでの両立」を教育方針の核としたつぎのような特色があります。

ひとつ目は「人間教育重視の教育伝統」です。カトリックミッションスクールとして、進学実績至上主義ではなく、生徒の全人格的成長をはかるとともに、問題を抱えた生徒をあくまでも支援しています。

ふたつ目は「全国から優秀な生徒が集まっている」点です。函館市外出身生徒の割合（関東・関西だけで過半数）と出身地の多様性の点では全国一といわれています。異なる地域文化のふれあいは、豊かな自己実現につながります。

3つ目は「全国唯一の50人大部屋寮生活」（中学3年間。高校からは4人部屋）です。個室の寮とは次元の異なる深く多様な人間関係のなかで、将来にいきるたくましく柔軟な人間関係力が自然に養われます。

また、函館は北海道の豊かな自然と歴史的情緒にあふれた港町であり、ここでの生活は一生心に残ります。

最後は「低廉な経費」です。都会での通学・通塾生活より経済的です（授業料、寮費合わせて月11万円）。

バランスのとれた教育を実践

函館ラ・サールでは、部活動も非常にさかんで、北海道大会に出場するクラブがいくつもあります（とくにラグビー部はここ6年で3回全国大会に出場しました）。

教育カリキュラムは、1週間の授業時数を37時間としています。基礎的な学力をしっかりと身につけ、なおかつ、芸体教科も公立中学校と同じ時数を確保するためです。

また、ミッションスクールという特色をいかした倫理宗教の科目や、国際性を重視した英語教育など、「知」・「心」・「体」の育成に積極的に取り組んでいます。

SCHOOL DATA
- 北海道函館市日吉町1-12-1
- JR線「函館」バス、函館市電「湯の川」徒歩12分
- 男子のみ240名
- 0138-52-0365
- https://www.h-lasalle.ed.jp/

秀明中学校

「知・技・心」を校訓に展開される独自教育

1978年開校の秀明中学校は「知・技・心」を校訓に掲げ、世界に通用する真の国際人の育成を目標とする全寮制の中高一貫校です。

充実の知的学習

校訓の「知」とは「知力を充実させて思考力、創造力をつける」こと。主要教科で到達度別のクラス編成を採用し、さらに学習単元ごとに到達度をみる独自の秀明検定テストを設けることで、生徒の実力に合わせた効率的な学習支援を行います。

また、全寮制という環境をいかした独自教育を設定しているのも魅力です。たとえば、月〜木の夕食後以降21時までは「夜間学習」を実施。授業で学んだ内容のチェックテストや問題演習に励みます。寮に帰ってからも集中して勉強する時間をつくることで、学力の定着へつなげます。そのほかにも、生徒に合わせた課題を毎週設定する「週末学習」など、知的学習へのサポートが充実しています。

英語教育にも熱心で、英語の授業時数を多く設定するほか、7名のイギリス人専任スタッフによる指導や、中2・高1で実施するイギリス英語研修などを用意しています。また、2016年度から英語教育に特化したスーパーイングリッシュコースも設けています。

技を磨き、心を豊かに

校訓の「技」とは「体を使って技を鍛え、磨く」こと。IT機器やインターネットの活用方法を身につけるコンピューター実習や、部活動での鍛錬をつうじて、一生の基盤となるさまざまな技能を学びます。

そして校訓の「心」とは「豊かな心と強い精神力を持った調和のとれた人間育成」です。ホームルームでは「心の学習」の時間を設定し、善と悪、感謝といたわりの心を学び、人間性豊かな人物の育成をめざします。

「知・技・心」の3つの力をバランスよく育む独自の教育が光る秀明です。

SCHOOL DATA

- 埼玉県川越市笠幡4792
- JR線「笠幡」徒歩5分
- 男子110名、女子70名
- 049-232-6611
- https://shumei.ac.jp/

佐久長聖中学校

授業・体験学習・寮生活の三位一体で行う一貫教育

佐久長聖中学校がある、信州・長野県佐久市は交通整備網が発達し、北陸新幹線金沢・東京間の中間に位置する重要拠点として、先端産業が集まるハイテク産業地域であるとともに、文教環境が整った学術文化都市でもあります。

こうした恵まれた教育環境にある佐久長聖の特徴は、授業・体験学習・寮生活が三位一体となった6年間一貫教育を行っていること。寮のことを「館」と呼び、中学に隣接する「聖朋館」に専任の教職員が宿泊し、24時間体制で指導にあたっています。

生徒の志望に合った2コース

中高一貫校としての特性をじゅうぶんにいかした授業編成を行っており、中1では学習の基礎・基本を身につけ、中3の1学期までに中学の全教育課程を修得し、2学期からは高校の学習範囲へと移ります。授業は45分で、一人ひとりが自ら調べ、考え、意見を述

べあうことを大切にし、つめこみではない、「本当の学力」を伸ばします。さらに中2より、それぞれの個性と学力を伸ばすために習熟度別のクラス分けとなります。また、プラスαの学習を行う「東大医進講座」が設けられ、数学と英語で習熟度別授業が行われます。

2021年度の大学入試では北海道大学、東京外国語大学、信州大学、金沢大学、新潟大学などの国公立大学や、早稲田大学、慶應義塾大学などの難関私立大学を中心に、多くの生徒が希望の進路に進んでいます。

語学学習と国際学習も特徴

語学学習を大切にしており、生きた英語に触れ、英語の「聞く・話す」力を高める教育を実施。語学力を高めながら国際的な理解力も深める授業を進め、例年、中3の7割が英検準2級に合格しています。また、中2全員で2月中旬〜3月初旬にカナダで語学研修、高1で希望者による海外語学研修を行っています。

SCHOOL DATA

- 長野県佐久市岩村田3638
- 上信越自動車道佐久インターより車で1分、JR線「佐久平」「岩村田」スクールバス10分
- 男子164名、女子169名
- 0267-68-6688
- https://sakuchosei.ed.jp/

海陽中等教育学校
かい よう

次世代のリーダーを育成する全寮制男子校

愛 知
蒲郡市

男子校

海陽中等教育学校は「日本のリーダーを担う人材が不足している」という危機感から、トヨタ自動車・JR東海・中部電力を中心に、そのほか80社を超える名だたる企業の賛同によって2006年に開校した、まったく新しいタイプの中等教育学校です。

全寮制で挑む「全人教育」

イギリスの名門校をモデルにした全寮制の学園は、教育の場であると同時に、家庭でもあり、遊び場でもあり、いわばひとつの社会です。教室では「基礎学力」を徹底的に定着させ、ハウスと呼ばれる寮での生活では互いの価値観のちがいを乗り越え、高めあいながら「社会で活躍するための能力」を育みます。そして、6年間の学園生活でこれらの能力をバランスよくきたえながら、一人ひとりの「志」を醸成することで、「将来の日本を牽引する明るく希望に満ちた人材の育成」、すなわち「全人教育」をめざしています。

世界で唯一の存在「フロアマスター」

ハウスでは、責任者であるハウスマスターと、各フロアで寝食をともにするフロアマスターが家族の一員として生徒と本気で向きあっています。フロアマスターを務めるのは日本を代表する企業から派遣される若手社員たち。自身の社会経験や想いを伝え、生徒に寄り添いながら成長をサポートする、海陽学園ならではのユニークな存在です。

さまざまな分野で活躍する生徒たち

通学時間がなく、つねに仲間と向きあえる全寮制の環境をいかし、生徒は時間にしばられることなく、納得のいくまでさまざまなことに挑戦しています。課外活動では国際数学オリンピック金メダルや科学の甲子園全国優勝といった輝かしい成績を収めているほか、進学実績でも東京大学への現役合格率が10%を超えるなどの躍進をみせています。

SCHOOL DATA

- 愛知県蒲郡市海陽町3-12-1
- JR線「三河大塚」徒歩20分
- 男子のみ202名
- 0533-58-2406
- https://www.kaiyo.ac.jp/

立教英国学院中学部
りっ きょう えい こく がく いん

国際舞台で活躍できる真の国際人をめざして

イギリス

共学校

文科省認定の全寮制日本人学校

1972年にイギリス南部のウェストサセックス州にて誕生した立教英国学院中学部は、国内の中学校と同等の教育課程を有する日本人学校として、文部科学省から認定を受ける学校です。教員やスタッフが温かく見守るなかで、小5から高3まで180名を超える児童・生徒が毎日寝食をともにすることで、自立心と思いやりの心が育まれていきます。

自然豊かな広々とした敷地内にそろうのは、男子・女子寮、図書館、理科実験棟、400m陸上競技場、テニスコート8面、サッカーグランド3面などの充実した施設。さらに海外におけるICT活用の拠点校として、各寮や体育館にいたるまで無線LANを整備し、特別教室を含む全教室に大型電子黒板も設置、生徒全員にはchromebookを配付しています。

カリキュラムは、日本人教員による日本国内と同等の課程に加えて、イギリス人教員による「English Communication」「Biology」「Critical Thinking」「English Literature」「History」など、英語を使って学ぶ授業を取り入れ、日本人としてのアイデンティティーを大切にしつつ、生きた英語が身につく環境を整えています。希望者はネイティブスピーカーによる各種語学のプライベートレッスンや、さまざまな楽器のレッスンも受けられます。

地元・イギリスでの国際交流活動

また、海外という特徴をいかし、地元の教会での日曜礼拝、各授業でのフィールドワーク、イギリス人家庭でのホームステイ、日本での文化祭にあたる「Open Day」をはじめとする場での文化交流、現地校との教育連携、ケンブリッジ大学やユニバーシティ・カレッジ・ロンドンと共催する夏期プログラムといった多様な活動をつうじて世界を知るとともに英語力の向上もはかり、国際人として活躍するための素養を身につけていきます。

SCHOOL DATA

- Guildford Road,Rudgwick,W-Sussex RH12 3BE ENGLAND
- 男子28名、女子19名
- 03-3985-2785（東京事務所）
- https://www.rikkyo.co.uk/

東京 神奈川 千葉 埼玉 茨城 寮制

あ行 か行 さ行 た行 な行 は行 ま行 や行 ら行 わ行

わが子が伸びる
親の『技（スキル）』研究会のご案内

主催：森上教育研究所　　協力：「合格アプローチ」他　　（ホームページアドレス）https://oya-skill.com/

スキル講座は20年来会場セミナーとして保護者の皆様にご受講いただいておりましたが、
新型コロナ感染予防のため、現在は可能な限り順次動画にて配信をしております。

理科　小川眞士
『これだけ！』シリーズ：
理科学習で問われるもの
は＜生物・物理編＞

Release	2021.6.28
講義動画	121分
対　象	全学年保護者

国語　神尾雄一郎
2021年入試を徹底解説！
開成中の国語を紐解く

Release	2021.6.1
講義動画	115分
対　象	小5・小6保護者

国語　小泉浩明
新・覚えておきたい受験
国語のテクニック

Release	2021.6.1
講義動画	75分
対　象	小4〜小6保護者

算数　竹内洋人
規則性問題を得点源にす
る学び方と攻略法

Release	2021.5.31
講義動画	129分
対　象	小4〜小6保護者

社会　早川明夫
今年度の社会科入試の傾
向と対策

Release	2021.4.13
講義動画	104分
対　象	全学年保護者

国語　小泉浩明
新・「記述力」をつける！

Release	2021.4.1
講義動画	97分
対　象	全学年保護者

算数　宮本哲也
お子さんが小学校低学年
になるまでにやるべきこ
ととやるべきでないこと

Release	2020.12.25
講義動画	119分
対　象	0歳〜小4保護者

国語　小泉浩明
合格のための過去問演習

Release	2020.6.26
講義動画	143分
対　象	小4〜小6保護者

ご両親がちょっとした技術
（スキル）を修得することで、
お子様がその教科を好きにな
り、学習意欲がわき、思考の
センスを身につけることが可
能です。どんな塾に通ってい
ても役立つお子様が伸びる教
育技術を公開。

◇申込方法：スキル研究会WEBサイト（https://oya-skill.com/）より新規会員登録のうえお申込下さい。

電話、メールでの申込はご遠慮下さい。尚、本研究会は塾の関係者の方のご参加をお断りしております。

お問い合わせ：森上教育研究所　メールアドレス：ent@morigami.co.jp

あとがき

　現在、国内には851校（文部科学省：2020年度学校基本調査）もの国立・私立中学校があります。そのうち、首都圏には300校以上が所在しています。また、これまでの国立・私立だけではなく、公立中学校においても、中高一貫校を新設する動きがつづいています。多くの選択肢のなかから、各ご家庭の考え方やポリシーに合わせた教育を選ぶことができるということは、非常に幸せなことです。

　その反面、選択肢が多ければ多いほど、悩んでしまうご家庭も少なくありません。とくに初めて中学受験を経験されるご家庭においては、学校選びは大変な作業です。

　本書はそのような保護者のかたに、少しでもお役に立てれば、との思いから生まれたものであり、毎年改編を重ねています。ここに登場する272校の学校については、その教育理念や授業の特色など、学校の素の姿をお伝えすることを第一として編集を行っております。そのため、いわゆる偏差値や学力の指標となるものは掲載しておりません。それは数字だけでなく、ご家庭の教育方針やお子さまに合った学校を選んでいただきたいからです。

　学校の紹介にあたっては、各校の校長先生ならびにご担当の先生がたに多大なご協力を賜り、厚くお礼申しあげます。

　本書をつうじて、各ご家庭が、より望ましい学校教育を選択されることを願ってやみません。

『合格アプローチ』編集部

ご投稿・ご注文・お問合せは

株式会社グローバル教育出版

【所在地】〒101-0047
東京都千代田区内神田2-5-2 信交会ビル3F

【電話番号】03-**3253-5944**(代)　　合格しょう

【FAX番号】03-**3253-5945**

URL：https://www.g-ap.com
e-mail:gokaku@g-ap.com
郵便振替　00140-8-36677

合格アプローチ　2022年度入試用

首都圏 国立私立 中学校厳選ガイド272校

2021年7月9日　初版第一刷発行　　定価1980円（10%税込）

●発行所／株式会社グローバル教育出版
〒101-0047 東京都千代田区内神田2-5-2 信交会ビル3F
　　　電話 03-3253-5944（代）　　FAX 03-3253-5945
https://www.g-ap.com　　郵便振替00140-8-36677

- 2022 -
創立 125 周年
永遠に羽ばたく

京 華 中 学 校

BOYS

03－3946－4451

https://www.keika.ed.jp

－124th－

京 華 女 子 中 学 校

GIRLS

03－3946－4434

https://www.keika-g.ed.jp

－112th－

＊説明会や入試などの詳細は、
　各校のホームページをご覧ください。

＊学校見学は随時お受けしております。
　右記学園広報室までお気軽にお問い合わせください。

 京華学園 広報室

〒112-8612　東京都文京区白山5-6-6

TEL 03-3941-6493　**FAX** 03-3941-6494

E-mail kouhou@kg.keika.ed.jp